高等财经院校商法融合系列教材

Case Studies in Tourism
Laws and Regulations

旅游法规案例解析

陈 玲 /编著

中国财经出版传媒集团
经济科学出版社
Economic Science Press

图书在版编目（CIP）数据

旅游法规案例解析／陈玲编著. －－北京：经济科
学出版社，2022.12
高等财经院校商法融合系列教材
ISBN 978 - 7 - 5218 - 4219 - 7

Ⅰ.①旅…　Ⅱ.①陈…　Ⅲ.①旅游业 - 法规 - 案例 -
中国 - 高等学校 - 教材　Ⅳ.①D922.294.5

中国版本图书馆 CIP 数据核字（2022）第 253344 号

责任编辑：赵　蕾
责任校对：刘　昕
责任印制：范　艳

旅游法规案例解析

陈玲／编著

经济科学出版社出版、发行　新华书店经销

社址：北京市海淀区阜成路甲 28 号　邮编：100142

总编部电话：010 - 88191217　发行部电话：010 - 88191522

网址：www.esp.com.cn

电子邮箱：esp@ esp.com.cn

天猫网店：经济科学出版社旗舰店

网址：http://jjkxcbs.tmall.com

北京季蜂印刷有限公司印装

787×1092　16 开　13.25 印张　250000 字

2023 年 5 月第 1 版　2023 年 5 月第 1 次印刷

ISBN 978 - 7 - 5218 - 4219 - 7　定价：43.00 元

前　言

随着我国旅游业的迅速发展，旅游市场中出现了一些旅游者和旅游经营者权益受到损害的现象，旅游纠纷案件呈现增长态势。2013年4月25日第十二届全国人民代表大会常务委员会第二次会议正式通过了《中华人民共和国旅游法》（以下简称《旅游法》），并从2013年10月1日起正式施行。《旅游法》是一个综合性的大法，颁布实施后使旅游行业实现依法治旅，规范市场行为，保护旅游者合法权益，对保障旅游业的可持续发展意义重大。

2020年5月28日第十三届全国人民代表大会第三次会议通过《中华人民共和国民法典》（以下简称《民法典》），并于2021年1月1日开始实施。这是新中国成立以来第一部以"法典"命名的法律，是新时代我国社会主义法治建设的重大成果，对推进全面依法治国、依法维护人民权益、推进国家治理体系和治理能力现代化都具有重大意义。

本书以旅游活动所涉及的"食、住、行、游、购、娱"六要素为主线，主要运用《旅游法》《民法典》等法律法规来分析现实生活中的旅游案例，有利于提高应用我国法律法规解决实际旅游纠纷的能力。本书主要有三个特点。第一，注重时效性。选取大量近年来旅游业的典型案例进行编写，并依据最新颁布实施的法律法规对案例进行分析，力求充分体现时效性。第二，注重应用性和实践性。在案例专题中使用案例分析法，运用旅游相关法律法规去分析具体旅游案例，注重理论联系实际。第三，注重典型性与新颖性。每一章选取的旅游案例均是旅游行业的典型案例、热点和突出问题，并通过紧扣法律条款进行案情分析，使读者理解和掌握旅游相关法律法规的立法目的及其实际运用，每一个案例专题都从旅游者、旅游企业和政府相关管理部门等角度概括和总结了案例的启示。

全书共分九章，包括旅游法规与先导案例、旅游餐饮服务管理案例、酒店住宿服务管理案例、旅游交通服务管理案例、旅行社服务管理案例、旅游购物服务管理案例、旅游娱乐服务管理案例、旅游企业诚信问题案例、旅游纠纷处理案例。

本书既可以作为《旅游法》的配套读本，也可以作为本科和高职高专院校旅游类、经济类、法律类等相关专业学生的教材，也可以作为旅游行业的培训教材，以及旅游从业人员与旅游爱好者阅读和参考使用。

本书是作者在总结多年专业教学经验和旅游案例专题研究的基础上，明确了全书的写作思路和章节结构，并结合当前旅游行业的发展动态进行撰写的。同时，在书稿修改过程中采纳了广东财经大学法学院朱姝副教授的建议，校对过程中得到林文琪的帮助，在此表示感谢。

另外，在编写过程中，我们参阅了大量的教材、网站等案例资料，在此对作者表示衷心的感谢。由于水平有限，难免有不完善之处，敬请广大读者批评指正。

陈　玲

2022 年 11 月于广州

目录

第1章

旅游法规与先导案例

【**教学目的和要求**】 随着我国旅游业的迅速发展，旅游业已经成为我国国民经济的重要支柱产业。2013 年 4 月 25 日，第十二届全国人民代表大会常务委员会审议通过了《中华人民共和国旅游法》（以下简称《旅游法》），并于 10 月 1 日开始施行。《旅游法》分为十章，共一百一十二条，包括总则、旅游者、旅游规划和促进、旅游经营、旅游服务合同、旅游安全、旅游监督管理、旅游纠纷处理、法律责任和附则。《旅游法》的颁布，成为中国旅游法建设进程中的重要里程碑，形成了以《旅游法》为核心、与旅游相关的其他法律、行政法规、地方性法规等为支撑的旅游法律体系，为我国旅游业可持续健康发展提供了法律保障。通过对本章内容的学习可以了解我国旅游法规的产生和发展，熟悉旅游法规的法律制度体系，掌握旅游法律关系的主体和客体等内容，促进旅游市场的规范化发展，提高旅游行政管理部门和相关政府部门依法兴旅、依法治旅的水平和能力。

【**关键词**】 旅游法 旅游法规 旅游合同 法律关系

【**主要适用法律法规**】

《中华人民共和国旅游法》

《中华人民共和国民法典》

《中华人民共和国民事诉讼法》

《中华人民共和国刑法》

1.1 案例一：面对突发疫情，广东取消旅行团过万个

1.1.1 事件经过

2020 年 1 月 24 日，中华人民共和国文化和旅游部（以下简称"文化和旅游部"）要求，全国旅行社立刻暂停经营出境及国内团队旅游业务，以及"机票＋酒店"产品。自收到通知之日起，广东省内所有旅行社，均停止发送旅游团队以及"机票＋酒店"的预订业务，受本次疫情影响而取消出发的出境及国内游团队数量逾万个，受影响游客超过 20 万人次。其中，尚未包括"机票＋酒店"的自由行产品。旅行团取消后，如何进行退费或延期的处理受到旅游者的广泛关注。

笔者从广东省旅行社行业协会了解到，在接到国家文旅部的通知后，广东所有旅行社已全部停业，同时，旅行社全线客服人员，也夜以继日、加班加点地与游客联系沟通，竭尽全力协助其处理退团、延期出发等。

1 月 26 日，中国旅行社协会发出《致境内外旅游供应商、旅游业者的一封公开信》，呼吁境内外旅游供应商能尽快出台相关退改优惠措施，把中国游客的损失降至最低，给予中国旅行社行业支持和配合。同一时间，广州、深圳的旅行社行业协会也作出了公开表态，希望广大游客给予理解和配合。

1.1.2 案情分析

《旅游法》第十五条规定："旅游者对国家应对重大突发事件暂时限制旅游活动的措施以及有关部门、机构或者旅游经营者采取的安全防范和应急处置措施，应当予以配合。旅游者违反安全警示规定，或者对国家应对重大突发事件暂时限制旅游活动的措施、安全防范和应急处置措施不予配合的，依法承担相应责任。"由此可见，游客与旅游经营者都应遵守法律规定，配合国家发布的疫情防控通知工作，旅游经营者与旅游者应及时处理好签订的出行旅游合同。否则将依法承担相应的法律责任。

《旅游法》第六十七条规定："因不可抗力或者旅行社、履行辅助人已尽合理注意义务仍不能避免的事件，影响旅游行程的，按照下列情形处理：

（一）合同不能继续履行的，旅行社和旅游者均可以解除合同。合同不能完全履行的，旅行社经向旅游者作出说明，可以在合理范围内变更合同；旅游者不同意变更的，可以解除合同。

（二）合同解除的，组团社应当在扣除已向地接社或者履行辅助人支付且不可退还的费用后，将余款退还旅游者；合同变更的，因此增加的费用由旅游者承担，减少的费用退还旅游者。

（三）危及旅游者人身、财产安全的，旅行社应当采取相应的安全措施，因此支出的费用，由旅行社与旅游者分担。"

（四）造成旅游者滞留的，旅行社应当采取相应的安置措施。因此增加的食宿费用，由旅游者承担；增加的返程费用，由旅行社与旅游者分担。"

《中华人民共和国民法典》（以下简称《民法典》）第一百八十条规定："因不可抗力不能履行民事义务的，不承担民事责任。法律另有规定的，依照其规定。不可抗力是不能预见、不能避免且不能克服的客观情况。"第五百六十三条第一款规定："因不可抗力致使不能实现合同目的；当事人可以解除合同。"《民法典》第五百九十条规定："当事人一方因不可抗力不能履行合同的，根据不可抗力的影响，部分或者全部免除责任，但是法律另有规定的除外。因不可抗力不能履行合同的，应当及时通知对方，以减轻可能给对方造成的损失，并应当在合理期限内提供证明。当事人迟延履行后发生不可抗力的，不免除其违约责任。"

综上所述，在本案例中，首先，在2020年1月24日文化和旅游部办公厅下发的《关于全力做好新型冠状病毒感染的肺炎疫情防控工作暂停旅游企业经营活动的紧急通知》明确要求：一是即日起全国旅行社及在线旅游企业暂停经营团队旅游及"机票+酒店"产品；二是已出行的旅游团队，可按合同约定继续完成行程。因疫情影响导致旅游合同无法履行的，应认定为不可抗力的情形。1月24日前产生退款纠纷的，依照相关法律规定或旅游合同约定调解。因此，本案例中，按照要求旅行社行业必须暂停各种经营活动，这也就意味着旅行社无法正常经营，旅行社与旅游者之间所签订的合同亦无法正常履行。同时，本次疫情的暴发，可认定为不可抗力的情形。

其次，《民法典》第一百八十条、第五百六十三条、第五百九十条，以及《旅游法》第六十七条规定，因不可抗力或者旅行社、履行辅助人已尽合理注意义务仍不能避免的事件，影响旅游行程的，按照下列情形处理。

合同不能继续履行的，旅行社和旅游者均可以解除合同。

合同不能完全履行的，旅行社经向旅游者作出说明，可以在合理范围内变更合同；旅游者不同意变更的，可以解除合同。

合同解除的，组团社应当在扣除已向地接社或者履行辅助人支付且不可退还的费用后，将余款退还旅游者；合同变更的，因此增加的费用由旅游者承担，减少的费用退还旅游者。

文化和旅游部于2020年1月24日发布通知，各地开始全面暂停国内游，1月27日暂停出境游团队。此时间节点对当事人是否有权解除合同具有重要影响。若旅游合同约定的出游时间早于1月24日且仍未结束的，疫情的暴发将不可避免地会影响旅游行程，旅游者或旅行社出于安全考虑需要解除合同的，应予以准许。由于现在各地仍然在采取疫情防控措施，若约定的出游时间虽然晚于1月24日，但仍处于疫情防控期的，双方也有权解除合同。若约定的出游时间明显处于疫情结束之后的，疫情对出游不会造成实质性影响的，则不属于不可抗力，若单方解除合同的，则需按约定或规定处理。

由此可见，疫情的暴发是上述人员在签订旅游合同时不可预见、不可避免、不能克服的，而且赋予上述人员法定解除权也彰显法律的人文关怀。突发的疫情带来出行受阻是无法避免的，在疫情防控要求下，旅游合同不能继续履行的，旅游企业与游客可依法解除合同或变更合同，旅游企业应按照法律法规妥善处理旅游者已交纳的费用。

1.1.3 案例启示

旅游企业应切实履行社会责任，全力支持和贯彻国家有关疫情防控措施，积极妥善处理有关事宜。从旅行社的管理者角度来看，面对这种情况应该采取以下应急管理措施。

（1）组建专门的沟通团队。发布疫情相关通知，积极与旅游者沟通，希望旅游者能理解和积极配合旅行社采取的有关措施，尽量减少双方损失，承诺为游客尽快处理相关事宜。由于疫情原因无法履行合同的，应当将详细情况告知旅游者，了解旅游者是否需要解除合同或者变更合同。例如，因疫情防控有可能造成交通中断、景区关闭、疫区控制等而无法如期履行合同，旅行社应当履行的通知、减损等合同附随义务和减损义务与游客相同。如果双方需要解除合同，则需要将相关可退的费用退还给旅游者；如果需要变更合同，旅游经营者与旅游者应遵循公平原则，由双方协商并就延期出行、更改行程等方式变更旅游合同，对增加的费用由旅游者承担，减少的费用退还旅游者。

（2）成立专门的售后服务团队。与游客变更或解除旅游合同后，应及时停止订购或取消机票和酒店房间，及时通知地接社取消委托事项，尽量降低旅游者损失。旅游经营者可开展线上处理投诉事宜，组织员工在家办公，通过微信、QQ、电子邮件、电话等线上形式开展各种旅游投诉的处理，培养和选聘态度良好、业务精通的投诉客服专员，争取做好解释工作并留住客户，将危机转变为商机；针对当前投诉退费的关键点，结合自身优势或借助实力较强的旅行社，制订短期、中期、长期等多种合同变更方案，供旅游者选择，尽量降低旅游经营者与旅游者双方的损失。

（3）做好员工健康监测管理。按照当地防疫要求做好员工健康管理，建立《员工健康记录表》，每日进行体温检测，及时掌握员工健康状态、出行轨迹等情况，保障员工生命安全和身体健康，保持员工队伍的稳定性，为疫后恢复生产保存有生力量。

（4）加强教育培训工作。开展常态化疫情防控措施和应急处置等方面的专项培训，督促员工掌握疫情防控、个人防护、卫生健康及应急处置等方面的知识，提高员工疫情防控和应急处置能力。要落实导游责任和细化岗位职责，做好导游的各项服务培训工作。

从游客角度来看，得知疫情的暴发将会影响到旅游行程，应及时做好以下事宜。

（1）游客先与旅行社沟通了解情况。一旦前述情形发生，在能够传递信息的前提下，建议立即通过微信、短信或其他可留存方式通知旅行社行动受阻或者不再出游，并请旅行社暂停对旅行辅助人（旅游饭店、旅游酒店、旅游司机、旅游景区等）付款，或者请旅行社及时与旅行辅助人沟通退款事宜，做好止损工作。

（2）根据实际情况与旅行社协商变更或终止合同。例如，将合同中的旅游时段变更为未来某个可以出行的时段，或者协商解除合同。尽量降低双方损失，共渡难关。当然对于合同的解除，其核心在于退费与损失分担。某些费用可退就进行退费，以便于双方达成利益平衡。

1.2　案例二：旅游地业主毁约[①]

1.2.1　事件经过

外地人阿玲看中某个古镇的整体环境，想开办一家民宿客栈，就与该古镇当地人白某签约租赁了其院子，租赁合同约定，租期 20 年，每年租金 8 万元，3 年一付。根据合同约定，阿玲因经营客栈需要可以新建、改造和装修房屋，但是合同期满后，阿玲新建和改造的房屋将无偿归业主白某所有。

业主白某的院子有三栋坐北朝南的两层房屋，阿玲承租后对其中靠南的一栋和中间一栋进行了装修和改造，并将北面二层的马棚拆除后改建成客房使用。但是 20 年的租赁合同仅只执行了 6 年，业主白某就以驱赶客栈客人、剪电线等方式，持续以各种理由单方面要求涨房租。在租赁纠纷期间，阿玲曾经选择妥协，愿意以"第一个五年租金涨

---

① 改编案例来源：黄秀波. 旅游地房东毁约现象的微观解读与治理思路 [J]. 北方民族大学学报（哲学社会科学版），2019（3）：109—115.

一倍，第二个五年涨两倍，第三个五年涨三倍"的条件重谈合同，但业主白某坚决要求租金一次性上涨到每年80万元，双方谈判失败。当天，业主白某动手剪了电线，并驱赶住店客人，关客栈的门，威胁住店客人和店员，并在客栈门口贴出通告："限期搬出去，否则后果自负。"后经派出所和司法所调解，纠纷暂时平息。

后来，该古镇突发大火，烧毁了阿玲客栈的部分房屋，借此机会业主白某以"不可抗力——租赁物不存在"为由起诉到法院，要求解除双方的租赁合同。一年后，业主白某又对剩余的部分房屋进行拆除，把属于阿玲所有的部分酒店用品丢弃在外面。由于业主白某对阿玲自行改建的剩余房屋进行了拆除，阿玲就此向当地法院提起对方涉嫌损害公司财物要求赔偿的诉讼请求。

1.2.2　案情分析

首先，从《旅游法》的角度分析事件中的法律问题及相关责任。《旅游法》第十二条规定："旅游者在人身、财产安全遇有危险时，有请求救助和保护的权利。旅游者人身、财产受到侵害的，有依法获得赔偿的权利。"第八十二条规定："旅游者在人身、财产安全遇有危险时，有权请求旅游经营者、当地政府和相关机构进行及时救助。"第五十条规定："旅游经营者应当保证其提供的商品和服务符合人身、财产安全的要求。"在本案例中，业主白某多次驱赶和威胁客人，且在门口贴出通告，要求阿玲和住客限期搬出，否则后果自负。若是旅游经营者与出租人的纠纷延伸影响到住店客人的安全问题，并且对住店客人的人身、财产安全构成侵权，根据《旅游法》规定，被侵权的客人有要求旅游经营者阿玲、当地政府和相关机构救助的权利和依法获得赔偿的权利，旅游经营者阿玲保留好证据便于日后要求业主白某因其对住店客人的侵权行为而造成的损失进行赔偿。

其次，从《民法典》的角度来看，依据《民法典》第一百八十六条规定："因当事人一方的违约行为，损害对方人身权益、财产权益的，受损害方有权选择请求其承担违约责任或者侵权责任。"第五百七十七条规定："当事人一方不履行合同义务或者履行合同义务不符合约定的，应当承担继续履行、采取补救措施或者赔偿损失等违约责任。"在本案例中，业主白某与阿玲签订了租赁合同，按照合同约定，白某应当履行自己作为出租人的义务，保持房屋的经营价值，而其剪断电线、驱赶客人以及拆除阿玲基于约定自行改建的房屋并丢弃阿玲客栈经营物品等行为，破坏了承租人正常的经营活动，使租赁物价值丧失，无法接待客人，构成违约，应根据《民法典》第五百七十七条承担违约责任。

最后，从《中华人民共和国民事诉讼法》（以下简称《民事诉讼法》）的角度分析事件中的法律问题及相关责任。

（1）《民事诉讼法》第三条规定："人民法院受理公民之间、法人之间、其他组织之间以及他们相互之间因财产关系和人身关系提起的民事诉讼，适用本法的规定。"在本案例中，由于业主白某对承租人阿玲自行改建剩余的房屋进行了拆除，两者之间在财产关系上存在纠纷，阿玲有权向法院提起对方涉嫌损害其公司财物要求赔偿的诉讼请求。

（2）《民事诉讼法》第一百七十一条规定："当事人不服地方人民法院第一审判决的，有权在判决书送达之日起十五日内向上一级人民法院提起上诉。"因此，在本案例中，如果一审后承租人阿玲对判决结果不服，有权在判决书送达之日十五日内向上一级人民法院提起上诉。

（3）《民事诉讼法》第一百七十七条规定："第二审人民法院对上诉案件，经过审理，按照下列情形，分别处理：

（一）原判决、裁定认定事实清楚，适用法律正确的，以判决、裁定方式驳回上诉，维持原判决、裁定；

（二）原判决、裁定认定事实错误或者适用法律错误的，以判决、裁定方式依法改判、撤销或者变更；

（三）原判决认定基本事实不清的，裁定撤销原判决，发回原审人民法院重审，或者查清事实后改判；

（四）原判决遗漏当事人或者违法缺席判决等严重违反法定程序的，裁定撤销原判决，发回原审人民法院重审。

原审人民法院对发回重审的案件作出判决后，当事人提起上诉的，第二审人民法院不得再次发回重审。"

因此，在本案例中，一审过后案件当事人阿玲如果对于一审法院判决不服，可以再次上诉至中级人民法院，案件所属地的中级人民法院会针对上诉案件进行审理，维持正确的原判决或者裁定撤销错误的原判决，来维护当事人阿玲的合法权益。

1.2.3　案例启示

从旅游者的角度来看，本案例中业主白某的行为直接损害了客栈住客的合法权益，给正常的旅游经营活动造成了严重的负面影响，应为客栈住客和客栈经营者等相关方的利益损失负全部责任。

从旅游经营者的角度来看，承租人阿玲是这起事件的主要法律关系人，阿玲作为承租方的经营者更多地认为，毁约是业主白某单方面追求利益而无视市场原则和合约的行为，这种理解隐含着市场的契约逻辑；而旅游地的业主白某则将毁约行为看作合约上、旅游经营上以及收益分配上不公平待遇的反抗和自我利益维护，它折射的是一种道德和公平逻辑。正因为租赁双方对契约和公平逻辑的理解差异及错位，使得旅游目的地业主毁约事件层出不穷，并且难以治理和管控。

从政府相关管理部门的角度来看，在本案例的毁约事件发生初期，就应该引起有关管理部门足够的重视，应该加强监管，设立相关机构或制定相应条约来约束旅游租赁市场行为。如果在旅游租赁市场中承租人或者租客的权益没有得到保障，长此以往，势必会影响旅游目的地的旅游发展和城市的形象口碑。

契约或合同是解决旅游纠纷、毁约事件的方法或途径之一。但是旅游目的地的业主毁约事件仍然频发，究其原因主要有以下几方面。

第一，缺乏契约精神。在本案例中是业主白某没有遵守契约，那些去客栈驱赶客人的暴力行为属于治安管理处罚处置的范围，房东白某这样的毁约行为既损害了合同对方的法定利益，也给当地旅游市场发展的秩序性和规范性造成了不良影响。从长远看，契约精神的违背与缺失，就像是一道无形的"逐客令"，最终将损害当地的旅游环境、商业环境和投资环境。

第二，旅游地的业主易受利益驱使，诚信度低。在旅游市场火爆的背景下，大多数旅游地的业主会觉得经营者们经营客栈的收益相比自己每年拿到的那点儿租金要高出很多，由此产生妒忌心理，于是通过提前终止租赁合同，然后转手高价出租或自己直接经营赚取更高收益。旅游地的业主对于公平的理解可分为两种情况。一是将自己所得租金收益与外来承租户的旅游经营收益相比是否公平。在很多旅游地的业主看来，承租户的收入每年递增，而自己的收入却固定不变，这是不公平的。二是将自己的租金收入与周边房东或邻居的出租房价进行对比，这也造成了旅游地的业主或房东的不公平感。而外来承租户更多地将旅游地业主毁约现象的发生归因于旅游地业主为追求更高租金和经济利益而不遵守合约，无视"市场有风险，投资需谨慎"的市场原则。

第三，惩罚力度不够或法院判决有执行不到位的可能。违反法律（契约合同）后的惩罚实施较轻或者法院判决执行不到位，没有起到思想教育、警示众人的作用，让部分人产生侥幸心理，没有认清违反法律（契约合同）的后果，也使得旅游市场毁约事件不断发生。

第四，政府相关管理部门监管不到位。在本案例中，政府相关旅游管理体系不够完善，导致旅游地的业主敢于冒风险来进行毁约。同时，政府相关管理部门对于相关法律法规的宣传力度也不够，当地居民或业主对于法律的认知水平不足。由于旅游管理部门的监管覆盖面不足导致违法成本低。很多乱象需要发生后才能整治，导致监管部门的整顿治理处于被动状态。

另外，对于本案例中出现的这类旅游物业纠纷问题，我们建议可采取以下解决措施。第一，签订租赁合同的形式从"静态"契约转变为"动态"契约。承租人或租赁物业的经营者按照一定比例分享经营收益的增长红利给业主。第二，遵守契约，诚信经营。在市场行为中利益相关者追求利益最大化是无可厚非的，但是租赁双方遵守合同约定，诚信守约，规范市场行为，才能在旅游市场竞争中实现"共赢"。第三，完善相关旅游规划管理。比如一些古村落或古镇的旅游资源开发，应该在旅游开发初期就考虑到旅游发展带来的增值效应，做好旅游规划和整体开发的设计，实施统一运作管理。第四，加强政府相关管理部门的监督管理，完善相关的法律法规。近年来旅游市场竞争激烈，产品同质化严重，还会出现一些恶性竞争的现象，不管执法部门如何处理每一起旅游违法案件，可能都解决不了根本问题。需要旅游目的地的相关管理部门反思自己的旅游政策，重新审视市场，找到顽疾和症结所在。

1.3 案例三：迎春灯展发生特大伤亡事故[①]

1.3.1　事件经过

某年2月，北京市密云县在举办迎春灯展过程中，由于领导和管理责任不落实，导致云虹桥上人群拥挤、踩踏，造成37人死亡、37人受伤的特大伤亡事故。事故发生后，党中央、国务院高度重视，北京市委、市政府及时采取了一系列紧急措施，全力做好伤员救治及遇难者的善后处理工作。同时对于有关的12名责任人分别给予行政撤职、行政记过、党内警告等党纪政纪处罚，并将事故中涉嫌玩忽职守犯罪的直接责任人孙某、陈某移交司法机关处理。

一审法院北京市第二中级人民法院经审理查明，北京市密云县在该县密虹公园举办"密云县第二届迎春灯展"游园活动之前，密云县公安局为此制订了相关的安全保卫工作方案。该方案中规定，迎春灯展期间，密云县公安局城关派出所负责维护密虹公园内白河东岸观众游览秩序和云虹桥（包括桥的东西两端）的行人过往秩序，控制人流量，确保桥面畅通。2月5日晚，密虹公园内观看灯展的游人骤增，时任城关派出所所长孙

---

① 改编案例来源：杨富斌. 旅游法案例解析［M］. 北京：旅游教育出版社，2012：14 – 16.

某、政委陈某没有认真履行职责，对工作极端不负责任，未按规定及时派出警力到云虹桥两端对游人进行疏导、控制，致使云虹桥上人流密度过大，秩序混乱，部分游人在桥西侧跌倒后相互挤压、踩踏，造成特大伤亡事故。

法院审理认为，孙某、陈某身为国家工作人员，在分别担任北京密云县公安局城关派出所所长、政委期间，对于具体负责的灯展安全保卫工作极其不负责任，不认真履行职责，未严格执行、落实上级制订的安全保卫方案，在 2 月 5 日晚没有按照规定派署警力，以致云虹桥发生游客拥挤时，现场没有民警进行疏导，致使发生游客相互挤压、踩踏事故，造成国家及人民利益遭受重大损失的严重后果，两人的行为均已构成玩忽职守罪，且情节特别严重，依法应予以惩处。

1.3.2　案情分析

《民法典》第五百零九条规定："当事人应当按照约定全面履行自己的义务。"在本案例中，参加迎春灯展的游客与灯展举办方形成了权利义务关系，是该事件中的当事人。此种权利义务关系是一种明确的旅游法律关系。

举办灯展的目的是吸引游客前来观赏，游客观看灯展是一种旅游行为。作为灯展主办方有义务负责保障游客安全，包括人身安全、财产安全等。本案例中的旅游法律关系主体分别是参加迎春灯展的游客与灯展举办方。所谓旅游法律关系是基于旅游法律法规事实，由旅游法律规范调整人们的旅游行为而形成的当事人之间的权利义务关系。

《旅游法》第十二条规定："旅游者在人身、财产安全遇有危险时，有请求救助和保护的权利。旅游者人身、财产受到侵害的，有依法获得赔偿的权利"。第八十二条规定："旅游者在人身、财产安全遇有危险时，有权请求旅游经营者、当地政府和相关机构进行及时救助。"本案例中，在事故发生后，北京市委、市政府及时采取了一系列紧急措施，全力做好事故中伤员救治及遇难者的善后处理工作。

《中华人民共和国刑法》（以下简称《刑法》）第三百九十七条规定："国家机关工作人员滥用职权或者玩忽职守，致使公共财产、国家和人民利益遭受重大损失的，处三年以下有期徒刑或者拘役；情节特别严重的，处三年以上七年以下有期徒刑。"

在本案例中涉及旅游行政法律关系，即派出所领导以及负责安全保卫工作的公安干警与游客之间的关系。同时本案例中还存在刑事法律关系，有关责任人会依照国家法律承担相应的刑事责任。由于孙某、陈某没有按照规定派署警力，以致云虹桥发生游客拥挤时，现场没有民警进行疏导，致使发生游客相互挤压、踩踏事故，造成国家及人民利益遭受重大损失的严重后果，两人的行为均已构成玩忽职守罪，且情节特别严重，依法应予以惩处。

1.3.3　案例启示

从旅游者的角度来看，游客在游玩过程中应该增加忧患意识和安全防范意识，出门在外注意人身安全，掌握一定的紧急避险常识。在旅游过程中，如果遇到旅游景区或游玩区域人多拥挤时尽量远离和避开。

从政府相关管理部门的角度来看，此次特别重大伤亡事故给安全管理者敲响了警钟，也暴露出了以下几方面的问题：一是安全意识不牢固，某些领导干部没有将"安全第一、预防为主"的思想真正落实到工作之中；二是工作作风不扎实，安全措施不到位，检查监督流于形式；三是城市应急体系不够健全，防范和处置各类重大突发事件的能力不足；四是公共安全教育与培训工作比较薄弱，一些群众缺乏安全防范和紧急避险常识。

因此，各个地区、各个部门都要坚持"安全第一、预防为主"的基本方针，强化领导和管理，强化安全检查，消除事故隐患。要进一步加强对学校、地铁、商场、工矿企业、建设工地、化学危险品仓库、加油站、餐饮娱乐场所、大型社会活动和人员密集公共场所的安全监督管理。要深入开展安全教育培训和指导工作，重点在生产经营单位、教育机构、社区开展公共安全宣传教育。加强对危险行业从业人员安全方面的专业培训和对党政机关、企事业单位的安全法规教育。要加快建立城市统一的应急指挥系统，完善各类突发事件应急预案，加快建设城市应急管理体系。要切实解决预案落实和执行不到位问题，提高防范和处置各类重大突发事件的能力。要切实加强干部队伍建设，大力弘扬求真务实精神，大兴求真务实之风。加强对干部的监督考核，对因玩忽职守、失职渎职、责任不落实导致重特大事故的相关责任人，要按照事故原因未查清不放过、责任人员未处理不放过、整改措施未落实不放过、有关人员未受到教育不放过的"四个不放过"原则，依法严肃查处。

1.4　案例四：面对不文明旅游行为如何处理①

1.4.1　事件经过

2017 年 4 月 15 日，在江西省三清山景区，张某等三人为了攀爬巨蟒峰，用电钻在

---

① 改编案例来源：杨宏生. 遏制不文明旅游行为尚需完善立法［N］. 中国商报，2017 – 11 – 24（A01）.

岩体上打孔，将26枚膨胀螺栓钉打入孔内，给景点造成不可修复的严重损毁。三人擅自攀爬的垂直高度128米的巨蟒峰是三清山景区的标志性景点。巨蟒峰是由风化和重力崩解作用形成的巨型花岗岩石柱，禁止任何人攀爬。然而这三名游客为了拍摄航拍视频，于2017年4月15日清晨，利用电钻、岩钉、铁锤、挂片等工具对巨蟒峰进行攀爬。

景区工作人员发现并对其进行劝阻，这三人并不理会，导致巨蟒峰景点附近大量游客聚集围观，曾一度造成现场旅游秩序混乱。随后工作人员报警，当地公安、消防部门人员赶来才制止了三人擅自攀登的行为，但三人的攀登行为已对巨蟒峰造成了不可逆的破坏。

张某等三人故意损毁名胜古迹，造成了不可修复的后果，破坏了珍贵的自然资源，将依法承担刑事和民事双重责任。4月22日，上饶市公安局三清山分局以涉嫌损毁名胜古迹罪对张某等三人予以立案。

1.4.2 案情分析

三清山位于江西省上饶市东北部，是世界自然遗产地、世界地质公园、国家AAAAA级旅游区、国家级风景名胜区，因玉京、玉虚、玉华三峰峻拔，宛如道教玉清、上清、太清三位尊神列坐山巅而得名。联合国教科文组织世界遗产委员会认为：三清山风景名胜区展示了独特花岗岩石柱和山峰，栩栩如生的花岗岩造型石与丰富的生态植被、远近变化的气候奇观相结合，创造了世界上独一无二的景观，呈现了引人入胜的自然美。

首先，最直接的原因是三清山景区的"头衔"，景区属于世界级自然遗产，国宝级景区，景区明确规定严禁游客攀爬巨蟒峰。其次，攀爬对巨蟒峰的影响很大。了解攀岩的人都知道，攀爬的时候一定要在岩体上凿上钢钉。该事件中张某在岩体上钻孔，一共打入26余枚岩钉，张某的这种行为对于巨蟒峰而言，伤害是巨大的。巨蟒峰原本就只剩下几块巨石苦苦支撑，这时候给它再打20多枚钢钉，很有可能造成山峰的轰然倒塌。最后，这座山峰周围居住着许多野生动物，攀登山峰势必对它们的生活造成影响。

《旅游法》第十三条规定："旅游者在旅游活动中应当遵守社会公共秩序和社会公德，尊重当地的风俗习惯、文化传统和宗教信仰，爱护旅游资源，保护生态环境，遵守旅游文明行为规范。"在本案例中，张某等三人违规攀爬巨蟒峰的行为破坏了旅游资源，没有遵守旅游文明行为规范，应该依法予以处罚。

《刑法》第三百二十四条规定："故意损毁国家保护的珍贵文物或者被确定为全国重点文物保护单位、省级文物保护单位的文物的，处三年以下有期徒刑或者拘役，并处或者单处罚金；情节严重的，处三年以上十年以下有期徒刑，并处罚金。"在本案例中，世界自然遗产是全人类的共同财富，作为不可再生的珍稀自然资源性资产，应当受到法律最严格的保护。被告人张某等三人在"巨蟒峰"上钻孔打岩钉的行为，对世界自然遗产、世界地质公园、国家重点保护的三清山风景名胜区中的核心景点巨蟒峰已造成严重损毁，情节严重，其行为已构成故意损毁名胜古迹罪。

1.4.3　案例启示

本案例的审判意义不仅是对广大公众环境权益损害的填补，更在于唤起全体社会成员环境保护意识，增强保护世界自然遗产在内的各种环境资源的自觉性，警示、教育他人珍惜资源，爱护环境。

从游客的角度来看，案例中这三名户外爱好者的违法行为给户外旅游爱好者敲响了警钟，而此前非法攀登、穿越、自驾越野对生态环境的破坏也是屡禁不止。理论上，无论是造成国家保护的名胜古迹的严重损坏，还是造成的恶劣影响以及抗拒他人制止的行为，都已达到入罪标准。但实际中许多破坏景区的恶劣行径，无论是不是名胜古迹，都鲜有被追究刑事责任的个例。

从旅游景区管理方面来看，保护自然景观和名胜古迹，作为旅游景区不能仅仅呼吁提高游客的文明素养，也不能仅限于发生了损毁之后依托法律的惩处，因为这样对于已经损毁的景观和古迹，已是于事无补。需要旅游企业依托现代监测监管手段，在事前就能有效监管和规范人类活动，以免造成无法弥补的遗憾。

对于相关管理部门来说，针对旅游者破坏旅游资源的行为仅仅列入旅游不文明行为记录的处罚太轻了，缺乏震慑作用。目前依法兴旅、依法治旅是新形势下旅游业法治建设的迫切要求。继续完善旅游法规制度体系、加大惩治力度，才能使旅游者对于大自然心存仰慕敬畏。对于刻字涂画、踩踏攀爬等造成国家保护的名胜古迹严重损坏，并造成恶劣影响的不文明旅游行为应该予以严惩。

1.5　案例五：不合理的低价"一日游"[①]

1.5.1　事件经过

2021 年 4 月 2 日，A 市文化广电旅游局执法人员到该市某民族旅游村检查，发现 A

---

① 改编案例来源：参团游避坑指南！广东发布"不合理低价游"等专项整治行动十大指导案例［EB/OL］．人民咨询，2022 - 03 - 31.

市飞某国际旅行社（以下简称"飞某国旅"）组织旅游团前来旅游，收取每位旅游者团费 25 元，赠送每人一只重约 2.5 斤的活鸡作为礼品。经查，2021 年 3 月 11 日、22 日，飞某国旅分别以每人收取 10 元或 40 元不等的旅游费用，组织旅游者参加"一日游"和"两日游"的旅游团，行程包括 3 ~ 4 家购物场所和 1 个免费景点。其收取的旅游费用已包含交通费、餐费、导游费、保险费、礼品费等，价格远远低于其正常的经营支出成本。在旅游行程中，根据事先达成的协议，飞某国旅将旅游者带到购物场所消费，购物场所按照到场的旅游者人数给予飞某国旅每人 3 ~ 60 元不等的"人头费"，并按照旅游者购物总额 10% ~ 30% 的比例给予飞某国旅回扣。飞某国旅以低于接待和服务费用的价格组织旅游团，通过收受购物场所给予的"人头费"和回扣获利，已违反《旅游法》第三十五条的规定。依据《旅游法》第九十八条规定，A 市文化广电旅游局责令当事人改正违法行为，并作出没收违法所得 259 元，责令停业整顿一个月，并处罚款 35000 元的行政处罚，对直接负责的主管人员邓某作出罚款 2500 元的行政处罚。

1.5.2 案情分析

《旅游法》第三十五条第一款的规定："旅行社不得以不合理的低价组织旅游活动，诱骗旅游者，并通过安排购物或者另行付费旅游项目获取回扣等不正当利益。"因此，在本案例中，涉事旅行社收取每位旅游者的团费 25 元，赠送每人一只重约 2.5 斤的活鸡作为礼品，赠送礼品价格比团费高，而且其收取的旅游费用已包含交通费、餐费、导游费、保险费、礼品费等，团费价格远远低于其正常的经营支出成本。涉事旅行社将旅游者带到购物场所消费，购物场所按照到场的旅游者人数给予飞某国旅每人 3 ~ 60 元不等的"人头费"，并按照旅游者购物总额 10% ~ 30% 的比例给予飞某国旅回扣。显然涉事旅行社已违反《旅游法》第三十五条第一款的规定。

《旅游法》第九十八条规定："旅行社违反本法第三十五条规定的，由旅游主管部门责令改正，没收违法所得，责令停业整顿，并处三万元以上三十万元以下罚款；违法所得三十万元以上的，并处违法所得一倍以上五倍以下罚款；情节严重的，吊销旅行社业务经营许可证；对直接负责的主管人员和其他直接责任人员，没收违法所得，处二千元以上二万以下罚款，并暂扣或者吊销导游证。"因此，在本案例中，A 市文化广电旅游局责令当事人改正违法行为，并作出没收违法所得 259 元，责令停业整顿一个月，并处罚款 35000 元的行政处罚，对直接负责的主管人员邓某作出罚款 2500 元的行政处罚。

为何国家出台那么多相关法律法规来解决旅游市场的这些问题，但是旅游消费市场依然乱象丛生？旅游市场出现这种低价旅游或"零团费"旅游的主要原因包括：一是旅游市场存在恶性竞争，消费者旅游观念不成熟，仍然抱着贪便宜的心态；二是传统的"旅游＋购物"利益模式固化，灰色链条难打破、难监管；三是旅游者与旅行社之间存在严重的信息不对称，导致游客偏好低价游。

1.5.3　案例启示

旅游行业出现的这种低价旅游或"零团费"旅游，是完全背离价值规律，以低于经营成本的价格招徕游客、误导消费者，以不正当竞争手段扰乱旅游市场秩序。在本案例中，游客参加低价旅游，旅行社必然会通过安排购物或者另行付费的旅游项目以获取回扣的方式诱骗游客，甚至发生购物时间为主、强迫购物、殴打游客等严重侵犯旅游者合法权益的事件。因此，政府相关管理部门必须要整治和查处这一类不合理的低价"一日游"，深入推进文化和旅游部组织开展的未经许可经营旅行社业务、"不合理低价游"专项整治行动，促进旅游业高质量发展，规范旅游市场经营秩序。政府相关管理部门可采取以下措施：

第一，协调公安、交通、市场监管等部门开展联合执法检查，加大旅游市场联合执法力度，重点整治旅游购物场所强制购物，导游欺骗、胁迫游客消费等突出问题；

第二，加强对在线旅游平台经营者的监管，指导督促其履行信息管控、核验登记、处置报告、信息保存等法定义务，压实平台责任，推进源头治理；

第三，旅游投诉途径透明化，引导旅游消费者依法理性维权。

对于旅游行业来说，首先要重视和加强导游权益保障，探索导游执业新方式，割断地接社向导游"卖团"的依赖路径；其次，要加强宣传，自觉抵制"低价游"，号召旅游企业和从业人员合法合规开展旅游业务。

作为旅游经营者要守法经营，旅游者参团旅游要选择合法正规的旅行社，不单纯以低价格衡量旅游消费，改变单纯比价理念，自觉抵制不合理低价旅游产品，更好地保障自身安全和合法权益。消费者自身要提高警惕，不轻信社交平台的旅游产品信息。旅游者如发现干扰市场秩序的违法违规行为，欢迎拨打当地市长服务热线电话"12345"或通过省文化和旅游厅官网进行举报监督。

第2章

旅游餐饮服务管理案例

【教学目的和要求】 "食"是旅游六大要素之一,主要指旅游餐饮服务,旅游餐饮服务管理是旅游服务管理的重要内容之一,关系到游客的旅游服务质量。餐饮业的发展必须以旅游业和国民收入的发展规模与发展水平为基础。从吃得饱到吃得好,游客对食品的消费需求不断变化,从安全到营养,消费需求重心在变化。而自由、开放的互联网与社交媒体的传播对食品安全事故的危害会起到放大效应,特别是食品安全事件大多数是人为因素,极易引发游客的强烈不满。作为食品安全责任主体的餐饮企业一定要注重食品安全管理,才能不断提升企业品牌形象。本章以餐饮服务管理区域内发生的事件处理为研究样本,通过对具体案例进行分析,从旅游者和餐饮企业两个方面剖析了应对此类事件的方式方法,为餐饮服务提供企业的经营管理实践提供参考和借鉴。通过对本章内容的学习,掌握食品卫生安全的基本要求及食品安全管理的程序,了解餐饮服务的个性化和亲情化,了解网络智能技术在餐饮行业的应用及其质量保证措施。

【关键词】 餐饮服务 饮食卫生 食物中毒 食品安全 赔偿

【主要适用法律法规】

《中华人民共和国旅游法》

《中华人民共和国食品安全法》

《中华人民共和国民法典》

《中华人民共和国消费者权益保护法》

《中华人民共和国价格法》

《中华人民共和国行政处罚法》

2.1 案例一：旅游地的天价海鲜①

2.1.1 事件经过

某次国庆假期期间，肖先生夫妇和女儿一行三人于 10 月 4 日晚抵达某滨海城市，在该市的一家酒店住下。他们发现酒店外街上有好几家海鲜烧烤店，便随意选了一家名为"某海鲜烧烤家常菜"的店。点菜时，他们特地询问服务员，菜单上的"大虾 38 元"是一份还是一只。在得到"38 元一份"的回答后，3 人点了活虾、贝壳、螃蟹，还有烧饼、豆腐和一扎啤酒。

吃饭时，隔壁桌结账的朱先生因消费金额共计 2168 元和店方发生纠纷。随后肖先生被告知自己桌一共消费 1338 元。店老板结账时是按每只虾 38 元的价格计算的。肖先生和朱先生与店家理论未果，选择了报警。当辖区派出所民警来到现场后，称这属于价格纠纷，不是他们的执法范围，建议找物价局。肖先生又拨打物价局电话，物价局值班人员说现在是放假期间，请他们还是找警察协调解决。

双方折腾到 5 日凌晨，肖先生第二次报警。派出所民警出面协调，民警再次告诉肖、朱二人，这种事不归派出所管，若是双方打架闹事，派出所才能介入，因此，建议肖、朱二人先结清账单。民警的离开让店老板更加得意，非得让朱先生付 2168 元，让肖先生付 1338 元。两桌客人跟烧烤店老板的争吵声，引来了不少围观的人，有人建议他们，不如留下正常价格的饭钱赶紧走人，朱先生和肖先生两家人觉得这个方法可行。最后经过协商，两人分别给了该烧烤店老板 1800 元和 800 元的餐费后离开。

肖先生和朱先生结束了旅游行程，各自返回了家乡，他们分别把各自的旅游就餐遭遇发到了网上，引起了社会的极大关注。10 月 6 日上午，该滨海城市物价局官微通报称，该涉事烧烤店涉嫌误导消费者消费，该市物价局已责成市北区物价局根据有关法律法规予以立案处理。10 月 6 日晚间，该市北区委宣传部发布消息称，根据《中华人民共和国行政处罚法》（以下简称《行政处罚法》）第三十一条的规定，该市北区物价局已于昨日下午作出行政处罚事先告知书，拟对市北区的这家涉事海鲜烧烤店作出罚款 9 万元的行政处罚，并责令其立即改正价格违法行为。告知书已送达涉事饭店，但该饭店老板未找到。

---

① 改编案例来源：青岛"38 元天价虾"事件调查［EB/OL］. 央视网，2015 – 10 – 07.

2.1.2 案情分析

该事件反映了当地对于海鲜餐馆或大排档的市场监管存在以下问题：第一，海鲜菜品的品名标示不规范，明码标价不齐全、不清晰；第二，海鲜餐馆或大排档的经营者故意以各种理由拒绝或推诿提供正规的税务发票；第三，海鲜餐馆或大排档的经营者未按照《中华人民共和国食品安全法》（以下简称《食品安全法》）的规定建立完善的食品进销台账；第四，旅游消费者被侵权后，一时难以判断该向哪个部门申诉举报。在本案例中，游客朱先生和肖先生先打电话给"110"，答复说"价格纠纷我们管不了"；又拨打市物价局电话"12358"，一般是 7 个工作日之内给予处理，但当时物价局值班人员说现在是放假期间，无人办理。因此，给旅游消费者造成无人能管的误解。

天价大虾持续发酵带给这个滨海旅游城市形象的影响很大，在信息化高度发达的当下，作为政府职能部门，应该彻底转变观念，地方政府应该建立更加严格的首问负责制，并督促相关部门加强市场监管。

对于这些"宰客"的店家来说，必须要提高他们的违法成本，通过相应的法律法规惩处让违法店家觉得宰客"划不来"。例如，行政管理部门提高违法"宰客"店家的处罚金额、延长停业整顿期，情节严重者则终身禁止从事相关行业等。同时，在市场管理上要建立违法黑名单机制，对列入黑名单者，一方面，提醒有关管理部门对其加强监管，当累犯达到规定次数将永久禁止其从事相关行业；另一方面，及时通过信息平台向社会公布店主的诚信记录，例如通过中国信用网查询企业信用或个人信用情况。

从法律角度来看，《旅游法》第四十九条规定："为旅游者提供交通、住宿、餐饮、娱乐等服务的经营者，应当符合法律、法规规定的要求，按照合同约定履行义务。"《中华人民共和国消费者权益保护法》（以下简称《消费者权益保护法》）第八条规定："消费者享有知悉其购买、使用的商品或者接受的服务的真实情况的权利。消费者有权根据商品或者服务的不同情况，要求经营者提供商品的价格、产地、生产者、用途、性能、规格、等级、主要成份、生产日期、有效期限、检验合格证明、使用方法说明书、售后服务，或者服务的内容、规格、费用等有关情况。"《中华人民共和国价格法》（以下简称《价格法》）第七条、第八条明确规定："经营者定价，应当遵循公平、合法和诚实信用的原则"，"经营者定价的基本依据是生产经营成本和市场供求状况"。《价格法》第十三条规定："经营者销售、收购商品和提供服务，应当按照政府价格主管部门的规定明码标价，注明商品的品名、产地、规格、等级、计价单位、价格或者服务的项目、收费标准等有关情况。经营者不得在标价之外加价出售商品，不得收取任何未予标明的费用。"本案例中，海鲜烧烤家常菜店以点菜时出示的标价之外的价格结算餐费，且远远高于餐品的实际正常价值，显然既违背价格法规定的基本定价原则，又采用了法律禁止的价格手段牟取暴利，依法应予处罚并退还因其价格违法行为致使消费者多付价款的部分，造成损害的，还应当依法承担赔偿责任。

本案例中，虽然菜单上有写"以上海鲜按个计价"，但是在肖先生向店家确认"大虾是 38 元一份"时视为要约的内容作出了实质性变更，视为发出新的要约。在店家回答表示肯定的时候，视为承诺且新的合同成立，所以双方应当以新的合同进行交易。店家以模糊交易条件的手段达到"强买强卖"的目的。

此案例中，根据《行政处罚法》第三十一条的规定："行政机关在作出行政处罚决定之前，应当告知当事人作出行政处罚决定的事实、理由及依据，并告知当事人依法享有的权利。"当地物价局对这家涉事海鲜烧烤店作出罚款 9 万元的行政处罚，并责令其立即改正价格违法行为的决定是正确的。

2.1.3　案例启示

对于游客来说，游客在餐馆点菜时一定要问清楚菜品价格，事后要保存好相关凭证，遇到权益被侵害时，要坚决举报，寻求相关管理部门的帮助。旅游者应该学会通过网络媒体来表达自己的诉求，学会用法律手段捍卫自己作为消费者的合法权益。首先，如果是菜品价格有问题的可向物价部门投诉。其次，双方发生纠纷的，可由公安部门介入处理。最后，若是夜间发生消费纠纷的，可以拨打当地 24 小时政府热线"12345"寻求帮助。

对于各宾馆、酒店、餐馆、旅行社、旅游车船公司等旅游企业来说，应该明确自身义务，为消费者提供真实信息，提供的商品也应明码标价，应严格遵守《旅游法》《消费者权益保护法》《价格法》《民法典》等法律法规，规范旅游市场经营行为，切实维护良好的旅游市场秩序，严禁强迫消费、尾随兜售、欺客宰客、欺行霸市以及不明码标价等违法违规行为。除此之外，还需加强企业危机意识，关注旅游消费者对企业服务产品的评价，重视企业自身的形象塑造，为旅游消费者提供高质量、价格合理的服务产品。

对于相关政府管理部门来说，工商管理部门、物价部门、旅游市场监管部门等应该分工协作，联合起来加强管理，尤其在节假日和旅游高峰期要对食品和服务产品的价格有所限制，确定一个合理的价格浮动范围和最高限价。具体来讲，各级工商部门负责依法查处旅游市场中存在的无照经营、虚假广告、不正当竞争、旅游业不公平格式合同条款等违法违规行为。各级物价部门负责旅游市场价格行为监管，依法查处经营者不执行政府定价和政府指导价、不按规定的内容和方式明码标价、标价之外加价出售商品或者收取未予标明的费用，以及使用欺骗性或者误导性的语言、文字、图片、计量单位等标价诱导他人与其交易等价格违法违规行为。至于各地旅游市场监管部门，应建立保护旅游消费者权益长效、联动机制，畅通消费者投诉处理渠道，建立旅游市场不法经营者黑名单制度，为消费者创造放心的旅游消费环境。各级公安机关则负责严厉打击强迫交易、敲诈勒索、诈骗等侵害游客权益的违法犯罪行为。

消费者要记住以下投诉电话：工商局/消费者权益保护协会"12315"、价格监督举报热线"12358"、公安局"110"等，旅游消费者若能够根据违法侵权事件所归属的行政管理部门来进行投诉，则事件处置效率会有所提高。从此事件我们也发现：一个地区完善的基础设施、稳定的价格消费、顺畅的通行体验，都是良好旅游环境的组成要素。

2.2 案例二：媒体暗访某餐饮品牌火锅店①

2.2.1 事件经过

一媒体记者通过面试和入职培训后进入一家在各地拥有百余家直营餐厅的大型跨省餐饮品牌火锅店，在入职第一天就在后厨的洗杯间发现了老鼠的踪迹。接下来的几天里，又陆续在该火锅店后厨的配料房、上菜房、水果房、洗碗间、洗杯间等各处均发现了老鼠的踪迹。有的老鼠会爬进装着食物的柜子里。在暗访的近两个月时间里，涉事火锅店请除鼠公司清理过一次老鼠，但没过几天，又有老鼠出现。

当洗碗间工作并不是特别繁忙的时候，该火锅店工作人员会一边打扫卫生，一边洗碗。用来清扫地面、墙壁和下水道的扫帚和簸箕，还会用来清理洗碗机和储物柜。清扫工作完成后，员工簸箕和抹布会被放入洗碗池内清洗，扫帚会被放在洗碗机传送带上面沥水。

该品牌火锅店的洗碗机清洗餐盘采用高温消毒，洗碗机虽然每天都会打开清洗，但是只是清洗表层，并未清除内部油污。打开洗碗机的机箱盖，可以看到传送带一侧沾满了油渍，并散发出阵阵腐烂的恶臭。洗碗机内壁上沾满了油渍和腐烂的食物残渣，洗碗机内的蓄水池也满是黄色的污水。

该品牌火锅店的另一家连锁店也存在类似问题，该店洗碗流程都是大体相同的，满是油渍的转移箱并不清洗，与洗碗池清洗过的餐盘一起放入洗碗机内，洗碗机传出的餐

---

① 改编案例来源：暗访海底捞：老鼠爬进食品柜 火锅漏勺掏下水道［EB/OL］. 新浪网，2017–08–25.

盘上有清晰的黄色水渍。大概两三个月才会有一次洗碗机内部大清洗。

　　临近下班，后厨各岗位成员开始打扫卫生做收尾工作。后厨下水管道堵塞，配料房的工作人员打开了下水管道的挡板，清理堵塞的垃圾杂物。他们所使用的清理工具正是供顾客吃火锅使用的漏勺，这些漏勺是从顾客刚食用过的火锅里拿出来的。工作人员还用漏勺剔除粘在挡板底部的垃圾杂物。而这些漏勺使用完毕后，会被放入装餐具的锅中一起清洗。

2.2.2　案情分析

　　《旅游法》第五十条规定："旅游经营者应当保证其提供的商品和服务符合保障人身、财产安全的要求。"在本案例中，这家涉事火锅店作为旅游经营者应该注意所提供的餐饮产品卫生合格，保障前来就餐的消费者的饮食安全。

　　《中华人民共和国食品安全法》（以下简称《食品安全法》）第三十三条第一款规定：食品生产经营应当符合食品安全标准，并符合具有与生产经营的食品品种、数量相适应的食品原料处理和食品加工、包装、贮存等场所，保持该场所环境整洁，并与有毒、有害场所以及其他污染源保持规定的距离。此案例中，该品牌火锅店的后厨居然有老鼠在地上乱窜，还把扫帚、簸箕、抹布与餐具一同清洗，火锅漏勺用作掏下水道垃圾的工具等，明显是食品原料处理和加工场所卫生管理不当，交叉污染严重，食品生产经营过程的卫生要求不达标，存在重大食品安全隐患。

　　该火锅店后厨的问题究其原因主要是以下几方面。首先，企业主体责任没有落实到位。众所周知，生产经营者是食品安全第一责任人，已写入《食品安全法》。如果该火锅店的一把手能尽职尽责，常常"光顾"后厨，一定能发现问题。其次，该火锅店员工食品卫生教育缺失，安全责任意识缺乏。该火锅店后厨卫生问题，内部人员其实早就已经发现，却并没有引起重视，既没有上报，也没有自行改正。

　　另据《食品安全法》第三十三条第二款规定：食品生产经营应当符合食品安全标准，并符合具有与生产经营的食品品种、数量相适应的生产经营设备或者设施，应有相应的消毒、更衣、盥洗、采光、照明、通风、防腐、防尘、防蝇、防鼠、防虫、洗涤等，以及处理废水、存放垃圾和废弃物的设备或者设施。第五款规定："餐具、饮具和盛放直接入口食品的容器，使用前应当洗净、消毒，炊具、用具用后应当洗净，保持清洁。"此案例中，虽然经查该品牌火锅店后厨的消毒、防鼠等有相应的设备和采取了一定措施，但疏于实施，监督管理不严，导致老鼠横行、餐具洗涤设备肮脏、清洁与废水处理工具通用等严重的卫生问题，明显不符合食品安全标准，违反食品生产经营管理规范。

从企业管理的角度来看，这反映了我国国内餐饮企业落实国际标准化食品安全保证体系（Hazard Analysis and Critical Control Point，HACCP）和标准作业程序（Standard Operating Procedure，SOP）等食品安全内部质量管控规范不够有力、对员工的食品安全教育和奖惩不够到位、总公司缺乏对连锁店在食品安全内控规范上的持续有效性监管等问题。餐饮企业要严格遵守《旅游法》《食品安全法》等法律法规，真诚待客，用心出品，这样才会留住顾客，增加回头客。

2.2.3 案例启示

本案例中的事件最初由媒体揭露，消费者自身也要提高辨识能力，对于餐饮企业应有所选择，在权益受到侵害时也要善于行使相关权利来维护自身合法利益。

对于餐饮企业来说，要重视食品出品的安全卫生问题，加强员工日常培训和监督管理，制定规范的食品生产和服务标准。就餐饮行业来讲，食品卫生安全是企业安身立命之所在，也是消费者利益之根本。食品安全隐患的存在，甚至丧失安全性，失去了透明的管理和全方位的监管，再卖力的服务也会在一些方面大打折扣，声誉再好的餐饮企业也可能犯错，甚至引发安全事故。因此，每一家餐饮企业都应该对食品安全进行全方位的监管，以消费者利益为出发点，努力填补管理漏洞，消除卫生死角，或者可实行透明化管理，主动打开后厨，积极"明厨亮灶"，让食品卫生看得见，以此不断完善管理制度，让食品安全更有保障。

餐饮食品安全不仅需要企业加强自律和改进，也需要政府强化监管，更需要社会加以监督。政府相关监管部门应该动态调整量化分级制度，同时加强对餐饮连锁企业的飞行检查，即便是对于大品牌的连锁企业，也不能因此放松或减少监管次数。一旦有餐饮企业违规经营则把问题餐饮企业记入企业信用信息平台。

2.3 案例三：游客旅游途中发生食物中毒①

2.3.1 事件经过

某广州旅行团为某旅游胜地的双飞七天团。10月8日上午，该旅行团一行13人在食用了某酒店提供的中式自助早餐后，出现头晕呕吐等不适症状。同时包括酒店员工以

---

① 改编案例来源：四川景区70余人食用酒店早餐后中毒，1人身亡［EB/OL］．南海网，2010-10-09.

及其他游客在内总共一百余人均被送往当地医院抢救。其中，广州游客谭女士由于病情严重，经抢救无效死亡。

事发后，旅行社相关负责人表示，食物样本已经送检，具体是不是食物中毒，是吃什么中毒还要等医院专家会诊之后才能确定。据医院医生证实，根据临床症状，这些病人疑似亚硝酸盐中毒，但最终病因还需对呕吐物进一步化验确定。除已经身亡的谭女士外，目前该团的其余 12 名游客已经脱离危险，正在继续治疗或留院观察。10 月 10 日晚，该省疾病预防控制中心对此次游客集体中毒事件出具的检验结果报告显示：1 公斤面条含 10.8 克亚硝酸盐，1 公斤烫饭含 11.3 克亚硝酸盐，1 公斤泡菜含 8.41 克亚硝酸盐。权威专家透露，2～3 克亚硝酸盐足以令一个成人丧命。有人怀疑酒店是否错将工业用盐当成了食盐？10 日晚，9 名广州游客达到出院标准，从 11 日开始，部分康复者将陆续返穗。游客谭女士的家人要求涉事旅行社对谭女士身亡一事进行赔偿。

2.3.2　案情分析

《旅游法》第五十条规定："旅游经营者应当保证其提供的商品和服务符合保障人身、财产安全的要求。"第七十一条第一款规定："由于地接社、履行辅助人的原因导致违约的，由组团社承担责任；组团社承担责任后可以向地接社、履行辅助人追偿。"《食品安全法》第三十四条第二款规定："禁止生产经营致病性微生物，农药残留、兽药残留、生物毒素、重金属等污染物质以及其他危害人体健康的物质含量超过食品安全标准限量的食品、食品添加剂、食品相关产品。"因此，在本案例中，涉事酒店提供的早餐中含有的亚硝酸盐严重超标，明显不符合法律规定的食品安全要求，违反法律禁止性规定，造成了食物中毒并致人死亡的重大食品安全事故。

《食品安全法》第一百零三条规定："发生食品安全事故的单位应当立即采取措施，防止事故扩大。事故单位和接收病人进行治疗的单位应当及时向事故发生地县级人民政府食品药品监督管理、卫生行政部门报告。县级以上人民政府质量监督、农业行政等部门在日常监督管理中发现食品安全事故或者接到事故举报，应当立即向同级食品药品监督管理部门通报。发生食品安全事故，接到报告的县级人民政府食品药品监督管理部门应当按照应急预案的规定向本级人民政府和上级人民政府食品药品监督管理部门报告。县级人民政府和上级人民政府食品药品监督管理部门应当按照应急预案的规定上报。任何单位和个人不得对食品安全事故隐瞒、谎报、缓报，不得隐匿、伪造、毁灭有关证据。"在本案例中，涉事酒店已根据国家有关规定，及时上报当地的卫生行政管理部门。一般来说，为防止食物中毒事件的事态扩大和蔓延，食品卫生监督机构有权当场采取紧急控制措施，例如就地封存、停止销售、送检食物样本查明中毒原因等。对制造和销售变质有毒食品而引发食物中毒的单位和个人，依法予以追查和惩处。

就事故处理方面，根据《食品安全法》第一百二十四条："违反本法规定，有下列情形之一，尚不构成犯罪的，由县级以上人民政府食品药品监督管理部门没收违法所得和违法生产经营的食品、食品添加剂，并可以没收用于违法生产经营的工具、设备、原料等物品；违法生产经营的食品、食品添加剂货值金额不足一万元的，并处五万元以上十万元以下罚款；货值金额一万元以上的，并处货值金额十倍以上二十倍以下罚款；情节严重的，吊销许可证：（一）生产经营致病性微生物，农药残留、兽药残留、生物毒素、重金属等污染物质以及其他危害人体健康的物质含量超过食品安全标准限量的食品、食品添加剂……"第一百四十七条："违反本法规定，造成人身、财产或者其他损害的，依法承担赔偿责任。生产经营者财产不足以同时承担民事赔偿责任和缴纳罚款、罚金时，先承担民事赔偿责任。"第一百四十九条："违反本法规定，构成犯罪的，依法追究刑事责任。"在本案例中，由于涉事酒店提供的早餐中含有亚硝酸盐造成游客食物中毒，而且造成一人死亡，涉事酒店及相关责任人员依法应当承担一定的法律责任，受到相应的民事、行政及刑事处罚。

2.3.3　案例启示

游客食物中毒就是游客在旅游就餐中，食用了有毒、变质食品而导致游客出现不适症状，甚至死亡的安全事故。旅行社、酒店与游客之间往往会为食物中毒事件争执不已。

对于游客来说，游客在旅途中发生食物中毒事件面临的处理难点主要有两个方面。第一，游客身体抵抗力下降。由于旅途中舟车劳顿，体力消耗比较大，导致很多游客对外界细菌和病毒的抵抗力下降。同时，游客也容易水土不服，或者对于旅游目的地的食物不适应，特别是去沿海地区旅游时，由于对当地海鲜等食物的不适应，容易产生胃肠不适。要注意的是，胃肠不适往往会出现疑似食物中毒的症状，但除非有卫生监督部门出具的权威结论，否则不能够随便认定是食物中毒。第二，食物中毒的食物来源难以确定。由于游客的食物来源较多，有的来源于旅行社安排的餐厅饮食，有的来源于游客在旅游途中自行购买的食物，所以有时难以确定有毒食物的确切来源。如果游客所食中毒食物来源于旅行社提供的酒店或餐馆，游客可以侵权为由向酒店或餐馆索要赔偿，也可以按照违约责任向组团旅行社索要赔偿。由游客自行作出选择。

对于旅行社来说，当疑似食物中毒事件发生时应该采取以下措施：第一，导游或领队要及时把不适的游客送往医院；第二，导游或领队要尽快在第一时间取证；第三，导游或领队要及时报告。一方面要向卫生监督管理部门报告，请求他们前来取样鉴定查明原因；另一方面要向旅行社负责人报告，获得处理意见和方案。若是在境外的还要向我国驻该国的领事馆报告。

2.4 案例四：游客在饭店用餐摔伤谁担责[①]

2.4.1 事件经过

天津的张女士报名参加了一家旅行社组织的"华东五日游"旅行团。旅途中在该旅行社指定的一家饭店用餐时，张女士因地滑不慎摔倒受伤，住院治疗共花去医疗费 6500 元。事后，张女士要求旅行社赔偿医药费。但旅行社认为当时去餐厅用餐时带队导游已发现餐厅地面比较湿滑，遂向包括张女士在内的所有游客做过注意安全的提醒。因此，张女士后来滑倒摔伤，主要是由于其自身不小心踩滑发生的，旅行社没有过错，不应该承担责任。在双方协商未果后，张女士将该旅行社起诉至法院，要求该旅行社支付医疗费 6500 元，并承担本案诉讼费用。

2.4.2 案情分析

根据《旅游法》的规定，旅游经营者是指旅行社、景区以及为旅游者提供交通、住宿、餐饮、购物、娱乐等服务的经营者。履行辅助人是指与旅行社存在合同关系，协助其履行包价旅游合同义务，实际提供相关服务的法人或者自然人。《最高人民法院关于审理旅游纠纷案件适用法律若干问题的规定》则进一步明确：旅游辅助服务者是指与旅游经营者存在合同关系，协助旅游经营者履行旅游合同义务，实际提供交通、游览、住宿、餐饮、娱乐等旅游服务的人。

《旅游法》第三十四条规定："旅行社组织旅游活动应当向合格的供应商订购产品和服务。"第五十条规定："旅游经营者应当保证其提供的商品和服务符合保障人身、财产安全的要求。"《最高人民法院关于审理旅游纠纷案件适用法律若干问题的规定》第七条规定："旅游经营者、旅游辅助服务者未尽到安全保障义务，造成旅游者人身损害、财产损失，旅游者请求旅游经营者、旅游辅助服务者承担责任的，人民法院应予支持。"

[①]　改编案例来源：杨富斌. 旅游法案例解析［M］. 北京：旅游教育出版社，2012：120－123.

在本案例中，张女士参加旅行社组织的"华东五日游"，按规定全额支付了旅游费用，双方形成了旅游消费合同关系。旅行社对为张女士提供的旅游服务中的人身及财产安全负有一定的义务。由于旅游辅助者饭店地面湿滑导致游客摔倒受伤，显然湿滑的饭店地面不符合保障人身安全的条件，虽然导游就湿滑的地面对游客做了安全警示，但是警示并不意味着饭店就餐条件的改善，并不能改变地面湿滑的状态，况且，事后导游又未能拿出曾经做过警示的证明。而对旅游者来说，有权要求旅游经营者按照约定提供安全的产品和服务，当旅游者人身、财产受到侵害时，有依法获得赔偿的权利，因此，旅游经营者应承担游客摔伤的责任，本案例中的旅行社应当赔偿张女士的医药费用。

《旅游法》第七十一条第二款规定："由于地接社、履行辅助人的原因造成旅游者人身损害、财产损失的，旅游者可以要求地接社、履行辅助人承担赔偿责任，也可以要求组团社承担赔偿责任；组团社承担责任后可以向地接社、履行辅助人追偿。"因此，在本案例中，旅行社在赔偿了张女士后可以向涉案饭店求偿。此外《最高人民法院关于审理旅游纠纷案件适用法律若干问题的规定》第四条规定："因旅游辅助服务者的原因导致旅游经营者违约，旅游者仅起诉旅游经营者的，人民法院可以将旅游辅助服务者追加为第三人。"因此，在本案例中，审理法院也可以将涉事饭店追加为第三人。

2.4.3 案例启示

如果发生了旅游者人身受损害事件，往往会对旅游者造成较大的伤害，虽然旅游者人身伤害事件在旅游纠纷中所占比例较低，但是旅行社或其他旅游服务提供者也可能要承担较大的赔偿责任。这类旅游纠纷非常难调解，很多纠纷案例最后通常都要通过司法途径来解决。为此，旅游者在外出旅游时，一定要注意自身安全，尽可能避免因为旅游者自身的疏忽造成自己的人身损害或财产损失。

对于旅游服务企业来讲，旅游服务提供者要切实履行安全保障义务。若是旅行社不履行安全告知义务，或者履行安全告知义务不完全，造成旅游消费者人身损害或财产损失的，则应该由旅行社承担相应的法律责任。特别需要注意的是，旅行社履行安全告知的义务必须要落实到签订旅游合同和履行旅游合同的全过程中，而且最好能有书面证据或其他相关证据。否则，一旦上了法庭，旅行社在法庭上无法出示证据，通常是要败诉的。一般来讲，旅游消费者人身损害纠纷处理主要有以下三种情况。[①]

第一，由于旅行社及其相关服务供应商的过错造成旅游消费者人身损害的。旅游消

---

① 黄恢月. 常见旅游纠纷防范与应对指南［M］. 北京：旅游教育出版社，2011：164－165.

费者可以违约责任追究为由，向旅行社提出赔偿请求，旅行社就应当承担全部赔偿责任。如果旅游消费者以侵权责任追究为由，要求旅行社承担全额赔偿责任，只要侵权责任人是旅行社，旅行社就应当全额承担赔偿；如果侵权人是服务供应商，旅游消费者应当直接向服务供应商提出赔偿要求，旅行社要履行协助义务。而由于各种原因，如路途遥远、服务供应商不在本地等，旅游消费者起诉旅行社，人民法院可以把服务供应商直接追加为第三人。

第二，由于旅游消费者自身原因或者第三方责任造成旅游消费者的人身伤害的，则应当由旅游消费者自己或者第三方责任人承担责任。对于旅行社来说，虽然旅行社对旅游消费者人身伤害的发生没有任何过错，旅行社不承担赔偿责任，但旅行社必须履行积极协助义务，若是当时情况需要的话应该把旅游消费者送往医院治疗，通知旅游消费者家属前来照料，协助办理返程交通手续等。

第三，由于综合因素造成旅游消费者的人身伤害。因造成旅游消费者伤害的原因复杂，主次责任难以划分时，应当报请事发地有关部门进行责任认定，根据责任大小来确定责任分担的比例。如果旅行社也负有部分责任，就必须对此部分责任承担赔偿责任。例如，本案例中，导游虽声称自己尽到了安全提示义务，但没有证据证明，因此应当认定采取的安全提示义务不完全，故而负有一定比例的责任。

综上所述，在旅游消费者参团旅游过程中，不论是何种原因造成旅游消费者人身伤害的，旅行社都应当及时向有关部门报告，确定旅游人身伤害事故的原因和责任。不论旅行社是否应当承担赔偿责任，旅行社及其从业人员都要注意收集和保护有关证据，协助处理善后事宜，为旅游消费者向保险公司索赔提供帮助。

对旅游消费者来讲，如果在旅行社组织的集体活动中出现了人身伤害或者财产损害，尽量收集证据是旅游消费者的当务之急。旅游消费者应当在出现意外之后，尽量收集一些证据以备涉诉之用。例如，可以请目击者、参与抢救者留下联系方式，也可以用随身携带的相机或者手机拍下现场照片等。但这些都是出现事故之后的补救措施，旅游消费者在旅游过程中，不仅要放松心情，体验和享受旅行，也要时刻留意所处的环境，保障自己的人身和财产的安全。本案例中，张女士在旅游过程中忽视了旅游工作人员的安全提醒，造成自己身体的损伤。因此，参团旅行的旅游消费者在旅行前的说明会上（如果有）应该认真听取有关注意事项，注意旅行社给予的行程书上的安全提示，在行程中应该要听从有关人员的安全提示和劝阻，不参加安全风险大的旅游活动项目，同时要重视旅游工作人员的安全提醒，注意整个旅游行程中的安全。

2.5 案例五：海胆蒸蛋无海胆，游客应该怎么办①

2.5.1 事件经过

自由行游客李先生一行 5 人于 2021 年 4 月 9 日在某滨海旅游城市一家餐厅用餐，现场共点蒜蓉锦绣大花龙虾、海胆蒸蛋等 6 个菜，费用共计 2656 元。由于菜品明码标价，李先生一行 5 人对海鲜价格无异议，但认为海胆蒸蛋里面只有鸡蛋没有海胆、龙虾有调包嫌疑，要求商家打折，双方协商不成产生纠纷。在理论过程中，有人告知李先生不要闹事，不然走不掉，李先生受惊后立即报警。据了解，当季本地海胆汁多肉少，与其他地区口味有所差异，一般采用蒸蛋的方式供客人食用。为证明当季海胆情况，纠纷发生时，涉事商家现场宰杀了一只海胆供消费者查实。民警介入协调后，商家免除了游客消费海胆 200 多元的费用，李先生付了其余的 2400 多元，后被警察送回住宿酒店。李先生的朋友张先生回酒店后将这起事件发至微博，引起社会广泛讨论，随后相关部门对此事进行调查。

2.5.2 案情分析

《旅游法》第九条规定："旅游者有权知悉其购买的旅游产品和服务的真实情况。"第十二条规定："旅游者在人身、财产遇有危险时，有请求救助和保护的权利。旅游者人身、财产受到侵害的，有依法获得赔偿的权利。"因此，旅游者享有知悉真情权，在消费之前应当对自己将要购买的旅游产品和服务有全面的了解，再作出理性的消费决策。在本案例中，李先生在被告知"不要闹事，不然走不掉"时第一时间选择报警，请求警方援助的行为是合理且正确的。李先生可以请求警方查看商家的监控录像。

《旅游法》第九十二条规定："旅游者与旅游经营者发生纠纷，可以通过下列途径解决：

（一）双方协商；

（二）向消费者协会、旅游投诉受理机构或者有关调解组织申请调解；

（三）根据与旅游经营者达成的仲裁协议提请仲裁机构仲裁；

---

① 改编案例来源：三亚市场监管局回应"海胆蒸蛋"事件：未发现饭店存在问题［EB/OL］. 凤凰网，2021 - 04 - 12.

（四）向人民法院提起诉讼。"

在本案例中，李先生在解决纠纷过程中依据《旅游法》第九十二条先与商家进行协商解决，解决不了再投诉到消费者协会、旅游投诉受理机构或"12345"，正确运用合法维权手段解决纠纷。

《消费者权益保护法》第五十五条规定："经营者提供商品或者服务有欺诈行为的，应当按照消费者的要求增加赔偿其受到的损失，增加赔偿的金额为消费者购买商品的价款或者接受服务的费用的三倍；增加赔偿的金额不足五百元的，为五百元。法律另有规定的，依照其规定。"因此，在本案例中，若海胆蒸蛋中确无海胆则商家涉嫌欺诈，需要按《消费者权益保护法》第五十五条对消费者进行赔付。

2.5.3　案例启示

本次海胆维权事件从游客方面来看，当遇到如"海胆蒸蛋"这类商品有造假嫌疑、价格与游客所获得的商品和服务有所不符的情况时，首先，应该保持冷静，以理性的态度向旅游经营者咨询；其次，遇到语言威胁时应该以安全为第一位，避免暴力冲突，同时强化维权意识，依靠法律解决纠纷事件。关于旅游者的维权意识方面，旅游者对于旅游过程中的强迫和欺诈行为，应该意识到自己的哪些权利被侵犯，同时做到维权有理、有力、有节，既要注意避免不必要的财产乃至人身损害，又要注意保存好相应的证据，为当场和事后的权利救济提供依据。

从旅游经营者方面来看，这个事件中，涉事餐厅的当班经理应对突发情况缺乏处理经验，应该采取更柔和、灵活的处理方式，化解顾客产生的疑虑，避免双方矛盾的激化。同时旅游经营者应该认识到树立诚实信用的重要性，为了贪小便宜欺诈消费者，无异于竭泽而渔。在一个健康的旅游市场上，丧失最基本的信用对于旅游经营者应该是灭顶之灾，因此经营者要培养诚信自律的经营思维。

从政府管理部门方面来看，旅游行政管理部门应加强对旅游企业销售宣传活动中的信息监管职能，保证旅游企业的各种销售、宣传材料，包括游程安排、接待标准、报价等内容的准确性、真实性。并且对于破坏旅游目的地形象的"造假""店大欺客"等行为给予严厉打击，营造和谐的社会氛围。

旅游市场信息不对称的状况，必然会影响旅游者的消费决策，限制其福利最大化，导致其权益受侵害。完全信息是消费者作出最优决策的基本条件。要保护旅游者权益，应消除信息不对称现象，改变旅游者信息方面的弱势地位，需要建立对旅游者的信息支持制度。首先，规范旅游企业的信息提供行为。其次，建立旅游者信息服务系统，包括旅游目的地信息系统和旅游者问询中心两种形式。最后，提供旅游质量信息，如建立质量认证制度并定期发布有关旅游企业的质量认定信息。

综上所述，旅游餐饮经营者在经营过程中，应当严格遵守旅游餐饮规章制度，在为旅游消费者提供旅游产品时，应当寻求旅游利益相关者的利益最大化，不能存在欺骗消费者的行为。同时，旅游消费者应当学会维护自己的权益，不能因为消费体验不好而在社交网络发表不正当言论，避免侵犯他人的声誉权。政府部门要不断完善旅游业各方面的政策，维护好旅游经营者和旅游消费者的权益，旅游餐饮体验对当地提升旅游竞争力有着重大意义，政府部门需要重视对当地旅游餐饮的监管。

2.6 案例六：游客生食海鲜需谨慎①

2.6.1 事件经过

2021 年 7 月，小方及其家人在某旅行社报名参加了其独具特色的"海滨之旅"，并于 7 月 25 日出发。7 月 28 日晚上，在地陪导游的带领下，小方及其家人前往旅行社安排的特色美食饭店。在旅行社原本的旅游宣传中，该"海滨之旅"包含了品尝当地特色美食等项目，其所展示的饭店图片也较为干净和高档。然而小方及其家人到达后发现该饭店装修简陋，客人稀少，但基于对旅行社的信任，还是留下就餐，并听从导游推荐，加点了该店的生腌螃蟹、生腌皮皮虾、生腌三文鱼、海鲜砂锅粥等特色菜品。然而，在就餐完毕回到酒店后的当晚，小方及其家人均出现了腹泻及呕吐的情况，去往医院后医生确诊为急性肠胃炎，并表示可能是由于大量进食了平时没有接触过的生食所导致。事后小方翻看就餐时所拍的照片，发现当时食用的三文鱼的纹路、质感和颜色都不对，怀疑是虹鳟鱼冒充的，并且不新鲜。旅游行程结束后，小方及其家人向旅行社进行了投诉并要求赔偿，旅行社起初以只是小方及其家人肠胃不适应等多个理由搪塞，拒绝就此进行赔偿。几经波折，在小方列举出其行为所违反的法律法规后，该旅行社向小方及其家人赔偿了医药费，并退还了部分费用。

2.6.2 案情分析

《旅游法》第三十二条规定："旅行社为招徕、组织旅游者发布信息，必须真实、准

---

① 改编案例来源：外出旅行吃团餐食物中毒，旅客状告旅行社［EB/OL］. 中国经济网，2021 - 07 - 17.

确，不得进行虚假宣传。"第四十九条规定："为旅游者提供交通、住宿、餐饮娱乐等服务的经营者，应当符合法律、法规的要求，按照合同约定履行业务。"在本案例中，旅行社实际带小方及其家人前往就餐的饭店与其宣传不符，涉及虚假宣传。旅行社原本的宣传中，展示的潮汕美食饭店都是较为高档、干净的，以此来吸引小方及其家人报团。但实际带小方及其家人前往的却是简陋、卫生环境一般的饭店。

《旅游法》第五十条规定："旅游经营者应当为旅游者提供符合人身、财产安全的旅游商品和服务。"在本案例中，涉事旅行社实际合作的饭店使用不新鲜的食品原材料，致使小方及其家人就餐后出现了腹泻及呕吐等问题，涉事旅行社理应就此向小方及其家人作出赔偿。

《消费者权益保护法》第十八条规定："经营者应当保证其提供的商品或者服务符合保障人身、财产安全的要求。"在本案例中，饭店所提供的三文鱼疑似由不能够直接生食的虹鳟鱼冒充，且鱼肉不新鲜，危害了游客的人身安全。另外，还应查看一下该涉事饭店所拥有的食品经营许可证里面是否包含"生食类食品制售、销售"项目。

《旅游法》第九十二条规定："旅游者与旅游经营者发生纠纷，可通过以下途径解决：

（一）双方协商；

（二）向消费者协会、旅游投诉受理机构或者有关调解组织申请调解；

（三）根据与旅游经营者达成的仲裁协议提请仲裁机构仲裁；

（四）向人民法院提起诉讼。"

在本案例中，小方一家与旅行社协商，旅行社最后进行赔偿合乎法律规定。

2.6.3　案例启示

从游客角度来看，作为消费者对于旅行中的损害应该选择合适的途径来获得一定的经济赔偿。在本案例中，小方及其家人是在旅行社的带领下，在一家特色饭店就餐后发生了食物中毒的情况，涉事旅行社是要负责任的，应该根据《旅游法》第九十二条的规定来解决赔偿问题。另外，游客在旅行途中要十分注意饮食，对于生食的海鲜一定要谨慎，因为很多游客对于生食不一定适应，很容易导致急性肠胃炎，这样不但影响身体健康，还会影响后续的旅游行程。

从旅行社角度来看，首先，旅行社应该及时安抚游客的情绪，给予赔偿。在本案例中，小方等人在向旅行社投诉后，旅行社第一时间应该去安抚小方等人，并向其道歉，按照处理程序向小方等人进行赔偿。其次，全面调查了解事件的情况。在本案例中，事件发生后，旅行社在安抚游客的同时，也要查明事件的原委，寻找问题所在，并立即解决。若是确实是饭店的过错，旅行社也可要求饭店赔偿损失。

从政府管理部门的角度来看，首先，建立食品安全可追溯体系，落实餐饮服务主体责任。完善食品流通环节可溯源制度，为从源头上查处食品安全问题提供制度保证。比如要求餐饮部门对食品进行留样，以备一旦发生可疑食源性疾病或食物中毒时能提供检验样本，寻找事故原因。其次，完善食品安全重点领域立法和制度建设。严格执法，建立相关标准法规体系，实现检测体系再完善，加强旅游市场食品安全卫生监管，定期抽检。再其次，建立健全食品诚信体系和道德体系。将"诚信经营"作为企业文化并重视起来，渗透社会主义核心价值观，进而创造更加公平公正、诚实守信的文化氛围。严厉打击生产销售低劣食品的行为，并纳入企业诚信档案。最后，利用网络媒体及时分享食品安全信息。公开旅游食品安全信息，提高旅游经营者与游客的食品安全意识。

旅游的食品安全问题是近年来频繁引起社会热议的一个话题，要想更好地保护旅游者权益，需要旅游者、旅游管理者和政府部门共同努力，完善旅游食品安全问题相关法律法规，打造完备的食品安全监督体系，各方主动积极配合，用法律捍卫自身的合法权益。

酒店住宿服务管理案例

【教学目的和要求】 酒店在运营管理中应当遵守国家制定的各项法律制度，在酒店与游客之间的服务与被服务关系之中，酒店既享有一定的权利，也应履行法定的义务。酒店的安全管理是酒店经营管理的重要内容之一，关系到酒店的服务质量。本章以酒店在所管辖区域内发生的安全事件的处理为研究样本，通过对案情经过和诉讼过程的描述，分析原因，剖析酒店应对此类事件的处理方式方法，掌握相关的处理流程，为酒店经营管理实践提供参考和借鉴。通过对本章内容的学习，熟悉酒店住宿合同的基本内容，掌握酒店与顾客之间的权利义务关系，了解酒店、民宿等住宿业安全管理方面的相关法律法规，提高学生运用法律法规维护旅游消费者自身权益、化解旅游服务矛盾纠纷的意识与能力。

【关键词】 酒店服务　酒店安全管理　质量管理　诉讼　处理　违约　赔偿
【主要适用法律法规】
《中华人民共和国旅游法》
《中华人民共和国民法典》
《中华人民共和国消费者权益保护法》

3.1 案例一：五星级酒店的卫生问题①

3.1.1 事件经过

9月4日，某一民间测评机构发布测评文章称，经过实地调查体验某市的五家五星

---

① 改编案例来源：五星酒店被民间机构指未完全清洁　洲际酒店否认［EB/OL］. 网易，2017 - 09 - 06.

级酒店发现，上述五家酒店均未在住客房退房后彻底更换床品，其中三家酒店床单、枕套都未更换。此外，五家酒店均未清洁浴缸，部分酒店马桶圈、漱口杯等未彻底清洁。

9月4日下午，该市卫生监督所还公布了对本市691家快捷酒店卫生情况的检查结果，其中46家不达标，35家被罚款。

9月5日上午，该市的旅游发展委员会（以下简称"旅游委"）联合旅游行业协会，共同约谈了涉事的五家五星级酒店的负责人，就媒体报道的不换床单、不擦马桶等情况进一步了解核实，要求涉事酒店开展自查和整改，正视问题，积极应对，提升管理水平，提高服务质量。该市旅游委针对暴露出的问题，将加大对星级酒店和经济型酒店服务质量的日常监管力度。被约谈酒店表示已开始对酒店服务质量进行自查，进一步规范服务流程，并对客房清洁流程重点检查。

3.1.2　案情分析

干净、安全、服务是衡量酒店品质的重要标准。施行于2007年的《住宿业卫生规范》里明确提到，客房内环境应干净、整洁，摆放的物品无灰尘、无污渍；床上用品应做到一客一换；补充杯具、食具应注意手部卫生，防止污染。

以客房布草（酒店布草属于酒店专业用语，泛指现代酒店里一切跟"布"有关的东西）为例，物品可达18种，包含床单、床裙、床盖、床护垫、被套、枕芯、抱枕、床位垫等。其中，床单、被套、枕套、浴巾、面巾、地巾、方巾等至少为1:3配置。以床单为例，酒店的分配情况是1张床配3套布草（正在使用一套，备用一套，拿出去洗一套）。

在住客退房后不换床品是大忌，是属于酒店管理集团的管理疏漏。床品布草的清洁和更换是酒店最容易遭到投诉的方面，哪怕是没有星级的酒店或客栈住客退房后更换床品也是基本标准。该案例中出现的这个问题，剖析其原因如下。

第一，成本与业绩压力。目前不少酒店品牌急于扩张，为了赚钱引进了许多"非专业业主"。这类"非专业业主"对管理公司的唯一要求就是尽快盈利。为了控制成本，管理团队会在多个方面采取压缩成本的方式，如以前酒店的清洁基本都是内部正式员工负责，现在则大量招用临时工，以控制人力资源方面的成本。

第二，酒店管理公司责任。很多酒店管理公司在签项目时往往会过分夸大自己的管理能力，结果在实际过程中发现业主也不专业，只追求快点赚钱，于是派驻的总经理管理水平参差不齐，精力只放在怎么赚更多钱上，内部质量管控并不严谨。例如浴缸不洗这件事，品牌五星酒店客房部工作人员的"常识"是客人可能会使用酒店浴缸。因此员工会先清水冲洗一遍，再倒入清洁液清洗一遍，共两遍后再供客人使用。漱口杯、马桶圈等操作亦有相应规范。但临时工如果看到某个漱口杯"看似没有用过"，那他们多半不会选择主动清洁。但即使是临时工一般也都会清洁床单，因为这个属于客人投诉高发区，酒店会有比较严厉的罚款标准。

第三，员工驱动不足造成了服务质量下降。20 年前在中国市场的外资品牌酒店的员工多为专业学校毕业，薪资较高，且有丰厚的小费可拿。而现在中国的一线服务人员因为工资薪酬不高，人才流失严重。部分酒店给客房部实行的是计件制薪酬奖励，正常的五星级酒店客房保洁人员通常每班次整理 7 ~ 8 间客房为服务上限。但在计件制薪酬的驱动下，员工自然追求多劳多得，也造成了服务的不仔细和服务质量下降。

从法律角度来看，根据《旅游法》第四十九条规定："为旅游者提供交通、住宿、餐饮、娱乐等服务的经营者，应当符合法律法规规定的要求，按照合同履行义务。"在该案例中，酒店的床单未更换等问题，说明酒店提供的服务是不符合约定的，并且顾客提供有证据，酒店需要承担相应的违约责任，顾客可以要求酒店回应并根据规定合理选择要求对方承担修理、更换、重作、退货、减少价款或者报酬等违约责任。

《旅游法》第五十条规定："旅游经营者应当保证其提供的商品和服务符合保障人身、财产安全的要求。旅游经营者取得相关质量标准等级的，其设施和服务不得低于相应的标准；未取得质量标准等级的，不得使用相关的质量等级的称谓和标识。"在本案例中，星级酒店作为旅游经营者应当保证其设施和服务不得低于相应的标准，但是该涉事酒店的服务产品存在卫生问题，应当承担相应的违约责任。

《消费者权益保护法》第七条规定："消费者在购买、使用商品和接受服务时享有人身、财产安全不受损害的权利。消费者有权要求经营者提供的商品和服务，符合保障人身、财产安全的要求。"在本案例中，涉事酒店没有提供安全卫生的服务产品，侵犯了消费者权益。

3.1.3　案例启示

目前困扰我国酒店业的主要问题包括酒店提供的部分物品的卫生检测指标不符合国家卫生标准，未按照规定对顾客用品用具进行清洗、消毒、保洁等，其中既有高星级酒店，也有快捷酒店，都存在着客房布草、马桶和浴缸的清洁卫生问题。该案例对我们的启示如下：

（1）卫生安全是酒店的核心业务，不能放松管理；

（2）酒店为了节约成本的管理不能以损害产品、服务质量为代价；

（3）酒店的核心业务不能外包，即使外包也要有相应的检验标准，责任落实到具体的个人或者部门上，实行一定的监督与惩罚措施，对于发生的问题要有处理预案；

（4）加强酒店服务人员的培训，建立完善的检查机制，特别是酒店前台的服务人员，是接触酒店顾客和媒体的第一道窗口；

（5）酒店管理工作滞后，用户监督反馈体制不完善。

在经历了此类"卫生门"事件后，涉事星级酒店品牌信任度、品牌美誉度受损严重。要想挽回企业的形象，酒店应当注重自身的危机公关，及时处理相关的卫生以及会影响酒店声誉的事件，而不是任其发酵，坐视不理。应该清晰地认识到企业声誉的重要性，这也是增进消费者忠诚度的重要保障，而正是消费者的忠诚构建了企业竞争的基础。

对于相关管理部门来说，行业监督管理机制不完善，相关部门对酒店卫生监管力度不够，对于卫生监管的重视程度较低。在处罚方面的力度不够，违法成本低，酒店缺乏第三方监督。

3.2　案例二：欣佳酒店房屋坍塌事件①

3.2.1　事件经过

欣佳酒店是 2012 年开建的，房屋业主杨某没有办理任何法定的手续，将工程包给无资质人员开工，四层钢结构的建筑，避开城管执法检查，贿赂街道主任，先建后批，未经竣工验收备案就投入使用，相关部门未进行后续的督促监管。

2016 年，杨某又私自违法改建，在建筑物内部增加夹层，由原四层违法改建为七层，使得起支撑作用的钢柱达到极限承载能力，并发生扭曲，处于坍塌的临界状态（最终导致建筑坍塌）。

2018 年，在这栋有严重安全隐患的建筑里，欣佳酒店正式营业。

2020 年 3 月 7 日 19 时 14 分，位于福建省泉州市鲤城区的欣佳酒店发生坍塌事故，造成 29 人死亡、42 人受伤，直接经济损失 5794 万元。

3.2.2　案情分析

《旅游法》第四十九条规定："为旅游者提供交通、住宿、餐饮、娱乐等服务的经营

---

① 改编案例来源：泉州欣佳酒店坍塌致 29 人死亡，事故内幕曝光，违规细节触目惊心……［EB/OL］. 新浪网－新闻中心，2021－01－24.

者，应当符合法律、法规规定的要求，按照合同约定履行义务。"第五十条规定："旅游经营者应当保证其提供的商品和服务符合保障人身、财产安全的要求。"在本案例中，涉事酒店作为酒店服务企业，违法违规改建加工，安全生产责任长期不落实，没有为旅游者保障人身、财产安全的要求。

《旅游法》第一百零七条规定："旅游经营者违反有关安全生产管理和消防安全管理的法律、法规或者国家标准、行业标准的，由有关主管部门依照有关法律、法规的规定处罚。"在本案例中，该涉事酒店业主为了利益找关系贿赂相关人员，逃过各种检查，违反了有关安全生产管理和消防安全管理的相关法律法规，应受到相应处罚。

《旅游法》第十二条规定："旅游者在人身、财产安全遇有危险时，有请求救助和保护的权利。旅游者人身、财产受到侵害的，有依法获得赔偿的权利。"该案例中，最终造成29人遇难、42人受伤，受害者有权要求酒店业主依法赔偿医疗费、护理费、丧葬费和死亡赔偿金等。

另外，《刑法》第一百三十七条规定："建设单位、设计单位、施工单位、工程监理单位违反国家规定，降低工程质量标准，造成重大安全事故的，对直接责任人员，处五年以下有期徒刑或者拘役，并处罚金；后果特别严重的，处五年以上十年以下有期徒刑，并处罚金。"

《关于办理危害生产安全刑事案件适用法律若干问题的解释》第七条规定："实施刑法第一百三十二条、第一百三十四条第一款、第一百三十五条、第一百三十五条之一、第一百三十六条、第一百三十九条规定的行为，因而发生安全事故，具有下列情形之一的，对相关责任人员，处三年以上七年以下有期徒刑：

（一）造成死亡三人以上或者重伤十人以上，负事故主要责任的；

（二）造成直接经济损失五百万元以上，负事故主要责任的；

（三）其他造成特别严重后果、情节特别恶劣或者后果特别严重的情形。

实施刑法第一百三十四条第二款规定的行为，因而发生安全事故，具有本条第一款规定情形的，对相关责任人员，处五年以上有期徒刑。

实施刑法第一百三十七条规定的行为，因而发生安全事故，具有本条第一款规定情形的，对直接责任人员，处五年以上十年以下有期徒刑，并处罚金。"

因此，在本案例中，具有本条第一款规定情形的，泉州欣佳酒店坍塌事件中共造成29人死亡、42人受伤，直接经济损失5794万元，应该实施《刑法》第一百三十七条规定的行为，对直接责任人员，处五年以上十年以下有期徒刑，并处罚金。而且该起伤亡事故"后果特别严重"，欣佳酒店及其房屋业主杨某作为相关主要负责人将面临5～10

年有期徒刑，并处罚金。欣佳酒店及其房屋业主杨某在装修时违反安全管理规定，擅自变动房屋主体和承重结构，涉嫌构成重大责任事故罪。

《民法典》第一千一百九十八条规定："宾馆、商场、银行、车站、机场、体育场馆、娱乐场所等经营场所、公共场所的经营者、管理者或者群众性活动的组织者，未尽到安全保障义务，造成他人损害的，应当承担侵权责任。"在本案例中，涉事酒店的经营者违规改建酒店建筑楼房，未尽到安全保障义务，应该承担侵权责任，同时承担刑事责任。建设单位与施工单位在建设过程中违规改建、破坏建筑结构，应承担法定连带责任。

该案例中存在的主要问题。第一，根据开办旅馆/宾馆的行政审批流程，颁发"旅馆业特种行业许可证"是审批的最后一道关卡。消防安全检查合格证明文件等材料是办理特种行业许可证的前置条件。而存在各种问题的欣佳酒店的各项流程的审批居然都通过了。第二，违建的建筑物居然合法化了。该建筑于 2012 年开始施工，2013 年竣工，2018 年取得了房产管理部门核发的不动产权证。社会投资房建类项目要建成投入使用，要经历立项用地规划许可、工程建设许可、施工许可、竣工验收四个阶段，共十四个环节审批，欣佳酒店的违法建设不仅未被制止，而且还取得了不动产权证，让"违法建设"变成了"合法建筑"。

3.2.3 案例启示

从政府及相关管理人员角度来看：第一，要进一步加强部门间信息共享和沟通，建立政府审批监管数据共享机制；第二，部门之间要相互衔接，层级上下做好衔接工作，严防出现监管盲区；第三，加强各级领导干部法治教育培训，强化法治思维，坚持依法行政，增强其"法无授权不可为、法定职责必须为"意识；第四，要深刻汲取事故惨痛教训，强化底线思维、红线意识，自觉摆正安全生产在经济社会发展中的重要位置，把安全生产工作摆在重要地位。

从相关企业角度来看：第一，建设单位应该依法依规履行相关法律规定要求，不存侥幸，违规冒险经营，重视安全生产；第二，设计单位要做好项目前期踏勘调查工作，实事求是，依法依规按照工程质量、安全标准进行设计，不弄虚作假，对于存在的问题及时与建筑单位沟通；第三，施工单位要严格按照图纸或者施工技术标准要求进行施工，确保工程质量，不偷工减料，重视安全生产；第四，第三方服务机构应该依法依规做好本职工作，不敷衍了事，对发现的问题及时提出意见，坚持原则，不弄虚作假。

3.3　案例三：星级酒店值班经理夜闯客房①

3.3.1　事件经过

四名从山西朔州来太原的女孩入住某高星级酒店，然而，到了凌晨时分，却有人进入了她们的房间。据其中一位女孩介绍，她们当时正在房间里聊天，就听见门响了，本以为是隔壁开房门的声音，又过了一段时间听见关门的声音。她们非常惊讶，发现原来是有人进入自己的房间。女孩们立刻联系了酒店大堂进行投诉，夜班值班经理给她们的解释是，保安看到门没关，给她们关门。但四名女孩坚决要求查看监控录像，民警到现场协调后的当日凌晨 1 点 40 左右他们才看到监控，结果让她们大吃一惊，进入她们房间的正是这名夜班值班经理。监控录像显示，这名值班经理在 4 月 30 日 0 点 20 分左右拿房卡刷开了女孩们入住的 1208 房门，停留大约 10 秒走了出来，手里还拿着类似手机的东西。值班经理向女孩们解释说他是查 1308 房间，由于走错了房间才进了她们所住的 1208 房间。随后，女孩们给 1308 房间客人打电话后了解到，这间房客人已经入住两天还未退房。

对于此事，该酒店总经理公开写信致歉，称该酒店将以最快的速度采取措施，以确保此类事件不再发生。

3.3.2　案情分析

《旅游法》第十二条规定："旅游者人身、财产受到侵害的，有依法获得赔偿的权利。"《民法典》第一千零三十二条规定："自然人享有隐私权。任何组织或者个人不得以刺探、侵扰、泄露、公开等方式侵害他人的隐私权。隐私是自然人的私人生活安宁和不愿为他人知晓的私密空间、私密活动、私密信息。"《消费者权益保护法》第七条规定："消费者在购买、使用商品和接受服务时享有人身、财产安全不受损害的权利。消费者有权要求经营者提供的商品和服务，符合保障人身、财产安全的要求。"因此，在本案例中，酒店值班经理凌晨进入女房客间事件属于酒店安全管理问题及侵犯隐私事件，引发社会舆论和媒体的高度关注。随着旅游业持续高速增长，酒店行业迎来迅猛发展的时代，酒店行业在保护酒店住客的安全和隐私方面应该怎么做才能杜绝侵权事件的发生？

---

① 改编案例来源：太原凯宾斯基酒店一值班经理夜闯客房［EB/OL］，澎湃 – 时事，2016 – 05 – 02.

在该事件中，酒店值班经理为何深夜独自查房？他是否真的因为查房而错入客人房间？这些仍是疑问，我们不得而知。但是此次事件出现的问题，究其产生的主要原因，是酒店行业一般都是各家酒店制定各自的安全管理和服务标准，有的规定严格，有的规定粗糙，员工培训力度和标准执行力度参差不齐。值班经理若是严格按照一般酒店人员进入客房的服务流程规范操作，就不会发生后来的酒店客人投诉和媒体曝光了。

一般酒店人员进入房间的操作程序是：按门铃，大声报告自己的职位，如 House-keeping 或服务员，大约 5 秒（同时需要听一听房内有没有动静）再按门铃，继续报自己的职位，如此重复三遍，如果还没人应，用手敲门，再准备开门，但是只能先开10厘米左右的缝隙，然后大声报告自己的职位，询问房间是否有人，如果还没人应再打开门，一边询问是否有人，一边进入房间。上述过程全程不超过一分钟。该事件中酒店这位值班经理一定是没按标准程序进入房间。

顾客从登记入住就对客房享有使用权，如果酒店服务和管理人员进入客房，应该严守酒店服务流程和服务规范，而这个案例的发生显然侵犯了房客的隐私权，暴露出酒店自身管理方面的一些不足，即酒店现行的安全管理和服务标准是否适应时代发展，酒店的从业人员有无严格执行服务流程和服务规范。

3.3.3 案例启示

对于住客来说，遇到这种情况最好第一时间打电话到前台反映事件经过，由酒店调查后及时给予答复。作为酒店住客在合法权益受到损害时享有投诉与起诉的权利。此外，住宿客人尤其是女性，应该强化安全意识，入住房间后，注意反锁房门，如房门有锁链，最好拉上链条。

对于酒店来说，值班经理未按程序要求查房和进房。酒店应该从以下几方面进行改进。第一，酒店应该制定安全管理标准和规范，越具体越好，例如应明确进入客房的服务规范，写清楚服务流程和步骤。第二，严格培训服务人员其掌握服务流程和服务标准。由于服务业流动性较大，容易存在服务员简单培训一下就上岗的情况，很容易造成未按规范程序操作的问题。培训作为酒店管理的重要内容之一，必须要加以重视。第三，酒店要加强管理，强化管理制度。日常的检查和抽查不容忽视，一旦发现问题要进行惩戒，并对其他人员进行教育。另外，从酒店房间的基础配置上来讲，有的房门反锁后，从外面也可以用钥匙打开，所以应当在每间房门上安装链条锁，这样不经房内人员打开，外面的人除非用暴力，否则难以进入。这种处置也会极大减少本案例中出现的侵权现象。

从法律角度来看，酒店侵犯了住客的隐私权。隐私权是公民的基本权利，受到法律保护。但是目前提及较多的是对公众人物的隐私权，而对于普通民众，涉及隐私权的案例比较少。由于经济赔偿上界定难、标准不统一、难以量化等原因，导致隐私权很难去保护，维权的途径和渠道非常有限。因此，建议酒店管理者应该反思工作中的疏漏，不断强化规范服务管理，以避免类似侵犯隐私权的事件发生。

总的来说，在该案例中，涉事酒店的自身管理存在问题，值班经理未按程序要求查房和进房，应该按照酒店管理制度处罚该值班经理。从民事责任上来看，酒店侵犯了住客的隐私权，若酒店没有联系当事人积极协商处理该事件，当事人可选择用投诉或起诉等方式维权。

3.4　案例四：年轻女子在酒店遭拖拽①

3.4.1　事件经过

一网名叫"弯弯"的当事女生通过某旅游网站预订了某酒店，4 月 3 日晚，弯弯回到酒店，在酒店电梯出口处遭到陌生男子强行拖拽。该男子掐住弯弯的脖子和脸，企图带走受害者，弯弯大声呼救，希望引起路人和酒店工作人员的注意。有路过的工作人员发现，以为是小两口吵架，劝导不要在楼道里闹，并没有上前制止。争执过程中，受害者坐在地上延缓陌生男子的行动，并打电话报警，陌生男子试图夺走手机没有成功。此时有一位女房客正好下电梯看到了这一幕，迟疑着没有离开，最后她拉了受害者一把，受害者才没有被拖拽到没有监控的黑暗楼道。围观的人越来越多，陌生男子只得放弃，落荒而逃。整个事件持续过程约 3 分 30 秒。

酒店经理和民警大概在男子走后的 1 ~ 2 分钟赶到。之后酒店工作人员陪受害者弯弯去派出所做了笔录，此时大概凌晨 2 点。受害者弯弯住到了朋友家，一位自称酒店前厅部的人给其打过电话，但是在电话里也没有任何道歉或安抚。

4 月 6 日 0 时 30 分许，涉事酒店在其官微上发布声明称，该酒店集团关注到此事，已经引起高度重视并立即跟进调查进展，在得知事情的第一时间，试图与当事人进行联系。对于受害者弯弯的遭遇表示非常遗憾，这件事情在酒店发生，酒店有相应查明真相

① 改编案例来源：女子入住酒店遭陌生男子尾随强行拖拽，警方正调查中［EB/OL］. 中国青年网，2016 - 04 - 06.

的责任，同时也在积极配合当地公安机关进行调查，酒店集团对于不法行为决不姑息。声明还称，希望可以和受害者取得联系，也希望得到她的配合。此外，在声明中，该酒店集团表示会持续更新调查结果，希望事情可以得到妥善解决。

6日0时许，由于该事件当事人是通过某旅游网站预订的酒店，该旅游网官微上也发布消息称，对于受害者的遭遇将高度关注，并于第一时间成立处理小组，同时建议客人及时报警，如有需要该旅游网站会配合警方调查。

据住宿在涉事酒店的客人透露，在房间内地面上发现了多张情色小卡片，应该是从门缝塞进来的。在该酒店多个楼层的垃圾桶内，均能翻出小卡片。

4月6日下午近4时，在事发酒店内召开了关于此次事件的发布会。在发布会上，该酒店集团承认涉事酒店在管理上存在缺失："通过对各方面情况的核查，涉事酒店在事件处理中的确存在安保管理、顾客服务不到位等问题。酒店管理和服务人员对顾客的关注度和处理问题的响应效率也存在缺失。""我们代表酒店向当事者及社会公众再次表示由衷的道歉。酒店集团将对涉事酒店做出整改，追究酒店管理人员责任，并加强全国酒店出入人员核查、各区域监控、巡视检查和服务工作的力量。"该酒店集团方面表示，确保每一位入住酒店宾客的安全与舒适是酒店"责无旁贷"的工作。

3.4.2　案情分析

4月5日深夜，一则"女生在酒店遭陌生男子尾随劫持拖拽"的视频，刷爆"朋友圈"。5日晚间，当事女生弯弯通过微博发布了遭遇的详情及与酒店等各方的沟通过程。该事件的焦点在于住在酒店的顾客的人身安全保障问题。事件当事人弯弯是这家酒店的住客，在酒店内遭到不明人士的劫持拖拽，客房服务人员看到却以为是小两口打架而未作理会，酒店公共区域的监控也没有及时发现问题。还有酒店客人反映在房间内地面发现了多张色情小卡片，说明外来人员能够自由出入酒店散发广告，酒店对于来访者的出入登记管理不严。酒店的安保系统明显存在问题。

《旅游法》第四十九条规定："为旅游者提供交通、住宿、餐饮、娱乐等服务的经营者，应当符合法律、法规规定的要求，按照合同约定履行义务。"《民法典》第一千一百九十八条规定："宾馆、商场、银行、车站、机场、体育场馆、娱乐场所等经营场所、公共场所的经营者、管理者或者群众性活动的组织者，未尽到安全保障义务，造成他人损害的，应当承担侵权责任。因第三人的行为造成他人损害的，由第三人承担侵权责任；经营者、管理者或者组织者未尽到安全保障义务的，承担相应的补充责任。经营者、管理者或者组织者承担补充责任后，可以向第三人追偿。"《消费者权益保护法》第七条规定："消费者在购买、使用商品和接受服务时享有人身、财产安全不受损害的权利。消费者有权要求经营者提供的商品和服务，符合保障人身、财产安全的要求。"因此，在本案例中，该涉事酒店存在违约、侵权责任的具体原因如下。

第一，当事人与酒店之间形成了住宿服务合同，酒店一方履行合同义务的表现应是为住宿者提供安全、良好、宜居的住宿环境，而当事人在酒店被人袭击，且酒店保安等工作人员在见到后并未制止，在合同约定范围内存在违约。

第二，《消费者权益保护法》对服务提供者规定了更为严格的安全保障义务，从这点上来看，酒店也是违反《消费者权益保护法》的。宾馆、商场、餐馆、银行、机场、车站、港口、影剧院等经营场所的经营者，应当对消费者尽到安全保障义务。

第三，由于当事人遭到了人身上的侵害，袭击者本身构成侵权，而酒店作为乙方未尽安全保障义务，且在酒店工作人员发现袭击时并未进行阻拦，致使不法分子有机可乘，在《民法典》的层面上，酒店也存在不作为的侵权，对当事人遇袭存在原因理应承担部分侵权责任。

3.4.3　案例启示

对于住客来说，遇到此类事件，一方面先要有防范意识，遇到有人尾随时及时想办法报告酒店安保人员，要尽可能地保护好自己；另一方面，事件发生后要向酒店投诉或报警。另外，当面对危险时怎么进行自救好呢？下面推荐几个办法：第一，可适当破坏财物，引起财物所有者或他人注意；第二，抢夺旁边人的东西，让别人参与进来，明白你的处境；第三，大声说不认识发生拉扯这个人，喊救命；第四，戳对方眼睛，手肘攻击其面部，攻击其裆部；第五，对方从后面勒颈时，拼尽全力尝试掰断其小拇指。

对于酒店来说，遇到类似事件是有正规的处理流程的。一般五星级酒店的处理方法如下：第一，制止双方争吵，要求将男女双方带到楼下前台，以免造成楼道吵闹，影响其他顾客；第二，要求双方拿出房门钥匙，核对等级身份，从而分辨哪方在说谎（假如男方是外来客，则需要报警处理）；第三，酒店服务员需要配备对讲机，事发后，需要协调保安人员，将双方带到前台，不能允许任何一方擅自离开。

在本案例中，该事件也反映了个别酒店对顾客的关注不足，特别是酒店顾客遇到意外事件后的处理效率、关注程度是远远不够的，值得酒店业界反思、改进和提高。

从法律角度来看，酒店存在违约、侵权的责任。在民事责任上，酒店对当事人构成违约和侵权的竞合，当事人可择一主张权利，进行起诉等；从行政责任上来看，酒店的安保系统存在问题，不法分子有机可乘，若酒店在发现袭击事件后置之不理，工商行政部门、质量监督部门等有关部门也可对酒店进行相应的行政处罚。

3.5 案例五：停车场丢车的烦恼①

3.5.1 事件经过

9月1日晚，曹某驾驶一辆越野车来到某市某一酒店办理入住，并将其越野车停放在酒店门前的露天空地上。第二天一早，曹某准备驾车离开时，发现自己停在酒店门前的越野车不见了，遂向当地公安机关报案。由于案件一时无法侦破，车辆也无法追回，曹某与住宿酒店多次交涉要求赔偿损失未果，双方一直未就此事达成协议。10月12日曹某将该酒店告上人民法院，要求赔偿损失。

曹某在起诉书中称，依据《消费者权益保护法》第七条、第十一条、第十八条、第三十五条、第四十四条的规定，请求法院判令酒店赔偿因车辆被盗所造成的损失8万多元，并提交了相关证据。

该涉事酒店声称，酒店的总服务台设有警示牌，提示住宿顾客把车辆停放在酒店后面的停车场，酒店前面的空地是为方便前来酒店用餐的顾客临时停放车辆的地方。曹某入住酒店时没有对负责登记入住的服务人员讲明车辆情况，酒店也没有收取曹某的停车保管费。曹某没有按照酒店提示停放车辆是导致车辆被盗的直接原因，酒店没有任何责任。

11月12日，法院一审判决驳回曹某的诉讼请求，案件受理费由曹某承担。

3.5.2 案情分析

《旅游法》第四十九条规定："为旅游者提供交通、住宿、餐饮、娱乐等服务的经营者，应当符合法律、法规规定的要求，按照合同约定履行义务。"

《民法典》第八百八十八条规定："保管合同是保管人保管寄存人交付的保管物，并返还该物的合同。寄存人到保管人处从事购物、就餐、住宿等活动，将物品存放在指定场所的，视为保管，但是当事人另有约定或者另有交易习惯的除外。"第八百八十九条

① 改编案例来源：国家旅游局旅游质量监督管理所．旅游服务案例分析［M］．北京：中国旅游出版社，2007：122－127．

规定：“寄存人应当按照约定向保管人支付保管费。当事人对保管费没有约定或者约定不明确，依据本法第五百一十条的规定仍不能确定的，视为无偿保管。”第八百九十条规定：“保管合同自保管物交付时成立，但是当事人另有约定的除外。”第八百九十一条规定：“寄存人向保管人交付保管物的，保管人应当出具保管凭证，但是另有交易习惯的除外。”

因此，在该案例中认定涉事酒店责任的关键，是判断酒店是否和客人就车辆的停放达成了车辆保管合同关系，以及客人是否将车辆实际交付给酒店保管，客人是否将车辆停放在指定场所的。

法院判决是否承担责任的关键在于双方车辆保管合同是否成立。依据《民法典》有关规定，保管合同的成立不仅需要保管人与寄存人就保管物的保管达成一致意见，还必须有寄存人实际把保管物交付给保管人的行为，除非当事人约定排除这一条件。

而在此案例中，酒店已经在总服务台设有警示牌，提示住宿顾客的车辆停放在酒店后面的停车场，但是曹某却将汽车停放在酒店门前的露天空地上。根据《民法典》第八百九十条的规定，保管合同的成立须交付保管物，案例中这种情况属于双方没有对停车场问题达成一致意见。另外，曹某没有在总服务台办理车辆登记手续，也没有将车停放在酒店后面的停车场，因此，法院认为，曹某与酒店之间没有建立车辆保管合同关系，则酒店不负保管义务，也就无须承担责任。

判断酒店是否和客人就车辆的停放达成车辆保管合同，关键是客人是否把车辆（保管物）实际交付给酒店（保管人），一旦客人将保管物（车辆）交付给酒店即为“车辆保管”。

酒店是否仅仅因为没有和客人成立关于车辆的保管合同就一定无须对停车场丢失的车辆承担赔偿责任呢？停车场作为酒店的附属设施，车辆停放作为入住酒店的附属服务。如果酒店在类似案件中不承担任何赔偿责任，一方面不利于吸引驾车客人入住酒店，另一方面也无益于树立酒店“用心为顾客服务”的形象。一味回避酒店在停车场丢车问题上的责任不但不利于整个酒店行业的发展，同时也不能得到法律精神的认可。

《民法典》第六条规定：“民事主体从事民事活动，应当遵循公平原则，合理确定各方的权利和义务。”第七条规定：“民事主体从事民事活动，应当遵循诚信原则，秉持诚实，恪守承诺。”诚信原则的内在要求是从事缔结契约的人，应尽交易上的必要注意，维护相对人的利益。在订立合同过程中，一方当事人因过错而导致另一方的信赖利益的损失就应当承担缔约过失责任。《民法典》第五百条规定：“当事人在订立合同过程中有下列情形之一，造成对方损失的，应当承担赔偿责任：

（一）假借订立合同，恶意进行磋商；

（二）故意隐瞒与订立合同有关的重要事实或者提供虚假情况；

（三）有其他违背诚信原则的行为。"

《民法典》第五百七十七条规定："当事人一方不履行合同义务或者履行合同义务不符合约定的，应当承担继续履行、采取补救措施或者赔偿损失等违约责任。"

众所周知，停车场管理问题在饭店行业内是一个颇受困扰的难题。停车场设立的初衷是为了吸引和方便客人住店的额外服务，而且随着商务和自由行客人的增加，车辆的保管已逐渐成为酒店必须提供的服务。为了招揽客人，更多的是酒店提供免费停车服务。

3.5.3　案例启示

第一，严格区分住店客人的车辆和非住店客人的车辆。在明示仅接待住店客人车辆的前提下，对于未收费的非住店车辆，一般采取不负责看管、不赔偿的做法；对于收费的，仅承担与收取费用相当的"看管过失"责任。

第二，将停车区域分为收费和免费两个区域，提供不同的看管服务，在不同停车区域与客人形成的法律关系不同，供客人自由选择。

第三，一旦遇到纠纷，在顾及客人情绪的基础上应让客人提供证据。车辆丢失的，客人需提供停车牌、停车证或前期交纳的停车费的发票作为证据；车辆破损的，还需要提供进入停车场前的无破损记录。

第四，酒店应当在前厅登记入住时建立停车申报制度，依此作为客人将车辆交付酒店保管的要件之一。

第五，酒店应与相关保险公司签订停车场宾客车辆保险合同，购买相关保险。由于管理不善造成车辆发生损坏甚至丢失的，车主将向饭店经营者索赔，因此，为了在发生意外后能分散风险，饭店经营者最好能购买公众责任险。

第六，酒店理当为客人提供最贴心的服务，这既能展示酒店的服务品牌，又能防患于未然。在一些发达国家和地区，代客泊车是高级宾馆、饭店、商场必备的服务。车主把钥匙交给门童或其他服务人员，领取停车卡和泊车确认单之后，车辆的停放、保管、钥匙的存放均由酒店一应代劳。这样，酒店可以自主控制车辆保管过程中的各个细节，强制酒店尽到更严格的保管责任。尽管从表面上看是加大了酒店的法律责任，而实质上是降低了酒店的经营风险。

3.6 案例六：酒店电梯故障导致顾客受伤[①]

3.6.1 事件经过

刚开张不久的昌盛酒店在某天晚上 9 点多时电梯突然发生故障，酒店值班经理立即打电话通知电梯生产厂家维修。为了防止顾客发生意外，造成伤亡事故，酒店工程部的维修人员将该电梯的所有楼面都采取了上锁措施。

一小时后，生产电梯的厂方人员赵某和孙某赶到现场，经检查发现是三楼电梯通道口电路发生问题，于是赵某回厂取零部件，孙某在电梯门口等候。过了一会儿，孙某急于要上洗手间，便随手将电梯门关上，但电梯门并没有关好。这时住宿在酒店的一批顾客想要外出吃夜宵，跑在最前面的小男孩见电梯门虚掩着便推门而入，结果摔成重伤，被紧急送往医院救治。

酒店得知消息后，立即派人上医院探望受伤男孩儿，但与受伤男孩儿家属在支付医药费的问题上产生分歧。酒店方认为，小男孩不慎坠入电梯摔伤的行为，是由于电梯生产厂家工作人员的过失造成的，并非酒店的过错，受害人应当向电梯生产厂家索赔而不是向酒店索赔。

3.6.2 案情分析

《旅游法》第十二条规定："旅游者人身、财产受到侵害的，有依法获得赔偿的权利。"

《消费者权益保护法》第七条规定："消费者在购买、使用商品和接受服务时享有人身、财产安全不受损害的权利。"第十一条规定："消费者因购买、使用商品或者接受服务受到人身、财产损害的，享有依法获得赔偿的权利。"第四十九条规定："经营者提供商品或者服务，造成消费者或者其他受害人人身伤害的，应当赔偿医疗费、护理费、交通费等为治疗和康复支出的合理费用，以及因误工减少的收入。"

在本案例中，由于入住酒店顾客的未成年孩子坠入故障电梯，引起医疗费用的支付问题而与酒店发生纠纷。这是一起因侵权责任的分配引起的纠纷。案件的焦点问题是酒

[①] 改编案例来源：国家旅游局旅游质量监督管理所. 旅游服务案例分析［M］. 北京：中国旅游出版社，2007：114 - 116.

店是否应当承担责任，如果酒店要承担责任，又应该承担什么责任。

入住酒店顾客的未成年孩子坠入酒店的故障电梯，从受害人的角度分析，酒店没有提供安全的住宿环境，在主观上存在过错，客观上存在侵害行为，该行为又直接导致顾客遭受人身伤害，酒店的侵权责任成立，理应向受害人承担赔偿责任。

酒店则认为，电梯突然发生故障后，值班经理立即打电话通知了生产电梯的厂家。并且为了防止顾客发生意外，造成伤亡事故，酒店工程部的维修人员也将该电梯的所有楼面都采取了上锁措施，已经履行了相应的管理义务，在主观上没有过错，当然不承担赔偿责任。顾客所遭受的损害是因为电梯生产厂家工作人员的疏忽行为造成的，顾客应当向电梯厂商索赔。

实则，酒店应当承担责任。如果根据侵权责任的构成要件进行分析，电梯生产厂家的工作人员疏忽大意，造成了顾客的损害，电梯生产厂家的侵权责任成立。但电梯生产厂家的责任成立不能作为酒店责任不成立的抗辩理由。因为旅客受伤行为发生在酒店内，酒店有义务为顾客提供安全的住宿环境，在电梯故障发生后酒店采取了防范措施，既证明了酒店在履行相应的安全管理义务，也说明酒店是有能力对顾客所遭受的损害采取预防措施的。而电梯生产厂家工作人员来到酒店对故障电梯进行维修，酒店依然应当采取必要的防范措施。酒店有能力采取措施而不采取，这说明酒店在主观上有过错，因此要承担一定的赔偿责任。《最高人民法院关于审理人身损害赔偿案件适用法律若干问题的解释》第六条也规定："从事住宿、餐饮、娱乐等经营活动或者其他社会活动的自然人、法人、其他组织，未尽合理限度范围内的安全保障义务致使他人遭受人身损害，赔偿权利人请求其承担相应赔偿责任的，人民法院应予支持。"顾客基于此向酒店提出损害赔偿要求，也是符合法律规定的，当然法律并不反对顾客向电梯厂商索赔，但从程序上讲，这是由受害人即旅客进行选择的。酒店可以在向旅客承担赔偿责任之后，再向电梯生产厂家追偿。

《民法典》第一百二十条规定："民事权益受到侵害的，被侵权人有权请求侵权人承担侵权责任。"一般情况下，酒店承担侵权责任要满足四个构成要件：第一，酒店存在损害行为；第二，该行为造成了损害结果；第三，损害行为和结果之间存在因果关系；第四，酒店在主观上有过错。酒店及其工作人员因故意或过失，侵害了顾客的人身、财产权益，造成顾客的人身伤害或财产损失的，应当根据《民法典》的有关规定承担侵权的民事赔偿责任。

另外，在旅客和酒店之间，还存在着合同关系，旅客在酒店内的人身安全没有得到保障，说明酒店没有提供符合约定的合同义务，酒店的违约责任同时成立。

旅客的人身、财产权益在酒店受到侵害，如果旅客既可以依照合同提起违约之诉，又可以依据侵权事实和过错提起侵权之诉，在学理上称为违约责任和侵权责任的竞合。《民法典》第五百八十三条规定："当事人一方不履行合同义务或者履行合同义务不符合约定的，在履行义务或者采取补救措施后，对方还有其他损失的，应当赔偿损失。"

在本案例中的受害人既可以要求酒店承担侵权的民事赔偿责任，也可以依据与酒店形成的住宿合同关系要求酒店承担违约的民事责任。酒店究竟是承担侵权责任还是违约责任，法律将选择权赋予了受损害方。受损害的旅客可以选择对自己更有利的方式，向酒店提出权利要求。

3.6.3　案例启示

第一，企业任何时候都应当坚持"安全第一，预防为主"的方针，切实抓好安全生产管理工作。酒店在日常的经营管理中，有关设施、设备的维修和养护是保障酒店服务质量的重要环节，稍有不慎就会对酒店的经营信誉和利益造成负面影响。

一家处于经营状态的酒店，必然配有完整的各类生活和必要的生产设备。酒店本身虽然设立了工程部来专门负责设备的日常保养和维修，但是大量的设备问题仍然需要原厂家来解决，这就产生了在原厂家工作人员进入酒店对设备进行维修的过程中，酒店如何采取措施避免发生意外的问题。

在本案例中，电梯故障出现后，"为了防止游客发生意外，造成伤亡事故，酒店工程部的维修人员将该电梯的所有楼面都采取了上锁措施"。此时酒店方对可能出现的意外事故采取了积极而合理的预防措施，酒店的第一个步骤可谓做得十分到位。

但接下来在电梯厂家工作人员进入酒店维修电梯时，酒店却没有对维修现场采取任何的安全措施，对维修现场的安全关注不够，最终导致人身伤害事故。酒店在这一过程中主要存在以下疏忽：首先，在电梯维修现场没有设置任何的警示标志，对于不了解情况的酒店客人而言极易引发意外事故；其次，在电梯厂家维修人员对事故电梯进行维修的过程中，现场始终没有酒店的工作人员陪同，那么酒店也就无法在出现意外时作出及时的反应。

第二，重视对酒店工作人员的安全教育。在酒店的实际运营中，每一个楼层都配有专门的服务员，他们既负责该楼层客房和公共区域的清洁工作，也应负责该楼层一些突发情况的处置。应该说酒店楼层公共设施的维修，即便是酒店内工程部派人进行维修，酒店楼层服务员也负有安全提示义务。

总之，酒店的经营管理者不仅要将意外事故的防范放在首位，还应当重视和加强对酒店工作人员安全意识和技能的培训，明确其工作范围以及在工作中的职责；同时，应该加强酒店楼层主管的巡视力度，发现问题立刻解决。在整体上争取做到在任何时候都不在酒店楼层中留有真空地带，对于酒店楼层中任何时候发生的任何情况都能有专人作出反应，并及时排除和解决问题，把事故发生的概率降到最低。

3.7 案例七：酒店住宿被害，责任谁来承担[①]

3.7.1 事件经过

11 月 10 日，阿梅的丈夫阿忠到外地收货款，入住当地四星级的美×酒店 1403 号房。没想到，这一住，竟是天人永隔。第二天 14 时 20 分左右，美×酒店的服务员发现阿忠在房间内遇害身亡。根据警方取证分析，房间的门锁完好，房内的电子保险柜已被打开。法医鉴定，阿忠死于勒颈造成的机械性窒息死亡。

阿忠遇害，家里失去了唯一的经济支柱。作为阿忠妻子的阿梅认为，是美×酒店没有尽到安全保卫的责任，才导致丈夫遇害，于是向当地法院提起诉讼。在诉讼状中提出，酒店既没有对来访人员进行登记，亦没有按照规定在深夜 12 点后谢绝人员来访，致使犯罪分子毫无阻拦地进入房间行凶杀人。凶手使用的凶器是房内的台灯电线，可见为伺机作案，能让犯罪分子胆大行凶的真正原因正是美×酒店缺乏安全防范措施。而且，酒店的监控设施也形同虚设，在监控范围内，居然使凶手从容逃离现场。

阿梅要求美×酒店赔偿 66 万元，包括死亡赔偿金 47 万元，丧葬费、阿忠母亲生活费和交通食宿等费用，以及 10 万元精神损害抚慰金。

美×酒店则辩称，酒店安全设施完备，安全管理制度完善。客房配备外窥猫眼、反锁门栓；楼层的过道安装了监视用的录像；酒店每天 24 小时均安排两名派出所派出的保安人员负责保安工作。从阿忠遇害的现场情况看，犯罪分子并无使用暴力进入的痕迹，极有可能是被害人自行将凶手引入房内的。酒店没有法定赔偿责任，出于人道精神，可对原告援助 3 万元。

3.7.2 案情分析

《旅游法》第四章第四十九条规定："为旅游者提供交通、住宿、餐饮、娱乐等服务

---

① 改编案例来源：客人酒店遇害酒店该负何责？[EB/OL]. 新浪网，2005 – 07 – 28.

的经营者，应当符合法律、法规规定的要求，按照合同履行义务。"旅客在住宿中的权利主要体现在依据合同享有符合标准的住宿服务，依法获得人身权、财产权的安全保护及在合法权益受到损害时享有投诉与起诉的权利。而酒店应尽的义务是尊重旅客住宿权利，向住客提供符合星级标准与合同约定的规范服务，切实保障旅客人身、财产安全。

《民法典》第四百六十五条规定："依法成立的合同，受法律保护。"该案例中，当事人阿忠生前入住该涉事酒店，其与酒店之间建立的是合同法律关系。《民法典》《第五百七十七条规定："当事人一方不履行合同义务或者履行合同义务不符合约定的，应当承担继续履行、采取补救措施或者赔偿损失等违约责任。"

《民法典》第一千一百九十八条规定："宾馆、商场、银行、车站、机场、体育场馆、娱乐场所等经营场所、公共场所的经营者、管理者或者群众性活动的组织者，未尽到安全保障义务，造成他人损害的，应当承担侵权责任。"

因此，因第三人的行为造成他人损害的，由第三人承担侵权责任；经营者、管理者或者组织者未尽到安全保障义务的，承担相应的补充责任。经营者、管理者或者组织者承担补充责任后，可以向第三人追偿。

在该案例中，刑事和民事侵权责任，应当由犯罪分子承担。该涉事酒店的行为虽有不当之处，但这些行为不会必然地导致阿忠死亡。该涉事酒店制定的承诺细则中有安全保证的内容，阿忠遇害事件可以认定为酒店违约。酒店作为特殊服务性行业，应向住客提供安全的住宿环境。阿忠付费入住酒店，双方就形成了合同关系。该涉事酒店已将安全保障义务以书面形式予以公开承诺，应该切实履行。

在该案例中，涉事酒店的客房装备着外窥猫眼、反锁门栓等设施，并以告示提醒旅客必须看清门外来客时再开门。但是事发现场未发现暴力方式强行进入的迹象，所以在犯罪嫌疑人进入房间时，不容易被发现，同时也不能排除有阿忠自行将犯罪嫌疑人引入室内的可能。

该涉事酒店在履行义务时没有完全履行合同的约定，以致住客陷入危险的环境，应当承担违约责任。但是该涉事酒店依法只对其在订立合同时应当预见到的因违反合同可能造成的损失承担赔偿责任。也就是说，若该酒店完全履行合同的约定，安全管理严格，操作实施到位，酒店可以拿出证据证明自己无责。

从法律角度来看，对该涉事酒店在此事件中的责任界定如下。

第一，侵权赔偿责任不成立。住客在酒店内被害、财物被劫，是犯罪分子犯罪行为的直接、必然结果。该犯罪结果所引起的刑事和民事侵权责任，只有犯罪分子才应当承担。酒店与犯罪分子的犯罪行为既没有主观上的共同故意，也没有客观上的行为牵连。

酒店的行为虽有不当之处，但这些行为不会必然地导致旅客死亡。因此，酒店与犯罪分子不构成共同侵权，不应当承担侵权的民事责任。

第二，违约赔偿责任成立。根据住宿合同的性质、目的和行业习惯，避免旅客人身、财产受到侵害，就成为此类合同的附随义务。按照收费标准的不同，各个酒店履行合同附随义务的方式也会有所不同，但必须是切实采取有效的安全防范措施，认真履行最谨慎的注意义务，在自己能力所及范围内最大限度地保护旅客不受非法侵害。一般酒店都向旅客承诺公共区域有 24 小时的视频监控，有保安巡视，以确保旅客的人身安全，是自愿将合同的附随义务上升为合同的主义务，更应当恪尽职守履行这一义务。在此合同中，酒店除应履行向旅客提供与其四星级收费标准相应的房间设施及服务的义务外，还应履行保护旅客人身、财产不受非法侵害的义务。由于刑事犯罪的突发性、不可预测性和犯罪手段的多样化，作为酒店来说，尽管认真履行保护旅客人身财产不受非法侵害的义务，也不可能完全避免此类犯罪事件在酒店内发生。因此，一旦此类犯罪事件发生，不能以酒店承担着保护旅客人身财产不受非法侵害的合同附随义务，就一概认为酒店负有责任，具体情况必须具体分析。对犯罪造成的危害结果，根据罪责自负的原则，必须由犯罪分子承担刑事和民事的法律责任。酒店能证明自己确实认真履行了保护旅客人身财产不受非法侵害的合同义务后，可以不承担责任。为了适应市场化的要求，酒店不需要也不可能对进入酒店大堂等公共活动区的所有人员进行盘查、登记。但是为了住宿旅客的人身财产安全，酒店必须对所有进入住宿区的不熟识人给予充分注意，在不乏热情的接待、询问中了解此类人员的动向，以及时发现并遏止其中一些人的犯罪企图，保护旅客的安全。酒店虽然在住宿区每个楼层的电梯口都安装了监控设备，但由于出入电梯间的客流量较大，这一措施对及时保护旅客的人身财产安全并不奏效。酒店没有全面、认真地履行合同义务，自应承担违约责任。酒店应当知道，旅客来自四面八方，其语言、文化程度、生活习惯、旅行常识有很大差异。在此情况下，酒店不能认为给客房装备了安全设施、用文字提示了安全常识，就是尽到了自己的义务，还必须认真、负责地教会旅客在什么情况下使用以及如何使用这些安全设施，直至旅客形成使用这些设施的习惯。否则，纵有再好的安全设施，也会形同虚设。旅客时刻注意保护自己的人身财产安全，也是旅客在订立住宿合同后应当履行的合同附随义务。旅客未能充分了解和利用酒店提供的安全设施，以致给犯罪分子的犯罪活动提供了条件，在履行合同附随义务中也有过失，因此可以酌减酒店的违约赔偿数额。

第三，《消费者权益保护法》上的责任不成立。《消费者权益保护法》规定，经营者提供商品或者服务，造成消费者人身伤害的，应当赔偿。此规定是指经营者提供的商品或服务直接导致消费者受到损害的情形。住客之死，并非由酒店提供的服务直接造成，故不属于消费者权益保护法规定的情形。

3.7.3　案例启示

对于当事人来说，入住前要了解下榻酒店的相关入住指南和须知。旅客独自住店时回房间一定要注意是否有陌生人尾随，有人敲房门时先要从探视镜看清来访者之后再确定是否开门。酒店有安全链条挂锁，未明确来访者身份而需要开门时，一定要挂上安全链条再开门，在门的缝隙中沟通确认来访者身份和意图。另外，旅客入住酒店后要认真阅读酒店用文字提示的安全常识。

对于酒店来说，在该事件中确实存在管理不到位的情况。当然，任何酒店在接待旅客时，都不愿意出现旅客的人身财产被侵害事件，而影响自己酒店的声誉和客流量。目前有些酒店为了保障住客的安全，使用电梯要刷房卡这一措施，该措施对保护旅客的人身安全和财产安全多了一个保障。

酒店应该加强安全保障工作，为顾客提供安全的住宿环境。酒店除须履行提供客房的主合同义务外，还应当基于诚实信用原则，为旅客的人身和随身财产提供必要的安全保障。旅游企业要做到"三个义务"：安全保障的义务、安全提示的义务、安全救助的义务。首先，提供质量有保障的服务产品；其次，在有危险隐患的地方设立标识，提醒游客注意安全；最后，当游客发生意外时，要及时安抚客人。

3.8　案例八：酒店"房中有眼"①

3.8.1　事件经过

12 月 28 日，为了方便照顾生病住院的老母亲，小叶入住了一家离医院较近的酒店公寓。小叶住的酒店公寓共有 15 层，里面一共有三家不同的酒店公寓，另外还有部分房间用于出租。小叶所住的八楼，至少有 52 个房间。小叶在该酒店公寓住了几天后，在网上查询了解到检测摄像头的小程序，并尝试用下载的小程序连接到酒店公寓的无线网络，突然那个小程序里出现了一个疑似摄像头提示。小叶发现情况不对，就赶紧在所

---

① 改编案例来源：怀化一女子住酒店惊呼"房内有眼"　警方已介入［EB/OL］. 搜狐网，2020 - 02 - 20.

住房间里进行排查，结果在客房电视下方意外发现插座里面竟然有一个针孔摄像头。小叶拿着闪光灯照它的时候，它跟一面镜子一样会反光。于是，小叶报警。警方赶到现场后，将插座面板拆开，发现摄像头是用黑色胶带绕在里面的，还连接了无线网。

3.8.2 案例分析

近年来，游客在外出住宿时被偷拍的事件发生频率逐渐升高。"顾客的隐私安全如何保护"成为公众关注的热点话题。《旅游法》第十二条规定："旅游者在人身、财产安全遇有危险时，有请求救助和保护的权利。旅游者人身、财产受到侵害的，有依法获得赔偿的权利。"在本案例中，小叶在检测摄像头的小程序中发现了房间有一个疑似摄像头的提示，因此报警，这个做法是正确的，将此事交给公安机关去处理，从而保护自身的合法权益。

《民法典》第一千零三十二条规定："自然人享有隐私权。任何组织或者个人不得以刺探、侵扰、泄露、公开等方式侵害他人的隐私权。隐私是自然人的私人生活安宁和不愿为他人知晓的私密空间、私密活动、私密信息。"

《民法典》第一千零三十三条规定："除法律另有规定或者权利人明确同意外，任何组织或者个人不得实施下列行为：

（一）以电话、短信、即时通讯工具、电子邮件、传单等方式侵扰他人的私人生活安宁；

（二）进入、拍摄、窥视他人的住宅、宾馆房间等私密空间；

（三）拍摄、窥视、窃听、公开他人的私密活动；

（四）拍摄、窥视他人身体的私密部位；

（五）处理他人的私密信息；

（六）以其他方式侵害他人的隐私权。"

《民法典》第一千一百九十八条规定："宾馆、商场、银行、车站、机场、体育场馆、娱乐场所等经营场所、公共场所的经营者、管理者或者群众性活动的组织者，未尽到安全保障义务，造成他人损害的，应当承担侵权责任。因第三人的行为造成他人损害的，由第三人承担侵权责任；经营者、管理者或者组织者未尽到安全保障义务的，承担相应的补充责任。经营者、管理者或者组织者承担补充责任后，可以向第三人追偿。"

因此，根据《民法典》第一千零三十二条规定，在本案例中明显是住店游客的隐私权受到了侵犯。根据《民法典》第一千零三十三条第二款和第三款规定，除法律另有规定或者权利人明确同意外，任何组织或者个人不得拍摄宾馆房间等私密空间，不得拍摄、窥视、窃听、公开他人的私密活动。根据《民法典》第一千一百九十八条规定，涉事酒店负有不可推卸的责任，理应赔偿住店客人的损失。

《消费者权益保护法》第七条规定："消费者在购买、使用商品和接受服务时享有人身、财产安全不受损害的权利。消费者有权要求经营者提供的商品和服务，符合保障人身、财产安全的要求。"第十一条规定："消费者因购买、使用商品或者接受服务受到人身、财产损害的，享有依法获得赔偿的权利。"第四十条规定："消费者在购买、使用商品时，其合法权益受到损害的，可以向销售者要求赔偿。销售者赔偿后，属于生产者的责任或者属于向销售者提供商品的其他销售者的责任的，销售者有权向生产者或者其他销售者追偿。""消费者或者其他受害人因商品缺陷造成人身、财产损害的，可以向销售者要求赔偿，也可以向生产者要求赔偿。属于生产者责任的，销售者赔偿后，有权向生产者追偿。属于销售者责任的，生产者赔偿后，有权向销售者追偿。""消费者在接受服务时，其合法权益受到损害的，可以向服务者要求赔偿。"

因此，在本案例中，根据《消费者权益保护法》第七条、第十一条、第四十条规定，小叶在购买和使用酒店住宿服务时享有人身、财产安全不受损害的权利。若在其所购买和使用酒店住宿服务中受到人身、财产损害的，享有依法获得赔偿的权利。小叶在酒店住宿期间发现所住房间安装有摄像头，其合法权益受到了损害，可以要求所住宿酒店赔偿。

3.8.3　案例启示

从游客的角度来看，旅游途中入住酒店要注意以下几方面。第一，游客在入住酒店前，对于酒店的选择，要尽可能选择口碑好、有品牌保障、信誉度较高的酒店，不要贪图一时的便宜，选择不正规的、人员流动较为复杂的场所。第二，游客在入住酒店后，对于酒店客房的设施要学会自行检查，在插座、床头、纸巾盒等看似可疑的地方进行检查。培养安全意识，有效保护自己的人身安全。第三，在侵权问题发生后，游客要善于依法维护自己的权益。积极寻求酒店管理部门、公安机关甚至是法院的帮助。对于偷拍行为要第一时间报警处理，若偷拍者利用拍到的照片向被偷拍人实施侮辱或恐吓等犯罪行为的，公民可以让公安机关直接介入，并追根溯源，进行取证处理。

由于目前大量可用于偷拍的设备工具可以从网上购买，成本低廉，购买途径方便，门槛低，这些拍摄设备的销售渠道未经规范，再加上利益的驱使导致不良拍摄动机的形成。因此，从酒店经营管理者的角度来看，特别是对于多产权的公寓酒店，在经营管理中要注意以下几方面问题。第一，对于酒店的客房设施严格管控，定时排查检查，要将住客个人的安全放在首位。要将"检查房间是否安装有针孔摄像头"作为清扫服务的一部分。第二，在游客入住前针对客房安全隐患进行知识科普，提示住客识别安全隐患并进行排查。第三，当安全隐患发生时，酒店管理者应该积极与住客沟通，并对顾客的诉求进行反馈。当公安机关介入时要积极配合工作，要与顾客积极协商，对于权益受到损害的住客要给予相应的道歉和赔偿。

从政府管理部门的角度来看，要注意以下几方面问题。第一，加强司法保障，完善法律制度，加大打击力度的同时让酒店也承担起连带违约责任，从而更好地保障公民的隐私空间。第二，提高这类犯罪行为的犯罪成本，严厉处罚。遇到此类案件应该积极追踪摄像头的来源，对安装摄像头的人员进行严厉的处罚，以减少和杜绝此类案件的发生。第三，大力整顿高科技摄像器材的使用和销售市场，提高购买门槛，避免可用于偷拍的产品泛滥，对社会公民造成威胁。制造商可以对产品功能进行技术改造，为摄像产品增添身份识别，在购买摄像产品的时候就在这个产品与用户之间建立起关系，可采用实名制登记购买的政策，对于违法的销售渠道进行查处和惩罚。

旅游交通服务管理案例

【教学目的和要求】 由于旅游交通出现问题而延误行程的事屡见不鲜，旅行社对此类事件的处理应该有预案，缓解游客的损失。通过对具体案例的描述，具体问题具体分析，规范旅游管理行为。有些旅行社承接业务后为了节约成本将游客多次"转包"出去，一旦在旅行过程中出现问题，责任的界定是一个重要的问题。对于旅游交通服务纠纷的升级事件和在旅游服务中出现交通问题，旅游服务机构应该想办法转"危"为"机"。因此，本章通过案例的详细描述，分析原因，剖析旅游企业对此类事件的处理方式、方法，有效地进行旅游企业行为规范的管理，为旅游企业经营管理实践提供参考和借鉴。通过本章的学习，使学生树立明确的法治观念，遵守交通规则，深化对法治原则、重要法律法规概念的认识，掌握旅游交通服务纠纷的处理程序。

【关键词】 旅游交通　投诉　转包　赔偿　航空服务管理　服务纠纷
【主要适用法律法规】
《中华人民共和国旅游法》
《中华人民共和国民法典》
《中华人民共和国消费者权益保护法》
《旅行社条例》

4.1 案例一：被"转包"的游客出了车祸谁担责[①]

4.1.1 事件经过

某贸易公司组织员工赴云南旅游，该贸易公司员工张某报名参加了此次旅游活动，

---

① 改编案例来源：游客被旅行社多次"转包"，出了车祸谁担责 ［EB/OL］. 华律网，2022 - 11 - 28.

该公司在某国际旅行社 A 交纳团费，由其负责此次的云南之旅。就在该旅行团到达目的地的第二天下午，搭乘张某等游客的客车侧翻于道路中间的隔离花坛，致使张某等 20 人在车祸中受伤。事后，经当地公安局交警部门认定，该事故由驾驶人负全部责任，张某等乘客无责任。

事故发生后，张某被送往当地医院住院治疗了 26 天。返回后，张某又住院治疗了 24 天。事后，经过司法鉴定，张某的伤情构成十级伤残。出院后张某向某国际旅行社 A 索取赔偿，却被告知某国际旅行社 A 已将该旅游合同转给另一家旅行社 B。两家旅行社互相推诿，张某只好诉诸法律解决。

在法院开庭审理过程中，两家旅行社各执一词。某国际旅行社 A 辩称，该公司的经营范围不包括国内旅游，只是代收张某等人的团费，该款项已转给旅行社 B，所以不应承担赔偿责任；旅行社 B 则称，其公司已经履行了旅游合同中的相关义务，包括与云南地接社的签约、往返飞机票的预订等，违约责任应该由云南地接社来承担。

法院认为，旅行社 B 承接包括张某在内的 20 人旅游团，为其订购了机票，又将该笔业务委托云南地接社完成，应当认定旅行社 B 为组团社，张某与旅行社 B 之间形成了事实上的旅游合同关系；旅游汽车公司提供交通服务，属于履行辅助人。根据我国《旅游法》规定，由于地接社、履行辅助人的原因造成旅游者人身损害、财产损失的，旅游者可以要求地接社、履行辅助人承担赔偿责任，也可以要求组团社承担赔偿责任；组团社承担责任后可以向地接社、履行辅助人追偿。所以，一审法院认定此案的赔偿责任由旅行社 B 承担。一审判决旅行社 B 赔偿张某各项损失共计 8.6 万元。

张某不服，继续向当地的市中级人民法院提起上诉。关于两家旅行社的责任承担问题，二审法院认为，某国际旅行社 A 以自己的名义收取旅游费用，承接旅游业务，与上诉人张某存在旅游合同关系，应认定为旅游经营者，而其在未经张某同意的情况下，擅自将该项旅游业务转让给旅行社 B，应当对张某在此次旅游过程中遭受的损害承担连带赔偿责任。

最终，中级人民法院作出二审判决，改判某旅行社 B 赔偿张某医疗费、护理费、误工费、残疾赔偿金等共计 10.3 万元，某国际旅行社 A 对此承担连带给付责任。

4.1.2 案例分析

《旅游法》第六十条规定："旅行社委托其他旅行社代理销售包价旅游产品并与旅游者订立包价旅游合同的，应当在包价旅游合同中载明委托社和代理社的基本信息。旅行社依照本法规定将包价旅游合同中的接待业务委托给地接社履行的，应当在包价旅游合同中载明地接社的基本信息。"《旅游法》第六十九条规定："旅行社应当按照包价旅游合同的约定履行义务,不得擅自变更旅游行程安排。经旅游者同意,旅行社将包价旅游合同中的接待业务委托给其他具有相应资质的地接社履行的,应当与地接社订立书面委托合同,约定双方的权利和义务,向地接社提供与旅游者订立的包价旅游合同的副本,并向地接社支付不低于接待和服务成本的费用。地接社应当按照包价旅游合同和委托合同提供服务。"

在本案例中,某国际旅行社 A 认为,该公司的经营范围不包括国内旅游,只是代收张某等人的团费,该款项已转给旅行社 B,所以不应承担赔偿责任。而旅行社 B 认为,公司已经履行了合同中的相关义务,包括与云南地接社的签约、往返飞机票的预订等,违约责任应由云南地接社承担。

《旅游法》第一百条规定："旅行社违反本法规定,有下列行为之一的,由旅游主管部门责令改正,处三万元以上三十万元以下罚款,并责令停业整顿;造成旅游者滞留等严重后果的,吊销旅行社业务经营许可证;对直接负责的主管人员和其他直接责任人员,处二千元以上二万元以下罚款,并暂扣或者吊销导游证:

(一)在旅游行程中擅自变更旅游行程安排,严重损害旅游者权益的;

(二)拒绝履行合同的;

(三)未征得旅游者书面同意,委托其他旅行社履行包价旅游合同的。"

在本案例中,旅行社 A 未征得旅游者书面同意,就委托其他旅行社履行实施包价旅游合同,违反《旅游法》的规定,应该负有一定的责任。

根据《最高人民法院关于审理旅游纠纷案件适用法律若干问题的规定》,旅游经营者擅自将其旅游业务转让给其他旅游经营者,旅游者在旅游过程中遭受损害,请求与其签订旅游合同的旅游经营者和实际提供旅游服务的旅游经营者承担连带责任的,人民法院应予支持。

某国际旅行社 A 以自己的名义承接旅游业务,并收取相应的旅游费用,与上诉人张某存在旅游合同关系,应认定某国际旅行社 A 为旅游经营者,其在未经张某同意的情况下,擅自将该项旅游业务转让给旅行社 B,应当对张某在旅游过程中遭受的损害承担连带赔偿责任。

4.1.3　案例启示

游客在参团旅游前,一定要与旅游经营者签订正式旅游合同,核实实际提供旅游服务的经营者与签订合同的经营者是否一致,明确旅游服务内容,以确保在遭受人身伤害时自身权益能得到充分保护。

此外，旅游者与旅行社签订合同后，签约旅行社不得擅自将旅游者转让给其他旅行社，因为旅游消费者参团选择的旅行社，大部分是依据该旅行社已建立的社会声誉和信誉。如果旅行社将旅游业务擅自转让给其他旅行社，将会导致旅游者的权益处于一定的危险之中。所以，未经旅游者同意，旅行社不得擅自转让旅游者。未经游客同意，旅行社私自转让旅游业务，导致服务质量降低或发生意外伤害、财产损失，原来签约的旅行社应当承担合同约定的责任。

很多旅行社为了降低成本通常会采取多次转包的方式，尤其是部分旅行社打着"低价"甚至"超低价"的旗号，并借着该旗号提供旅游服务招徕游客，政府应该加大力度维护更为稳定和平等的旅游市场环境。在我国有些省市出现该类旅游纠纷问题已经不是偶然的事件，暴露出我国旅游市场存在的深层次矛盾与问题，暴露出旅游市场运行管理的失衡与缺位，暴露出旅游企业商业模式的误区与陈旧，暴露出旅游从业者不注意维护自身权益，"在害己的同时又害人"，暴露出旅游消费市场的成熟需要引导与培育。在下一步治理行动中，旅游部门需要与公安、工商等部门创新监管方式，在旅游行业中重点解决社会反映强烈的欺行霸市、虚假广告、价格欺诈、非法经营、欺客宰客、强迫游客消费等问题，依法查处不合理低价的行为。及时受理旅游市场违法违规案件举报，及时梳理分析、调查核实，依法依规处理，坚决打击旅游行业中违法违规行为，遏制乱象，营造良好的旅游市场秩序。

有些旅行社承接业务后为了节约成本将游客多次"转包"出去，其中难免出现侵害游客权利的情形，而一旦在旅行过程中出现问题，责任的界定是一个重要的问题。因此，通过对此类案例的收集整理，探讨事件产生的起因，研究涉事旅游企业对此类事件处理方式和手段的得失，对旅游企业行为的规范管理大有裨益，也可为旅游企业经营管理实践提供参考和借鉴。

4.2 案例二：旅游出行滞留火车站，游客应否获赔偿[①]

4.2.1 事件经过

在"十一"黄金周期间，昆明某国际旅行社组织了万先生等30人赴华东地区旅游。旅游合同约定，万先生等人于10月6日由旅行社安排乘T381次火车硬卧从上海返回昆

① 改编案例来源：云南旅游纠纷十大典型案例［EB/OL］. 中国网，2017-09-12.

明。由于 10 月 6 日返程票异常紧张，该旅行社未买到 T381 次车票，遂购买了 K79 次返程车票，该火车到站时间将延迟 3 个多小时。旅行社承诺只要旅游者按时返回，将按照有关规定赔偿。万先生等人表示无法接受，要求旅行社必须先给予每人 2000 元的赔偿，否则就拒绝登车。由于双方分歧过大，未能达成协议，结果万先生等 30 人当晚滞留上海火车站。后万先生诉至法院，要求该涉事国际旅行社赔偿经济损失 1 万元。

4.2.2　案情分析

《旅游法》第六十九条规定："旅行社应当按照包价旅游合同的约定履行义务，不得擅自变更旅游行程安排。"在本案例中，该涉事国际旅行社未经旅客同意，擅自变更返程车次，从而导致返程的时间延迟，不能按照合同约定为旅客提供返程服务，损害了旅游者获得诚信服务的权利，属于违约行为，应当承担由此给万先生造成的客票差价、必要的餐饮及交通费损失。但是万先生等人在返程车次已经变更的情况下，不能理性维权，执意滞留在火车站，人为地造成损失扩大。据此，万先生不能就滞留当晚的住宿费要求旅行社赔偿。

《旅游法》第七十条规定："旅行社不履行包价旅游合同或者履行合同不符合约定的，应当依法承担继续履行、采取补救措施或者赔偿损失等违约责任；造成旅游者人身损害、财产损失的，应当依法承担赔偿责任。"在本案例中，按照旅游合同，该涉事国际旅行社应当为旅客提供 T381 次车票，帮助顾客及时返程，但是由于其工作上的疏忽，没有做好相关的票务预订工作，导致返程时间延迟，违背了双方的合同约定，需要承担违约责任。在违约事件发生后，该涉事国际旅行社提出了相关的解决措施，为了防止事件的扩大，旅客也应当采取适当的措施，理性维权，避免滞留事件的发生。但是，由于游客存在不理性的维权行为，导致滞留事件的发生，因此不能要求旅行社承担滞留的住宿费用，而是应由旅客自行承担。

4.2.3　案例启示

从游客角度来看，首先，在选择旅行社时，应慎重考虑。选择服务信誉和服务承诺较好的旅行社，从源头上减少旅途事故和旅游纠纷的发生。其次，若是旅行社违约未能按照合同约定时间的车次返程，可以与旅行社协商赔偿问题，若对于旅行社的赔偿问题处理不满意的可以在回到客源地后向相关旅游管理部门进行投诉。游客要做到理性维权，避免滞留事件的发生。再者，若是交通上由于自然灾害等突发紧急状况不能如期乘坐火车返程的，游客要积极配合旅行社调整回程车次，一起应对突发紧急状况。

从旅行社角度来看，首先，在与游客签订了旅游合同后，应该做好票务预订工作，按照旅游合同约定购买好旅游行程中的火车票。其次，若是交通上由于自然灾害等突发紧急状况不能如期乘坐火车返程的，要跟游客做好沟通解释工作。再其次，要针对员工展开安全教育和培训，提高安全意识和应急能力。最后，在出行前应事先了解天气情况、途经区域的地形、交通情况等，做好特殊情况下的应急预案。

从相关旅游管理部门来看，通过对游客投诉、旅游经营者违法案件审理进一步厘清了旅游经营者依法对旅游者承担的安全保障义务和危险告知义务，具有较强的宣传示范作用。在充分维护旅游者合法权益的前提下，尽量平衡好旅游者与旅游经营者、旅游辅助服务者的利益关系，不断加强对旅游经营者的监督和管理，对违规违法行为加大惩戒力度。

4.3 案例三："别让"随心飞"变成"套路飞"①

4.3.1 事件经过

2021 年 4 月 5 日，有媒体曝出多家航空公司"随心飞"套餐问题，网友姜女士表示也遇到了一些类似的麻烦。此前她购买了某航空公司的"快乐飞"套餐，购买了"快乐飞"畅游套餐的旅客可选择 1 条某航空公司国内（港澳台除外）定点往返航线，有效期内最多兑换该条航线经济舱机票往返 6 次，兑换其他每条国内航线（港澳台除外）经济舱机票往返各 1 次，而且该套餐可选择的定点航线列表不定期更新，以购买时实际查询结果为准，定点往返航线一经选定不可更改。而姜女士已遇到 14 次航变，多次对她旅行的行程造成影响。4 月 1 日，她从乌鲁木齐返京的航班取消，4 月 6 日再被通知航班取消。该航空公司回应姜女士"14 次航变"的原因系航班调整所致，并非针对该类旅客。姜女士对此回复非常不满，将此事投诉至相关管理部门。

4.3.2 案情分析

航空公司提供"随心飞"产品原本是可以达到"双赢"效果的。该产品可以帮航空公司吸引人气，回笼资金，减轻经营压力；消费者通过购买该产品也能不限次数地乘坐航班。仔细梳理"随心飞"产品的商业逻辑，其实类似于市面上的"月票""年票"销

---

① 改编案例来源：别让随心"套餐"变闹心"套路"［EB/OL］．中国经济网，2021 – 04 – 08．

售模式，消费者一次性交齐钱款，获得理论上不限次飞行的机会。但随着机票价格回升，出行需求的增长，机舱座位越来越紧张，航空公司也相应有了排斥套票用户的一些做法。

《旅游法》第四十九条规定："为旅游者提供交通、住宿、餐饮、娱乐等服务的经营者，应当符合法律、法规规定的要求，按照合同约定履行义务。"在本案例中，姜女士购买了某航空公司的"快乐飞"套餐，那双方就应该按照套餐中约定的条款来履约，但姜女士多次由于所预订航班被取消而影响行程。

《民法典》第五百七十七条规定："当事人一方不履行合同义务或者履行合同义务不符合约定的，应当承担继续履行、采取补救措施或者赔偿损失等违约责任。"在本案例中，消费者在使用商品时却多次不能得到航空公司约定提供的服务，航空公司应积极履行与消费者约定的提供"快乐飞"的相关义务，在出现问题后应该积极补救，而不应该只是在推脱责任。

《消费权益保护法》第八条规定："消费者享有知悉其购买、使用的商品或者接受的服务的真实情况的权利。"在本案例中，航空公司在出售"快乐飞"套餐产品时，应该把"快乐飞"产品的所有风险真实明确地警示给消费者，让消费者来进行真实判断是否购买。

"随心飞"变成了"套路飞"，从短期来看，航空公司可能多赚了一些票面价值，但从长远来看，是以牺牲消费者权益为代价的，破坏的是航空公司的信誉和口碑。只有以用户体验为中心的服务创新才能赢得市场，才能赢得消费者的信赖。

4.3.3　案例启示

从顾客角度来看，购买套餐产品前仔细查看消费规则条款，消费过程中核查航空公司是否存在违反条例行为，消费后若权益受到损失可以运用法律手段维护自己的权益。消费者要提高维权意识，了解一定的相关法律法规。

受新冠疫情影响，旅游交通企业也在采取一些营销手段来销售自己的服务产品，保持一定的营业收入，以降低受疫情影响而造成的损失。国内航空公司出于对更高经济回报的追逐，往往会倾向于将更多航班座位用于销售而不是对已售权益兑换。"随心飞"这个活动套餐从价格上来讲也是比较优惠的，也是国内航空公司为了吸引更多的旅客提前购买机票，使得航空公司先有一定的机票销售量。

从航空公司角度来看，首先，应该不断优化服务产品，注重用户体验效果；其次，不断完善相关规则条例；最后，保障用户知情权和选择权。航空公司在产品创新、营销创新前一定要做到内部管理要能到位，内部服务要能跟进，千万不要让营销推广的部门和服务输出的部门出现"两张皮"情况，将内部业务矛盾用消费投诉等外部化的工具解决。

4.4 案例四：航班机票被取消，乘客应否获赔偿①

4.4.1 事件经过

陆先生因工作需要购买了中国国际航空公司（以下简称"国航"）和达美公司的联程机票，由于国航航班晚点引起连锁反应导致陆先生遭受了包括机票损失、商业计划损失等多项损失，故而陆先生将国航和达美公司起诉至北京市顺义区人民法院要求赔偿。陆先生诉称，他通过携程网购买了国航和达美公司自北京中转美国纽约至劳德代尔堡的联程机票。原定于 2019 年 11 月 3 日 13∶30 抵达纽约，但由于国航航班晚点了一个半小时，使他未能赶上达美公司当天 15∶50 的航班飞往劳德代尔堡。因此他只能又购买了另一家航空公司当天下午的机票飞往劳德代尔堡。2019 年 11 月 5 日，他准备从劳德代尔堡返回纽约，到原定有联程机票的达美公司的机场柜台办理登机手续时，被达美公司工作人员告知，由于他在 11 月 3 日没有乘坐该公司的航班到达劳德代尔堡，故取消了他的航班座位。这样，他又不得不临时寻找其他航班。由于临时搭乘的其他由劳德代尔堡飞往纽约的航班较晚，耽误了他在纽约与客户约定的会谈，损失了与客户合作的机会。而且达美公司至今都没有退回撤销他购买的原航班的机票款。故而起诉，请求法院判令达美公司支付其机票款 5000 元人民币，国航承担连带责任；请求法院令两被告共同支付其损失（包括律师费及其他合理开支）1.2 万元人民币，并承担连带责任；请求法院判令两被告共同支付其商业机会损失赔偿 10 万元人民币，并承担连带责任；请求法院判令二被告分别向其书面赔礼道歉，并共同支付 1 万元精神损失补偿金。

国航公司辩称，本案例中，由于空中交通管制导致其公司航班延误，而空中管制属于不可抗力，其公司不可能采取任何措施避免原告损失的发生；另外，原告因本次航班取消而产生的任何实际损失也没有证据证明，因此，国航公司无须承担任何责任。原告购买联程机票，属于"连续运输"。根据《统一国际航空运输某些规则的公约》，"连续运输"中的每一个承运人只在其监管履行的运输区段范围内作为运输合同订约一方，并且旅客或者任何行使其索赔权利的人，只能对履行该运输的承运人提起诉讼。因此，原告主张国航承担连带责任不符合国际公约，应予以驳回。本案例中，原告与国航之间的争议属于合同履行纠纷，双方分歧为合同义务的履行是否适当，并且没有证据表明合同

---

① 改编案例来源：杨富斌．旅游法案例解析［M］．北京：旅游教育出版社，2012：90 - 92．

履行过程中国航公司损害了原告的精神性人格权利。综上所述，原告的诉讼请求与事实不相符合，请求法院驳回原告的全部诉讼请求。

达美公司辩称，原告未能登机并非达美公司造成，应由原告自行承担由此造成的损失。依据行业惯例，乘客必须严格按照机票上记载的航程顺序乘坐航班，原告未能按顺序使用机票，则达美公司有权取消其机票，公司对此不承担任何责任。原告也未能举证证明存在其他损失，其要求的精神损害赔偿、商业机会损失赔偿，没有事实依据及法律依据。综上所述，达美公司请求驳回原告的诉讼请求。

4.4.2　案情分析

《旅游法》第九条规定："旅游者有权要求旅游经营者按照约定提供产品和服务。"第十二条规定："旅游者人身、财产受到侵害的，有依法获得赔偿的权利。"第四十九条规定："为旅游者提供交通、住宿、餐饮、娱乐等服务的经营者，应当符合法律、法规规定的要求，按照合同约定履行义务。"在本案例中，陆先生购买国航和达美公司的联程机票，双方之间建立了航空旅客运输合同关系。根据国际公约及《中华人民共和国民用航空法》（以下简称《民用航空法》）的规定，国航、达美公司分别就各自运输区段承担合同义务。陆先生于 2019 年 11 月 3 日乘坐国航航班发生延误，未能如期在 15：50 搭乘达美公司航班，国航对此应承担违约责任，赔偿该违约行为所发生的费用，即陆先生自行购买其他航班的费用。达美公司在陆先生该段航程中没有违约行为，陆先生要求达美公司就此承担连带责任，无事实及法律依据。

根据达美公司官方网站所告知的规则，不论何种原因导致陆先生未能如约乘坐原预定航班，陆先生有义务通知达美公司，否则达美公司可以取消其回程机票。达美公司辩称，因陆先生未履行通知义务而取消其回程机票，符合约定及国际惯例的做法。

综上所述，陆先生未能按照达美公司官方网站所告知的规则将其自行选择其他航班飞行之事告知达美公司，导致达美公司取消其回程机票，对此，陆先生应自行承担责任。陆先生要求达美公司、国航赔偿机票损失、商业机会损失，缺乏事实和法律依据。陆先生所主张之律师费损失，也没有事实及法律依据。另外，法律对于一般合同违约的承担民事责任方式并未规定有赔礼道歉及精神损害赔偿，陆先生在合同之诉中主张国航、达美公司赔礼道歉，不符合法律规定。

最后，北京市顺义区人民法院判决国航赔偿因航班延误给陆先生造成的机票款损失2000 余元，驳回了其商业机会损失、律师费等损失及精神损害赔偿的诉讼请求。

4.4.3 案例启示

本案例中，被告一方国航因其航班延误，使陆先生未能如期搭乘其购买的联程航班——15：50 的达美公司航班，国航对此应承担违约责任，赔偿该违约行为所发生的费用，即陆先生自行购买其他航班的费用；而另一被告达美公司在陆先生该段航程中没有违约行为，故其没有赔偿责任。

本案例中，达美公司并没有违约责任。出行是多方面要素综合的一种活动形式，因此经常会受到像航班延误等不能控制的因素干扰。在这种情况下，出行者所能做到的就是尽可能使所受损失减小。由此可见，旅途中发生纠纷责任也并非全要归咎于航空公司，旅客维权过度也是造成纠纷的一大原因。从旅客方面来说，购买联程航班，两个班次之间的中转时间最好预留充裕一点，本案例中陆先生只预留了两小时多一点，在前一个航班延误一个半小时的情况下，就不够时间搭乘第二趟航班了。须知在实际中转过程中，下机、提取行李、去第二家航空公司办理值机、安检等都需要不短的时间，且有排队等各种不可确定的影响因素，再加上当前全球各航空公司航班晚点并不鲜见，所以乘客在购买联程机票时，上述种种情况都要考虑在内，尤其有要事要办的时候，更不可存侥幸心理。

旅游的六大构成要素中，"行"不仅是重要因素之一，也是旅游的基础条件，保证旅游的美好体验离不开交通运输部门的支持。航班晚点已成为常态，在如今高铁高速发展的时代，降低航班延误率、提升航班准点率成为航空公司乃至航空业持续发展的重要任务。美国民航管理部门采用的主要方法有容量提升和需求管理。对于我国来说，一是应加强基础设施建设，加大容量提升力度，从绝对量上应对较高的航班延误率；二是应采用市场化手段，实施需求管理，从相对量上优化资源配置进而有效减少航班延误；三是进一步完善现有航班延误治理机制。

4.5 案例五：境外旅行遇车祸，到底应该谁担责[①]

4.5.1 事件经过

2019 年 6 月 29 日下午 2 点，由广州出发的泰国清迈团在清迈去清莱的路上，因司

_____

① 改编案例来源：广州一旅行团在清迈遇车祸，伤者情况稳定［EB/OL］. 广视新闻官方微博，2019 - 06 - 29.

机操作不当导致车辆侧翻，旅游大巴上共有中国游客 12 人（含 1 名领队），其中，3 名中国游客伤势较重，1 人轻伤，其他人无碍。3 名伤势较重者，1 人头晕头痛呕吐，1 人肩部受伤，1 人肩骨骨裂。

广州市文化广电旅游局立即启动突发事故应急预案，迅速联系涉事组团旅行社了解相关情况。广州市文化广电旅游局已指导和督促相关旅行社组织救治伤者，妥善安置其他人员，同时要求保险公司立即启动旅行社责任险保险服务，协助旅行社做好相关后续处理工作。该涉事旅行社已成立本次事故应急处理小组，妥善做好游客及国内家属的安抚联络工作，派出事故处理组前往当地处理相关事宜。保险公司已对相关旅行社进行前期的保险工作指引，提醒案件处理的注意事项，加强和保持沟通。

4.5.2　案情分析

一般情况下，在旅行中发生车祸造成游客受伤包含两种法律关系：一是游客与旅行社的合同关系，因为发生车祸，可能导致合同无法继续履行，这就造成了违约；二是游客与车辆经营者（旅游辅助者）之间的法律关系，因为车祸导致游客受伤，因此构成侵权。所以在旅游过程中发生车祸通常是违约与侵权两种法律责任的结合，游客可选择其中之一进行维权诉讼。

《旅游法》第七十一条规定："由于旅行社、履行辅助人的原因造成旅游者人身损害、财产损失的，旅游者可以要求地接社、履行辅助人承担赔偿责任，也可以要求组团社承担赔偿责任；组团社承担责任后可以向地接社、履行辅助人追偿。但是，由于公共交通经营者的原因造成旅游者人身损害、财产损失的，由公共交通经营者依法承担赔偿责任，旅行社应当协助旅游者向公共交通经营者索赔。"

在本案例中，一方面，清迈团游客与旅行社是旅行合同关系，游客的人身、财产安全受到损害可以向旅行社主张赔偿，旅行社承担赔偿责任后，再向侵权方（大巴经营者）进行追偿；另一方面，游客也可以直接向机动车交通事故的侵权人及侵权人投保的保险公司主张侵权赔偿。如向法院起诉，根据不同的法律关系，可起诉不同的主体，游客可选择其中对自己最有利的方式提起诉讼。

《旅游法》第六十一条规定："旅行社应当提示参加团队旅游的旅游者按照规定投保人身意外伤害保险。"旅行社应当提前为游客购买旅游人身意外险，保障游客的人身财产安全。《旅游法》第八十一条规定："突发事件或者旅游安全事故发生后，旅游经营者应当立即采取必要的救助和处置措施，依法履行报告义务，并对旅游者作出妥善安排。"本案例中，在大巴翻侧事故发生之后，随行导游应及时对受伤游客进行救助，并对其他游客进行情绪安抚，了解清楚情况后上报旅行社，妥善处理后续事宜，保障游客的安全与权益。

4.5.3 案例启示

从旅行社角度来看，首先，做好安抚、协调工作，垫付必要的抢救费用等，利用多种保险（含医保）渠道，解决救治问题。其次，查看旅行社与运输公司签订的运输协议，界定承运责任。再其次，确认旅行社雇用的旅游车辆资质，及各类保险缴费情况。如果旅行社对旅游运输公司合作协议中的"承运责任不明确，手续保险不健全，安全服务无保障"，可能就要承担连带责任。最后，及时通知保险公司，按规定进入保险理赔程序，并及时上报上级旅游行政管理部门。

从游客角度来看，发生单方交通事故，旅游者既可向车辆经营者主张侵权赔偿，也可选择先向旅行社主张合同责任。游客与第三方车辆发生交通事故，按照交通事故的责任划分进行。在本案例中游客是没有责任的，应该由车辆方负责赔偿。同时，旅客作为受害者，有权向旅行社、汽车运输公司、保险公司及实施侵权的第三人等相关主体主张赔偿。

从该案例中我们得到以下启示与建议。

第一，无论在境内外，若在跟团期间发生车祸等意外，对旅游者来说保险将变得至关重要。目前在我国境内依法设立的旅行社都依照《旅行社条例》和《旅行社责任保险管理办法》的规定，投保了旅行社责任保险。旅游者在跟团出游时如遇旅行社有责任的事故，旅行社将通过保险公司来补偿。

第二，旅行社还会以团体的名义为旅游者投保额外的旅行意外险，这样可以在旅行社责任保险的基础上进一步扩大保障范围，在发生类似车祸意外时，赔偿将更有力。我们也建议旅游者在每次出游时自己购买旅游保险，根据所购买保险的条款约定，在旅途中发生意外事故时也可以获得相应赔付。

第三，无论是在国内还是国外旅游，出现紧急情况要及时拨打保险公司24小时服务热线进行报案，获得救援指引。在救援、医疗过程中所产生的费用，也需要保存好发票、病历等报销材料，以备后续索赔。

第四，提供境外包车游服务的平台应建立一套审核标准，包括司机的实名认证（包括身份证、驾驶证的资料认证）、车辆年审（行驶证和车辆保险的有效期），司导在上岗前还需要通过平台的培训和考核，并且还有一套司导分级、派单和奖惩制度，并且需要达到当地政府和相关部门承认的行业标准。

4.6 案例六：游客过马路意外被撞伤①

4.6.1　事件经过

游客张先生参加了由 A 国际旅行社组织的香港、澳门 7 日游。6 月 2 日晚，在结束了香港当天的旅游行程活动后，张先生约同一个旅行团的其他游客一起外出逛街。由于不熟悉当地的道路交通情况，张先生闯红灯横穿马路时，被香港某公交公司的一辆巴士撞倒在地，头部受到重创昏迷不醒，随即被送至附近医院，经紧急抢救才脱离生命危险。此后，张先生在香港接受了 1 个月的治疗才稍稍恢复了一些。但是由于各项费用过高，伤势未痊愈的他返回内地继续治疗。8 月中旬，张先生将此事向当地旅游质检部门进行投诉并提交了相关证据，要求旅行社承担赔偿责任。

但是旅行社一方则认为不应承担赔偿责任，理由如下：第一，车祸发生在游客自行活动期间，而不是在旅行社安排的旅游行程内；第二，车祸是由于当事人不遵守交通规则造成的，当事人本人有过错；第三，旅行社在车祸发生后全力协助救治受伤游客，不仅为其办理住院手续、安排专人护理，还安排其家人赴港探望，并承担了期间所有的办证、食、宿、交通等费用共计 2 万余元，已尽到了人道主义责任；第四，在整个旅游行程中对所有的游客都作了注意安全的提醒。该涉事旅行社最后表示，对张先生的不幸遭遇深表同情，愿意给予一些援助，但不能对此承担赔偿责任。

4.6.2　案情分析

《旅游法》第七十条规定："在旅游者自行安排活动期间，旅行社未尽到安全提示、救助义务的，应当对旅游者的人身损害、财产损失承担相应责任。"因此，本案例的焦点是，在旅游过程中，旅行社是否尽到安全提示与救助义务？旅行社是否应当承担游客在自由活动期间发生的损害责任。

在旅游活动中，游客的人身、财产损害就其与旅行社的关系来看，大体可以分为两种情形：一是发生在参加旅行社安排的旅游项目中的损害；二是发生在游客个人活动或参加自费项目期间的损害。

发生在旅行社安排的旅游项目中的损害，通常是指游客参加与旅行社签订的旅游合

---

① 改编案例来源：李娌. 案例解读《旅游法》[M]. 北京：旅游教育出版社，2014：155 – 157.

同中所明确约定的项目过程中，如乘坐交通工具、入住酒店旅店、安排膳食、带领参观旅游景点等。这一过程中，旅行社应当对游客的人身、财产承担安全保护义务。旅行社在从事旅游业务中未尽保护义务，致使游客人身遭受损害的，应当由旅行社承担责任。因此发生的损害属于旅行社责任保险所规定的旅行社承担责任的范围，受到损害的游客有权利要求旅行社承担违约责任并赔偿由此支出的费用和损失。

发生在游客个人活动或参加自费项目期间的损害，通常指不是发生在约定的旅游活动项目中的情形，常常是游客个人的行为或参加自费项目的行为，如结束一天旅游活动后晚间客人的自由活动，也包括《旅行社投保旅行社责任保险规定》第八条规定的情形：旅游者在自行终止旅行社安排的旅游行程后，或不参加双方约定的活动而自行活动的时间内，发生的人身、财产损害。旅行社从事经营活动中，其责任的承担应当有一个合理的限度。一方面，旅行社毕竟是以营利为目的的企业，进入市场要面对很多商业风险，让它无限制地承担责任，造成运营成本过高，将会使旅行社的利益无法保障，不利于培育优良的旅游环境；另一方面，旅游活动是双方当事人参与的活动，旅游者一方应当规范自己的言行，避免给自己造成人身或财产上的损害。如果旅游者自己的过错造成的损失也由旅行社来承担责任，显然是不公平的。

本案例中，张先生遭遇的交通事故发生于自行外出期间，显然，所参加的活动并不是旅游合同约定的一部分，不属于旅行社应当承担责任的范围。另外，张先生是有完全民事行为能力的人，具有相应的认知能力和控制自己行为的能力，应当预见到闯红灯横穿马路会导致被车辆撞伤的可能性后果，其行为本身存在过错。因此，应当由张先生本人对事故承担责任，而不应当由旅行社对旅游活动之外的车祸负责任。

另外，在本案例中，涉事旅行社是否存在违规行为呢？《旅游法》第七十条规定，旅行社对于可能危及旅游者安全的事项有告知义务，该义务为旅游合同中旅行社的附随义务。尤其是组织旅游者参加出境游，旅游者身处异国他乡，不了解所在国或地区的法律制度、风俗习惯、宗教信仰等，这就需要旅行社的领队或导游员事先对相关情况作必要的介绍，对可能出现的问题进行特别提示，还应当在出行前推荐旅游者购买旅游人身意外保险，一旦出现损害，旅游者能得到相应的赔偿。《消费者权益保护法》明确规定了经营者在消费者安全保护方面的应尽义务。《旅行社条例》第三十九条规定："旅行社对可能危及旅游者人身、财产安全的事项，应当向旅游者作出真实的说明和明确的警示，并采取防止危害发生的必要措施。发生危及旅游者人身安全的情形的，旅行社及其委派的导游人员、领队人员应当采取必要的处置措施并及时报告旅游行政管理部门；在境外发生的，还应当及时报告中华人民共和国驻该国使领馆、相关驻外机构、当地警方。"《旅行社条例实施细则》第三十九条规定："旅行社及其委派的导游人员、领队人员，应当对其提供的服务可能危及旅游者人身、财物安全的事项，向旅游者作出真实的说明和明确的警示。在旅游行程中的自由活动时间，旅游者应当选择自己能够控制风险的活动项目，并在自己能够控制风险的范围内活动。"

为了使旅游者的合法权益得到有效保护，《旅行社条例实施细则》第四十条规定："为减少自然灾害等意外风险给旅游者带来的损害，旅行社在招徕、接待旅游者时，可以提示旅游者购买旅游意外保险。鼓励旅行社依法取得保险代理资格，并接受保险公司的委托，为旅游者提供购买人身意外伤害保险的服务。"旅行社在与旅游者订立旅游合同时，应当推荐旅游者购买相关的旅游者个人保险。

经旅游质量监督管理所查明，A 国际旅行社既没有在出行前向游客张某推荐购买旅游人身意外保险，也没有召开行前说明会，只是由领队对游客作了一般性的、泛泛的提示。由此可见，A 国际旅行社没有严格按照相关法律法规的规定履行其应尽的告知义务。但是，A 国际旅行社在车祸发生后积极协助救助，为伤者办理住院手续、安排专人护理、安排张某的家属探望，并承担了其间所有的办证、食宿、交通等费用 2 万余元，应当说已经为提示义务有瑕疵承担了责任，不应当再要求其承担其他责任。

4.6.3　案例启示

从旅行社的角度来看，旅行社应该做好以下几方面的工作。

第一，旅行社应该与旅游者签订符合要求的书面旅游合同。在旅游合同中，要对合同的内容进行充分界定，对于一些可能使消费者产生歧义的定义、语句，应当在签合同前进行解释。

第二，旅行社必须对旅游者履行相应的告知义务，且领队人员和导游人员也应当在行程中以及一天的行程结束后对旅游者作必要的提醒。所作的各种说明、提醒、忠告应该尽可能地采取书面形式。一些做得比较好的旅行社不仅注意召开高质量的出境说明会，还将必要的提示以书面形式告知每位旅游者。

第三，旅行社应该严格按照《旅行社条例》及其实施细则的规定进行经营活动，规范其经营行为。国内的旅行社应当不断加快发展壮大的步伐，以提升其国际竞争力，为将来的国际市场竞争做好准备，而规范的经营是国内旅行社经营最基本的要求。

从旅游者的角度来看，旅游者应该增强法律意识，提高自我保护意识和自身修养。旅游者在出行前应当先对旅游目的地的各方面有一个初步的了解，特别是在自行外出时，要遵守法律法规，尊重当地的风俗习惯。

综上所述，旅游安全是旅游的"生命线"，它一方面关系到旅游业能否健康有序和可持续发展，另一方面关系到旅游者的生命健康和财产安全等，必须将之视为旅游的首要前提。

4.7 案例七：游客驾驶租赁的沙滩摩托车受伤[①]

4.7.1 事件经过

8月15日，贺某带领原告赵某到"夜色沙漠露营基地"游玩。贺某向被告某沙漠胡杨越野沙滩摩托车店租赁两辆沙滩摩托车，支付租赁费200元，并签订一份沙滩摩托车安全协议，该协议载明内容如下："经双方协商，甲方只提供车辆，不保证任何安全问题，在骑行过程中发生任何安全事故自行承担，不在规定范围内骑行随时收回车辆，车辆损坏照价赔偿。"贺某在沙滩摩托车租赁人那里签名。然后贺某与其次子骑行一辆沙滩摩托车，原告赵某与其同学即贺某的长子共同骑行一辆沙滩摩托车。

当日晚20时许，原告赵某驾驶的沙滩摩托车在躲避一辆越野型汽车时，发生侧翻，导致原告赵某受伤。原告赵某受伤后，由贺某送往当地的县级人民医院救治。赵某伤情诊断为创伤性脾破裂，花费医药费1574.46元，其中，门诊支付868元，住院结算706.46元。同日晚11时，原告赵某转院到市级医院救治。

由于涉事双方就赔偿事宜无法协商一致，并引发纠纷，于是当事人赵某将"夜色沙漠露营基地"的运营主体某户外运动赛事服务有限公司（法定代表人郝某）、某沙漠胡杨越野沙滩摩托车店经营者范某诉至法院。

法院认为，被告某沙漠胡杨越野沙滩摩托车店作为沙滩摩托车的经营者，对游客应履行合理限度的安全保障义务。本案例中被告某沙漠胡杨越野沙滩摩托车店作为经营者未详细告知骑行注意事项及安全风险，未对骑行者的年龄进行审查，且贺某租赁的是单人沙滩摩托车，当原告赵某与贺某的长子共同驾驶车辆时贺某未及时劝阻，应承担相应的赔偿责任。

原告赵某已满十五周岁，虽不足十八周岁，但其属于限制民事行为能力人，原告赵某对其民事行为虽不能有明确认知，而且其年龄不能满足驾驶车辆的法定要求，但其仍

---

① 改编案例来源：王××、李×等生命权、身体权、健康权纠纷民事二审民事判决书［EB/OL］．中国裁判文书网，2022 - 02 - 17.

驾驶具有危险性的沙滩摩托车，对其身体造成损害，原告赵某也应当承担民事责任。因其属于限制民事行为能力人，原告赵某的责任应当由其监护人承担。

法院一审结果最终判决，涉事的越野沙滩摩托车店和贺某对原告赵某的各项损失各承40%的赔偿责任，原告赵某明确不要求贺某承担赔偿责任，故贺某应承担的责任由原告监护人承担。

4.7.2　案情分析

《旅游法》第十五条第一款规定："旅游者购买、接受旅游服务时，应当向旅游经营者如实告知与旅游活动相关的个人健康信息，遵守旅游活动中的安全警示规定。"第五十四条规定："景区、住宿经营者将其部分经营项目或者场地交由他人从事住宿、餐饮、购物、游览、娱乐、旅游交通等经营的，应当对实际经营者的经营行为给旅游者造成的损害承担连带责任。"

《民法典》第一百八十六条规定："因当事人一方的违约行为，损害对方人身权益、财产权益的，受损害方有权选择请求其承担违约责任或者侵权责任。"

《最高人民法院关于审理旅游纠纷案件适用法律若干问题的规定》第七条规定："旅游经营者、旅游辅助服务者未尽到安全保障义务，造成旅游者人身损害、财产损失，旅游者请求旅游经营者、旅游辅助服务者承担责任的，人民法院应予支持。因第三人的行为造成旅游者人身损害、财产损失，由第三人承担责任；旅游经营者、旅游辅助服务者未尽安全保障义务，旅游者请求其承担相应补充责任的，人民法院应予支持。"第八条规定："旅游经营者、旅游辅助服务者对可能危及旅游者人身、财产安全的旅游项目未履行告知、警示义务，造成旅游者人身损害、财产损失，旅游者请求旅游经营者、旅游辅助服务者承担责任的，人民法院应予支持。旅游者未按旅游经营者、旅游辅助服务者的要求提供与旅游活动相关的个人健康信息并履行如实告知义务，或者不听从旅游经营者、旅游辅助服务者的告知、警示，参加不适合自身条件的旅游活动，导致旅游过程中出现人身损害、财产损失，旅游者请求旅游经营者、旅游辅助服务者承担责任的，人民法院不予支持。"

因此，在本案例中，某沙漠胡杨越野沙滩摩托车店作为沙滩摩托车的经营者，对游客应履行合理限度的安全保障义务。本案例中涉事车店作为经营者未详细告知骑行注意事项及安全风险，未对骑行者的年龄进行审查，且第三人贺某租赁的是单人沙滩摩托车，原告赵某与第三人贺某之子共同驾驶车辆时未及时劝阻，应承担相应的赔偿责任。

第三人贺某在租赁两辆沙滩摩托车时，未向车店工作人员告知其中一辆沙滩摩托车的骑行者是未成年人，且在车店提供的沙滩摩托车安全协议上签字，应视为对该两辆沙滩摩托车的骑行安全的承诺。根据交通安全法规的相关规定，十八周岁以上的成年人才能驾驶摩托车，第三人贺某明知原告赵某未满十八周岁，仍将租赁的具有危险性的沙滩摩托车交给原告赵某骑行，并安排其子与原告赵某共乘一辆单人沙漠摩托车，将两个孩子的人身安全置于危险之中，没有尽到安全保护义务，应当承担相应的赔偿责任。

另外，涉事某户外运动赛事服务有限公司作为"夜色沙漠露营基地"的运营主体，将沙滩摩托车租赁业务外包给被告某沙漠胡杨越野沙滩摩托车店经营，原告赵某在驾驶租赁的沙滩摩托车过程中发生事故，遭受损失，被告某户外运动赛事服务有限公司应承担连带责任。

4.7.3 案例启示

旅游交通是连接旅游目的地和客源地以及各旅游景区之间的关键路径，贯穿于"食、住、游、购、娱"旅游五要素之中。旅游交通安全问题的发生不仅会很大程度上影响游客体验，还会影响游客对旅游目的地整体形象的感知。从游客的角度来看，首先，游客在旅游过程中应当时刻把旅游安全放在首位，注意自身安全。旅游者在旅游期间需要提高交通安全意识，强化旅游风险意识。其次，游客对于旅游合同的细节要了解全面，明确责权关系，能够通过合法手段维护自己的人身安全权益。最后，游客应尽量选择正规有保障的旅游经营机构。

从旅游经营者角度来看，需要注意以下几方面。第一，旅游经营者要做好安全保障，需要采取一切措施保障游客安全。在旅游交通方面，不仅要考虑到自身交通工具的安全性能，还要考虑是否有适合驾驶的天气和地理等方面的客观因素。第二，做好游客的安全检查工作。以确保游客年龄及其身体状况能够适应所提供的旅游交通工具。第三，做好旅游行进过程中的安全提示和警示义务，做好对特殊游客的安全照顾义务。在本案例中，原告赵某并未成年，经营方应当在确认年龄符合行驶条件后再租售产品，同时把必要的操作方法及安全信息告知游客。第四，做好应对突发事件的及时补救准备。在旅游过程中常常有可能遭遇突发事件，旅游经营者应当有充分的准备，防止因人为原因造成的事故。例如，为了规避重大涉旅交通事故风险，旅行社要选择合格的供应商，所选的旅游运输经营者应具备合法经营资质，证照齐全，同时要有完善的安全管理制度和保障措施、应急处置预案和相关赔付制度及赔付能力。

在实践中，涉旅交通事故涉及旅行社、旅游者、履行辅助人等旅游活动的多方当事人，也可能涉及旅游活动之外的第三人，加之事故或致害因素的复杂性，各方对事故责任认定与损害赔偿往往争议较大，容易产生纠纷。因此，从政府相关管理部门角度来看，首先，要推动旅游市场法治化、规范化发展，加强对旅游经营企业的审查和监管，切实保障旅游消费者和旅游经营者的权益。其次，不断完善旅游法律体系，对于旅游事故中发生争议的事件加以重视。最后，加强旅游安全知识科普，让游客在对自身安全有充分认识的情况下开展旅游活动。

第5章

旅行社服务管理案例

【**教学目的和要求**】 旅行社服务管理涵盖了在入境游、出境游、国内游三方面旅游企业对旅游者提供的各项服务。只有国际旅行社才能经营出境游，出境游涉及旅游保险、签证、领队小费等问题，而国内游只能是经审核批准可以经营国内游的旅行社才能够经营。旅行社不管是经营国内游还是出境游，一旦在旅行过程中出现问题，都需要遵守旅游目的地的法律法规，从而明确界定责任，维护游客权益。因此，通过对相关案例的描述，分析原因，剖析旅游企业处理此类事件的方式方法，有效地进行旅游企业行为规范的管理，为旅游企业经营管理实践提供参考和借鉴。通过对本章内容的学习，掌握旅行社管理方面相关的法律法规，掌握旅行社经营规范和服务管理制度，能够分辨旅行社及导游的违法违规行为。通过教学活动的开展，使学生牢固树立法治观念，了解旅游过程中容易出现的问题和纠纷，理解和掌握旅游纠纷的处理程序，增强妥善处理旅游纠纷和旅游投诉的能力。

【**关键词**】 出境游 纠纷 赔偿 保险 维护权益

【**主要适用法律法规**】

《中华人民共和国旅游法》

《中华人民共和国民法典》

《中华人民共和国消费者权益保护法》

《旅行社条例》

5.1 案例一：不满航班调整，离团能否获赔偿[①]

5.1.1 事件经过

上海游客胡先生报名参加了由东华旅行社组织的"澳大利亚、新西兰经典景致12 日游"，该旅游团共有 13 位游客，每人支付旅游费用人民币 23999 元。双方未签订书面的旅游合同，东华旅行社给每位参团游客发了一份出团通知书。出团通知书上的注意事项载明，团体机票不得签转、改期、退票；如遇不可抗力因素，旅行社有权改变及缩短行程；如遇客人临时中途更改或取消住宿、景点，将被视为自动放弃，不予退款；凡参加该旅行团的人员，均视为已认可出团通知书的上述说明。

在旅游行程的第十一天，按行程计划该旅游团 13 名游客要搭乘早上 6 时 30 分的航班，由新西兰的奥克兰飞往澳大利亚的墨尔本。然而，当旅游团队抵达机场后，却被告知所要搭乘的航班因机械故障取消。澳洲航空公司随即拟安排游客乘坐飞机从奥克兰到悉尼，再从悉尼转机抵达墨尔本，次日上午，再按原定的航班由墨尔本回上海。

但是，该旅游团 13 名游客坚决不认同航空公司和旅行社作如此安排，与旅行社方面产生了意见分歧。之后，胡先生等 13 名游客以 1568 新西兰元，购买了新西兰航空公司当晚 23 时飞往香港的机票，并于当天上午 9 时许入住奥克兰机场中心酒店休息。次日早上 6 时 30 分许他们抵达香港，9 时 30 分他们再搭乘由香港飞往上海的航班，于 12 时抵达上海。而该旅行团领队则按照原定的线路于 8 月 16 日也回到了上海。

事后，胡先生等 13 名游客分别起诉东华旅行社，要求旅行社退还每人未实现的旅游行程费用、额外支出的住宿费和交通费，以及适当承担未达标服务共计 1.8 万元。

法庭上，东华旅行社辩称，胡先生等 13 人组团参加"澳大利亚、新西兰经典景致12 日游"，原定在第十一天早上搭乘班机从奥克兰飞往墨尔本，但该航班由于机械故障被取消，当天没有再从奥克兰直达墨尔本的飞机，旅行社随即按澳大利亚航空公司的方案安排游客转乘飞悉尼的航班再转飞墨尔本，这样安排并不会影响胡先生等 13 名游客乘坐第二天返回上海的航班，也是当时可以将损失降到最低的一种选择。但是胡先生等13 名游客则提出旅行社这样安排旅途劳累，一定要当天从奥克兰飞香港再转回上海。旅行社领队无奈只得独自由奥克兰经悉尼转机墨尔本，次日从墨尔本回上海。东华旅行社

[①] 改编案例来源：杨富斌. 旅游法案例解析［M］. 北京：旅游教育出版社，2012：94 - 96.

认为，关于第十二天胡先生等 13 名游客尚未旅游的收费项目及其他可退费用，折合人民币每人 550 元可退还旅游者。

5.1.2 案情分析

《旅游法》第五十七条规定："旅行社组织和安排旅游活动，应当与旅游者订立合同。"第四十九条规定："为旅游者提供交通、住宿、餐饮、娱乐等服务的经营者，应当符合法律、法规规定的要求，按照合同约定履行义务。"第五十九条规定："旅行社应当在旅游行程开始前向旅游者提供旅游行程单。旅游行程单是包价旅游合同的组成部分。"

此案例中，胡先生等 13 名游客虽没有与东华旅行社签订旅游服务合同，但在出发前收到了旅行社的出团通知书并接受了出团通知，则双方的旅游合同法律关系即可成立。而因为所搭乘的澳洲航空公司航班的飞机故障取消了原定的航班，游客应当按照出团通知的约定，"如遇不可抗力因素，旅行社有权改变及缩短行程"，遵从旅行社的安排。而胡先生等 13 名游客诉称从奥克兰经悉尼到墨尔本时间长，旅途劳累，只得自行购票返回上海。而实际上澳洲航空公司安排的转机，在当天 21 时 40 分就能到达墨尔本，而胡先生等 13 名游客自行购票则是在当天 23 时起飞，整整一个晚上都在飞机上度过，次日还要经香港转机，这样的返程安排更加疲劳。

因此，胡先生等 13 名游客以路途劳累拒绝从悉尼转机的理由不能成立，从澳洲航空公司出具的证明及领队出入海关的印鉴，可以证明胡先生等 13 名游客陈述不实；从胡先生等 13 名游客自行购票的行为看，表明他们终止了与旅行社的合同关系；根据出团通知的约定，胡先生等 13 名游客购票经香港返回上海的机票及酒店、餐饮费用，应由胡先生等 13 名游客自行承担。因此，对胡先生等 13 名游客的起诉法院均不应予以支持。但是，东华旅行社应补偿胡先生等 13 名游客每人 550 元（含旅行社应退回的 65 澳元费用）。

5.1.3 案例启示

本案例中，东华旅行社没有与旅游者签订旅游合同，违背了《旅行社条例》第二十八条关于旅行社必须与旅游者签订书面旅游合同的规定。这应当由旅游行政主管部门按照《旅行社条例》第五十五条规定对其进行处罚：未与旅游者签订旅游合同，可以处 2 万元以上 10 万元以下的罚款。

　　参加旅行社组织的出境旅游需要保持旅游活动的一致性和安全性，在旅途中游客不要离团单独行动，本案例中胡先生等 13 名游客虽然是一起行动的，但与旅行社提供的行程计划是相违背的，如果胡先生等 13 名游客脱离了旅行社行程计划的安排而出了事故，游客自身将承担主要责任。

　　本案例中，航班因机械故障取消属于不可抗力，符合双方签订的旅游合同范畴。《旅游法》第六十七条规定："因不可抗力或者旅行社、履行辅助人已尽合理注意义务仍不能避免的事件，影响旅游行程的，按照下列情形处理：

　　（一）合同不能继续履行的，旅行社和旅游者均可以解除合同。合同不能完全履行的，旅行社经向旅游者作出说明，可以在合理范围内变更合同；旅游者不同意变更的，可以解除合同。

　　（二）合同解除的，组团社应当在扣除已向地接社或者履行辅助人支付且不可退还的费用后，将余款退还旅游者；合同变更的，因此增加的费用由旅游者承担，减少的费用退还旅游者。

　　（三）危及旅游者人身、财产安全的，旅行社应当采取相应的安全措施，因此支出的费用，由旅行社与旅游者分担。

　　（四）造成旅游者滞留的，旅行社应当采取相应的安置措施。因此增加的食宿费用，由旅游者承担；增加的返程费用，由旅行社与旅游者分担。"

　　在本案例中，胡先生等 13 名游客由于对旅行社返程航班的安排不满，已提前终止了旅游合同。而旅行社是因不可抗力而影响旅游行程的，应当将余款退还给胡先生等 13 名游客。而胡先生等 13 名游客由此增加的费用应该自行承担。

　　《民法典》第一百八十条规定："因不可抗力不能履行民事义务的，不承担民事责任。法律另有规定的，依照其规定。不可抗力是不能预见、不能避免且不能克服的客观情况。"现实生活中可以导致航班延误的原因有很多，大致可以分为天气原因、空中管制原因、罢工、航空公司原因等。因为飞机这一交通工具是集高新技术于一身的，出现机械故障在所难免。客观上来说，飞机机型越先进或越新，机械故障相对就少。根据民航的有关规定，航空公司对飞机要定期或不定期地进行检查以发现故障隐患，一旦发现故障隐患应及时排除以确保飞行安全；但客观规律仍然使得飞机有些故障是突发性的，即便航空公司规范地做好了飞行方面的各项检查，突发性的机械故障仍在所难免。例如，飞机刚刚起飞就发现驾驶舱玻璃有裂缝，为了安全需要即刻返回降落，自然会引起该航班的延误。当然在起飞前发现故障，故障排除及运力的再次安排也需要一定的时间，那么航班延误就发生了。这种航空公司不能预见、不能避免并不能克服的客观情况当属不可抗力。因此，本案例中，由于飞机发生部分机械故障而取消该次航班是属于不可抗力。

对于游客来说，游客在参团出行前一定要与旅行社签署旅游合同，并且要熟知旅游合同的内容，清楚地理解旅游合同中的每一项条款，这不仅是对游客自身权益的保障，也是避免出现旅游纠纷的重要前提。

5.2 案例二：受疫情影响变更或解除合同，能否全额退款①

5.2.1 事件经过

2019 年 12 月 20 日，游客张先生在某旅行社报名参加于 2020 年 1 月 27 日出发前往泰国的团队旅游，并签订了旅游合同，支付了团费。2020 年 1 月 24 日，文化和旅游部办公厅下发了《文化和旅游部办公厅关于全力做好新型冠状病毒感染的肺炎疫情防控工作暂停旅游企业经营活动的紧急通知》，要求全国旅行社立刻暂停经营出境及国内团队旅游业务，以及"机票＋酒店"产品。1 月 26 日，中国旅行社协会发出《致境内外旅游供应商、旅游业者的一封公开信》，呼吁境内外旅游供应商能尽快出台相关退改优惠措施，把中国游客的损失降至最低，给予中国旅行社行业支持和配合。2020 年 1 月 27 日，张先生以旅行社方取消了此次泰国游为由要求旅行社全额退款。

5.2.2 案情分析

《旅游法》第六十七条规定："因不可抗力或者旅行社、履行辅助人已尽合理注意义务仍不能避免的事件，影响旅游行程的，按照下列情形处理：

（一）合同不能继续履行的，旅行社和旅游者均可以解除合同。合同不能完全履行的，旅行社经向旅游者作出说明，可以在合理范围内变更合同；旅游者不同意变更的，可以解除合同。

（二）合同解除的，组团社应当在扣除已向地接社或者履行辅助人支付且不可退还的费用后，将余款退还旅游者；合同变更的，因此增加的费用由旅游者承担，减少的费用退还旅游者。

（三）危及旅游者人身、财产安全的，旅行社应当采取相应的安全措施，因此支出的费用，由旅行社与旅游者分担。

（四）造成旅游者滞留的，旅行社应当采取相应的安置措施。因此增加的食宿费用，由旅游者承担；增加的返程费用，由旅行社与旅游者分担。"

《民法典》第一百八十条规定："因不可抗力不能履行民事义务的，不承担民事责任。法律另有规定的，依照其规定。不可抗力是不能预见、不能避免且不能克服的客观情况。"

2020 年 1 月 24 日，文化和旅游部办公厅下发《关于全力做好新型冠状病毒感染的肺炎疫情防控工作暂停旅游企业经营活动的紧急通知》，要求全国旅行社及在线旅游企业暂停经营团队旅游及"机票 + 酒店"产品。对于因此而不能履行合同的当事人来说，新型冠状病毒感染的肺炎疫情（以下简称"新冠疫情"）属于《旅游法》和《民法典》所规定的不能预见、不能避免并不能克服的不可抗力。

在该案例中，广东游客张先生报名参加旅行社于 2020 年 1 月 27 日出发前往泰国的团队旅游，而 2020 年 1 月 24 日文化和旅游部办公厅下发通知要求全国旅行社及在线旅游企业暂停经营团队旅游及"机票 + 酒店"产品。因此，在这种情况下，双方当事人均有权解除合同。2020 年 1 月 24 日被认定为是此次新冠疫情作为不可抗力的时间节点。

张先生的旅游行程是在 1 月 24 日之后，对于已缴纳团费的退款按不可抗力因素执行。依据《旅游法》第六十七条第二款规定，合同解除的，组团社应当在扣除已向地接社或者履行辅助人支付且不可退还的费用后，将余款退还旅游者；合同变更的，因此增加的费用由旅游者承担，减少的费用退还旅游者。张先生属于与旅行社签订了旅游合同但还未出发的情况，旅行社应该扣除已支付且不可退还的费用后，将余款退还旅游者。也就是说并不一定能按照案例中张先生的要求全额退款。当然，张先生也可以与旅行社签署合同变更，可以在疫情过后再去旅游或在规定的时间内用完这笔费用即可。

5.2.3　案例启示

根据《旅游法》的规定，由于不可抗力造成合同不能继续履行的，双方当事人可以变更或解除合同。因游客受旅行时间的限制，一般不适合变更。鉴于政府对疫情的重视，对于本次新冠疫情，原则上未出行合同适用解除合同；对于已出行的可以继续履行或变更，因疫情影响，无法实现合同目的的也可以解除合同。

在费用退还方面，根据《旅游法》的规定，不可抗力造成合同解除的，组团社应当在扣除已向地接社或者履行辅助人支付且不可退还的费用后，将余款退还旅游者；合同变更的，因此增加的费用由旅游者承担，减少的费用退还旅游者。旅行社在退费时遵循以下六个基本原则：第一，旅游企业退还余款给旅游者；第二，国内游按大政策进行退费；第三，出境游按照目的地国或地区政策进行退费；第四，不能退返的费用应提供证明材料；第五，难以达成一致的游客通过司法途径解决；第六，旅游企业对游客作好解释工作。

对于国内游适用不可抗力解除合同，对于未出行的合同原则上旅游公司应予以退还全部费用，即便是已经支付的机票、酒店和景区门票费用也同样适用不可抗力解除合约退还。对于出境游合同，因为不同国家对疫情定性不同，以及商业风险因素，旅行社有可能发生已向地接社或者履行辅助人支付且不可退还的费用，如签证费、预付的不可撤销的机票、住宿费用等。

在 2020 年 1 月 24 日之前游客与旅行社签订了旅游合同并在 24 日前已出发的，旅行社可以采取以下处理措施：第一，如果是游客解除旅游合同的，旅行社扣除必要费用后退费；第二，如果是旅行社解除旅游合同的，旅行社则需要向游客退回全部旅游费用并赔偿损失；第三，如果是双方协商修改旅游合同的，按照协商结果执行；第四，如果认定是不可抗力的，扣除已支付且不可退回的费用后，将余款退还给游客。在 2020 年 1 月 24 日之后出发的团队，毫无疑问地按照不可抗力来执行，扣除已支付且不可退回的费用后，将余款退还给游客。

5.3 案例三：疫情影响医生出游，旅行社该如何退款

5.3.1 事件经过

周先生是某著名三甲医院呼吸科的医生，2019 年 12 月 10 日，周先生一家三口报名参加了广州某旅行社组织的 2020 年 1 月 23 日出发的"东欧 12 天之旅"，并签订了旅游合同，支付了旅游团费。但 1 月 22 日周先生接到单位通知，必须要参与新冠肺炎患者的救治工作，因此周先生无法按期参加已报名的该旅行团，正值春节之际，其家人也只能一并取消了该旅游行程。之后周先生要求旅行社退还一家三口的参团团费。

5.3.2 案情分析

《旅游法》第六十七条规定："因不可抗力或者旅行社、履行辅助人已尽合理注意义务仍不能避免的事件，影响旅游行程的，按照下列情形处理：

（一）合同不能继续履行的，旅行社和旅游者均可以解除合同。合同不能完全履行的，旅行社经向旅游者作出说明，可以在合理范围内变更合同；旅游者不同意变更的，可以解除合同。

（二）合同解除的，组团社应当在扣除已向地接社或者履行辅助人支付且不可退还的费用后，将余款退还旅游者；合同变更的，因此增加的费用由旅游者承担，减少的费用退还旅游者。"

《民法典》第一百八十条规定："因不可抗力不能履行民事义务的，不承担民事责任。法律另有规定的，依照其规定。不可抗力是不能预见、不能避免且不能克服的客观情况。"

依据《中华人民共和国医师法》（以下简称为《医师法》）第三十二条规定："遇有自然灾害、事故灾难、公共卫生事件和社会安全事件等严重威胁人民生命健康的突发事件时，县级以上人民政府卫生健康主管部门根据需要组织医师参与卫生应急处置和医疗救治，医师应当服从调遣。"

在本案例中，周先生是一名呼吸科的医生，要遵守《医师法》第三十二条的规定要求，服从单位调遣，必须要参与新冠肺炎患者的救治工作。因此，周先生不能如期跟团出游，属于不可抗力范畴。作为当事人的周先生是可以解除旅游合同的。但是周先生的两位家人本来是不符合这个不可抗力要求的，但出于对医护工作者在此次新冠疫情抗疫中奉献的回报，旅行社也完全应该考虑到周先生一家出游的初衷是家庭游，应该同时给予周先生两位家人与周先生一样的待遇，按照不可抗力的措施来处理，在扣除已向地接社或者履行辅助人支付且不可退还的费用后，将三人的余款退还周先生。

5.3.3 案例启示

从游客的角度来看，由于新冠疫情是传染性疾病导致的，传播性和感染性很强，在疫情暴发地区需要大量的医护工作者，而所有的医护工作者在疫情期间要遵守《医师法》等相关法律法规规定，在这种情况下，周先生接到单位通知，必须要参与新冠肺炎患者的救治工作，这是责无旁贷的职责所在，按照《旅游法》和《民法典》的规定是属于不可抗力的范畴。周先生可以与旅行社解除合同，要求旅行社退款，但旅行社不是全额退款，旅行社是要扣除已向地接社或者履行辅助人支付且不可退还的费用后（如扣除已发生的签证费等），将三人的余款退还周先生。其中，履行辅助人是指与旅行社存在合同关系，协助其履行包价旅游合同义务，实际提供相关服务的法人或者自然人。

从旅行社的角度来看，旅行社作为旅游企业应该严格遵守和执行国家颁布的各项法律法规，按照《医师法》规定，周先生取消旅游行程实属无奈，按照《旅游法》和《民法典》规定是属于不可抗力范畴的。但是周先生的两位家人取消行程解除旅游合同是不符合不可抗力范畴的。但是旅行社考虑到周先生一家的出行是家庭游，也考虑到这次新型冠状病毒感染的肺炎疫情救治控制过程中医护工作者的巨大奉献，应该给予周先生的家人跟周先生一样待遇。

5.4 案例四：未办好探亲签证，被海关拒绝入境①

5.4.1 事件经过

7月3日，廖某等一行4人计划赴马来西亚吉隆坡探亲，委托A旅行社办理签证，向A旅行社交款人民币2800元，并将护照等所需材料交给A旅行社。8月6日，廖某等4人持A旅行社为其办好旅游签证的护照飞抵吉隆坡，在吉隆坡海关被拒绝入境，由于语言不通，无法询问交流，随后，廖某等4人被带到移民局，分男女关押。8月7日，廖某等4人被遣送回国。廖某等4人向所在的省旅游质量监督管理所投诉，诉称A旅行社将廖某等4人要求办理的探亲签证办成了旅游签证，由于廖某等4人的探亲申请与护照签证上的内容不符，被怀疑有移民倾向，被马来西亚吉隆坡海关拒绝入境，导致无法实现其探亲目的，要求A旅行社承担过错责任，赔偿其往返机票费损失和在马来西亚吉隆坡海关被扣押的人格、精神损失，并要求A旅行社重新办好廖某等4人的签证以能赴马来西亚探亲。

而A旅行社事后辩称，当时客人来A旅行社办理签证时，其即告知客人代办旅游签证，客人并未表示异议。客人到马来西亚遭遇拒绝入境，A旅行社并无过错，对客人在马来西亚被拒一事无责任。

5.4.2 案情分析

《旅游法》第七十四条规定："旅行社接受旅游者的委托，为其代订交通、住宿、餐饮、游览、娱乐等旅游服务，收取代办费用的，应当亲自处理委托事务。因旅行社的过错给旅游者造成损失的，旅行社应当承担赔偿责任。

---

① 改编案例来源：2009年导游资格考试案例：吉隆坡遭拒入境［EB/OL］. 中大网校，2014-02-20.

旅行社接受旅游者的委托，为其提供旅游行程设计、旅游信息咨询等服务的，应当保证设计合理、可行，信息及时、准确。"

在本案例中，关键是要认定廖某等人委托 A 旅行社代办的是探亲签证还是旅游签证。若约定是办理探亲签证，而旅行社却办成旅游签证，很明显是旅行社未按约定履行义务，则要承担违约责任，并且因旅行社的过错给旅游者造成损失的，旅行社应当承担赔偿责任；若约定办理旅游签证，则旅行社不承担过错责任。而廖某等人委托 A 旅行社代办签证，由于双方当事人未签订书面的委托合同，致使发生纠纷时双方各执一词，难以认定该事实。

民事诉讼举证责任规则是"谁主张，谁举证"，即当事人对自己提出的诉讼请求所依据的事实有责任提供证据加以证明。没有证据或者证据不足以证明当事人的事实主张的，由负有举证责任的当事人承担不利后果。廖某等人对自己提出的委托 A 社办理探亲签证的事实无法举证，而且 A 旅行社对此否认，则廖某等人所主张的该事实不能成立。另外，廖某等人要求 A 旅行社承担因签证不符合要求导致他们在马来西亚被拒入境所受经济损失、精神损失的赔偿责任，廖某等人则要提供证据证明确实是因为 A 旅行社办证问题导致其在马来西亚被拒的因果关系。如果作为游客的廖某无法举证，即无法证明 A 旅行社代办签证与游客在马来西亚入境被拒之间存在因果关系，那么旅行社无须承担因被拒入境所受损失的过错赔偿责任。

《民法典》第九百二十九条规定："有偿的委托合同，因受托人的过错造成委托人损失的，委托人可以请求赔偿损失。无偿的委托合同，因受托人的故意或者重大过失造成委托人损失的，委托人可以请求赔偿损失。"但在本案例中，廖某等人既无法举证证明当时双方约定是代办探亲签证，又无法举证证明是国内旅行社代办签证问题致使他们被马来西亚拒绝入境，换言之，廖某等人无法举证 A 旅行社在这个事件中有过错，因此，让 A 旅行社承担违约赔偿责任缺乏事实根据。本案例不适用该条文处理。

《民法典》第四条规定："民事主体在民事活动中的法律地位一律平等。"第五条规定："民事主体从事民事活动，应当遵循自愿原则，按照自己的意思设立、变更、终止民事法律关系。"第六条规定："民事主体从事民事活动，应当遵循公平原则，合理确定各方的权利和义务。"第七条规定："民事主体从事民事活动，应当遵循诚信原则，秉持诚实，恪守承诺。"

因此，鉴于廖某等人因被拒绝进入马来西亚所遭受的巨大经济损失和精神损失，作为承办签证事务的 A 旅行社从道义出发，对游客遭遇深表同情，并退给代办手续费，帮助廖某等人重新办好探亲护照。旅行社的这种做法应该说是可取的。

5.4.3 案例启示

签证是一国政府机关依照本国法律规定为申请入、出或过境本国的外国人颁发的一种许可证明。旅游签证是一些国家专门为旅游者颁发的签证。旅游签证的特点是停留期短，一般为30天，最长为90天，一般不能延期。持旅游签证者目的仅为旅游，持旅游签证者不能在当地打工或从事与旅游无关的活动。另外，还有一种团体旅游签证，是旅游签证中的一种，其特点是签证不做在护照上，旅游者须随团集体入、出国境。

申请探亲签证的前提是有亲属在国外合法长期居住，需要对方发邀请并出具相关文件。以美国为例，美国探亲签证颁发给赴美从事探亲、访友及医疗治病活动的申请人，美国探亲签证的持有者不能在美国就业。申请人必须能证明其意图只是临时进入美国，目的仅为探亲访友活动。申请人还必须证明有充足的资金支付在美停留期间的费用，并证明其在本国有牢固的社会、经济和其他方面的联系以迫使其在美短期、合法访问后如期返回。

旅游签证和探亲签证在办理时所需材料有明显差异。比如探亲签证需要邀请人的相关材料，而旅游签证则不需要。因此，本案例中，旅行社没有按游客的要求办理所需签证，其中一个非常重要的因素便是游客并不清楚普通的旅游签证和探亲签证之间的差异，只是提供了普通旅游签证所需要的材料。而旅行社也没对游客进行这方面的详细介绍和问询。如果是委托旅行社代办签证的，一定要签署书面委托合同，明确双方当事人的权利和义务。不管目的是探亲还是旅游，当计划出入境时都需要通过各种途径全方位掌握多方信息，才能做到有备无患，游刃有余。

5.5 案例五：游客入韩遭监禁，责任应由谁承担[①]

5.5.1 事件经过

国内某市26名游客通过当地的常晴旅行社组团赴韩国旅游。26名游客均来自同一城市的一家农贸公司，是这家农贸公司作为年底对职工的奖励旅游而委托旅行社组团出发的。按照与旅行社签订的协议，每位游客的报团价格为3850元，计划旅游行程为6天。26名游客于11日中午12点左右在天津塘沽客运码头登船驶往韩国，但是该团26

---

① 改编案例来源：河北邢台27人旅行团韩国旅游被限制自由 ［EB/OL］. 河北新闻网，2011 - 12 - 14.

人搭乘的客轮在 12 月 12 日刚刚抵达韩国仁川，这些游客的人身自由就莫名其妙地遭到韩国警方的限制。据游客反映的情况，韩国警方说，有旅行社举报他们有移民倾向。经多方积极斡旋，在被韩国警方限制自由 12 小时后，这 26 名游客于 12 月 15 日凌晨 3 点抵达天津港。一次出国游就这样变成了异国 12 小时的监禁。

回国后，这 26 名游客首先找到旅行社反映诉求，但是旅行社只是口头答应全额退还团费，而对于该旅游团游客们提出的索要精神赔偿和名誉损失费的要求则没了下文。26 名游客遂将旅行社告上法院。该旅游团中的一位游客程先生说："到了海关，这个国际旅行社的带队导游就失踪了，我们就始终见不到她，打电话也不接，什么联系也没有了。进去之后，韩国方面就把我们关进了拘禁室。我们就强烈抗议。最后他们（韩国警方）把我们押解到一个船上的小房间里。我们感觉到非常委屈，旅行社必须要给我们一个解释和经济赔偿。"

经调查发现，由于当地的常晴旅行社不具有经营出境游的资质，必须委托其他具有国际游经营资质的旅行社来承接此次旅游服务，因此常晴旅行社将此团委托给另一家具备国际游经营资质的某国际旅行社。但由于两家旅行社在转团费用方面出现分歧，导致26 名游客抵达韩国后被警方软禁了 12 小时。

5.5.2　案情分析

在该案例中，第一，某市一家农贸公司的 26 名职工与该市常晴旅行社签订了旅游协议，每位游客交纳团费 3850 元，表明旅游者与该旅行社之间的旅游合同成立且有效。第二，作为组团社的常晴旅行社没有出境旅游经营资质，在组团后与某国际旅行社签订委托合同或转团合同，这在旅游业内也是常见的现象，若是旅游过程中未发生问题，游客根本不知道被转给其他旅行社了。如果两家旅行社签订了合同，且组团社常晴旅行社向某国际旅行社交付了团款与质保金，后者得以顺利出团，还委派了全陪带团领队随团出发，这就表明两家旅行社之间已签订的委托合同开始履行了。第三，当游客于 11 日中午 12 点左右在天津塘沽客运码头登船驶往韩国后不久，涉事的某国际旅行社突然给常晴旅行社打来电话，说游客有移民倾向，原来给 26 名游客办理的担保他们不再承认，要求给他们再打 50 万元的质保金。如果常晴旅行社不打款，游客到了韩国下不了船。对此，如果该国际旅行社有确凿证据证明他们所说属实，则游客后来发生的事情，应当由游客和常晴旅行社负责。如果该国际旅行社对游客有移民倾向没有确凿证据，那么，由此而对游客产生的一切损害和损失，就应由该国际旅行社承担。

最后，如果该国际旅行社提供不了证明游客有移民倾向的确凿证据，那么，他们给韩国方面打电话，导致韩国警方说（有旅行社举报）这批游客有移民倾向，并且将 26 名游客软禁超过了 12 小时，该国际旅行社便需要承担赔偿责任。

《旅游法》第九条规定："旅游者有权知悉其购买的旅游产品和服务的真实情况。旅游者有权要求旅游经营者按照约定提供产品和服务。"第三十六条规定："旅行社组织团队出境旅游或者组织、接待团队入境旅游，应当按照规定安排领队或者导游全程陪同。"第七十条规定："旅行社不履行包价旅游合同义务或者履行合同义务不符合约定的，应当依法承担继续履行、采取补救措施或者赔偿损失等违约责任；造成旅游者人身损害、财产损失的，应当依法承担赔偿责任。"在该案例中，涉事某国际旅行社派出的领队到了海关就失踪了，没有履行全程陪同旅游团队的义务。而该涉事国际旅行社没有履行包价旅游合同义务，没有按照约定为旅游者提供产品和服务，并造成旅游者人身损害、财产损失，应当依法承担赔偿责任。

《旅行社条例》第三十条规定："旅行社组织中国内地居民出境旅游的，应当为旅游团队安排领队全程陪同。"第三十九条规定："旅行社对可能危及旅游者人身、财产安全的事项，应当向旅游者作出真实的说明和明确的警示，并采取防止危害发生的必要措施。发生危及旅游者人身安全的情形的，旅行社及其委派的导游人员、领队人员应当采取必要的处置措施并及时报告旅游行政管理部门；在境外发生的，还应当及时报告中华人民共和国驻该国使领馆、相关驻外机构、当地警方。"而在该案例中，该旅游团到达韩国后，该旅游团的全陪领队失踪了。造成旅游者出境后既没有领队，也没有见到地陪导游，并且不知是何原因被韩国警方扣留，属于旅游者遇到的危险情况之一。在这种情况下，该全陪领队本应及时向我驻韩使馆报告，而他却逃之夭夭，属于严重违约。由此给旅游者造成的财产损失和精神损害，应当由该国际旅行社予以赔偿。至于该导游应当受到该旅行社的何种处罚，这要由该旅行社自行决定。而旅游行政主管部门应当按照有关规定给予该旅行社和该全陪领队一定的处罚。

5.5.3 案例启示

本案例中，作为被告的某国际旅行社在接受委托业务时存在以下问题。一是应当事先搞清楚该旅游团游客是否有移民倾向，并为此收取保证金及其在旅行社之间的委托合同中注明收取保证金的金额，否则不予出团。二是其派出的随团领队应当按照规定全程陪同旅游团队，但该领队到达韩国后不见踪影，也没有随团一同回国，这也是该涉事国际旅行社的责任。

本案例告诉我们，对旅行社来讲，其所提供的服务必须符合自身的资质条件，超出自身条件去提供旅游服务是具有一定风险的。旅行社不仅要依法办事，还要在自身能够承接的服务范围内运营，才能有效规避风险。

对于游客来讲，参团外出旅游，首先要在与旅行社签订旅游合同时，先查看该旅行社的资质，确定其拥有合法的组团资质或相关资质后，再检查其旅游产品是否存在安全隐患，以及旅行社是否帮游客投保旅行责任保险等。

从旅游法规视角看，旅游者是指以满足精神需求为目的而进行休闲、度假、观光、游览等旅游活动并与旅游经营者发生一定的旅游法律关系的人。《旅游法》第九条规定："旅游者有权知悉其购买的旅游产品和服务的真实情况。旅游者有权要求旅游经营者按照约定提供产品和服务。"旅游者支付费用、享受服务，其目的的主要是追求精神享受和愉悦。因此，旅游经营者一旦违约或提供的旅游服务与合同约定不符，便要赔偿游客的财产损失和精神损害。

5.6 案例六：老年游客参团出游中猝死，谁担责[①]

5.6.1 事件经过

2020 年 5 月，在同团游客沈某、丁某两位老人的推荐下，72 岁老人张某报名参加了某旅行社组织的"井冈山 4 日纯玩无购物游"。5 月 26 日 6 时 30 分，该旅游团从浙江萧山出发，在第一个景点江西上饶集中营革命烈士陵园参观了一个多小时。用过午餐后，旅游团前往龙虎山景区。在龙虎山景区，旅行社先安排游客住宿，随后让游客自由活动。晚餐时，不会饮酒的张某饮用了同团游客带来的白酒。22 时许，张某感到肚子疼，同团游客沈某打电话联系导游，导游叫了出租车，由游客沈某等人将张某送往龙虎山医院治疗。经检查，该院医生给张某打针配药后张某等人返回住处。

27 日凌晨 4 时左右，张某疼痛加剧，同团游客沈某马上联系导游，导游叫了同一辆出租车，由沈某等人将张某送往鹰潭市人民医院治疗。到达医院时，张某已经死亡，医院诊断为"不明原因猝死"。

事后调查发现，该团游客是由同团的沈某、丁某两位老人招徕的，旅行社按照人头给两人提成，提成可作为两人的旅游费用，两人与旅行社的合作关系已有四五年时间。其中，还有一个重要细节是该团签订的《杭州市境内旅游合同》，甲方为沈某一行等 52

---

① 改编案例来源：老年游客如参团出游中猝死，旅行社将承担多大责任？[N]. 国家旅游报，2020 - 11 - 13.

人，由沈某代表签名，且游客的团费也由沈某统一收取。后经沈某证实，自己在合同上签名只是应旅行社的要求，其他游客并不知情，他也未与其他游客说明。

5.6.2 案情分析

《旅游法》第五十七条规定："旅行社组织和安排旅游合同，应当与旅游者订立合同。"第六十二条规定："订立包价旅游合同时，旅行社应当向旅游者告知下列事项：

（一）旅游者不适合参加旅游活动的情形；

（二）旅游活动中的安全注意事项。"

在本案例中，作为旅行社，出行前未与全部旅游者签订书面旅游合同，没有履行好服务内容及健康相关的告知义务，侵害了旅游者的知情权和基于此作出判断并选择的权利。

《旅游法》第七十九条规定："旅游经营者组织接待老年人、未成年人、残疾人等旅游者，应当采取相应的安全保障措施。"《旅游法》第八十一条规定："突发事件或者旅游者安全事故发生后，旅游经营者应当立即采取必要的救助和处置措施，依法履行报告义务，并对旅游者作出妥善的安排。"在本案例中，在旅游过程中，旅行社提供的部分服务不符合老年旅游者的身体状况，比如午饭后至当天住宿地的车程中未做休息等，不符合相应行业标准的要求，且旅客因身体不适两度就医，但旅行社都没有第一时间拨打紧急救助电话，都只安排同一辆出租车送医，延误了抢救时机，且第一次仅让沈某陪同张某就医，没有履行合理保障和必要的救助等安全保障义务。

《民法典》第一千一百九十八条规定："宾馆、商场、银行、车站、机场、体育场馆、娱乐场所等经营场所、公共场所的经营者、管理者或者群众性活动的组织者，未尽到安全保障义务，造成他人损害的，应当承担侵权责任。"因此，若经营者尽到了安全保障义务，则无须承担赔偿责任。在本案例中，旅行社在明知旅游者张某是72岁高龄老人的情况下，不对老人的身体状况进行了解，也未尽到安全提示义务，在老人身体不适时，更未及时拨打求助电话，未尽到安全保障义务。

《民法典》第一百七十一条规定："行为人没有代理权、超越代理权或者代理权终止后，仍然实施代理行为，未经被代理人追认的，对被代理人不发生效力。"可以看出《民法典》中明确了代理人如果无权限或超越权限签订的代理合同是没有效力的。在本案例中，沈某有偿为旅行社招徕游客，属于兼职业务员性质，他代替其他游客所签订的旅游合同不具备法律效力，其统一收钱的行为也属于旅行社的业务行为，而非游客授权。

《消费者权益保护法》第八条规定："消费者享有知悉其购买、使用的商品或者接受的服务的真实情况的权利。消费者有权根据商品或者服务的不同情况，要求经营者提供商品的价格、产地、生产者、用途、性能、规格、等级、主要成份、生产日期、有效期限、检验合格证明、使用方法说明书、售后服务，或者服务的内容、规格、费用等有关情况。"在本案例中，事后沈某证实，在合同上签名只是应旅行社的要求由他一人签署的，其他游客并不知情，他也未与其他游客说明，其他游客无法获知享有的购买和接受的服务的真实情况，侵犯了其他游客的知悉真情权。

旅游者人身安全是其旅游过程中最基本的权利，尤其在旅行团中有老年人的情况下，更应充分考虑老年人的身体状况、参与能力和可能的风险，保障旅游者的基本权利。依据《旅行社管理条例》第五十六条规定：未与旅游者签订旅游合同，应该由旅游行政管理部门责令改正，处 2 万元以上 10 万元以下的罚款；情节严重的，责令停业整顿 1 个月至 3 个月。

5.6.3　案例启示

"银发游"是指老年旅游。对于那些有积蓄又有退休金或养老金的老年人群体来说，外出旅游已经成为他们晚年生活的"标配"，很多喜欢旅游的老人，甚至一年当中大部分时间都是在外面度过的，可以说，他们不是在看风景，就是在前往看风景的路上。2016 年 3 月 1 日国家旅游局出台《旅行社老年游服务规范》，要求旅行社应为百人以上的老年团配备随团医生，75 岁以上的老年旅游者应请成年直系家属签字等。

从游客角度来看本案例，要注意以下几方面。

第一，作为老年旅游者，在旅游前一定要做好健康检查，确保对自己的身体状况有一个深度全面的认识，加强自身的安全意识，切勿在不会饮酒的情况下饮酒。在遇到危险和伤害及时就近就医，同时报警求助，保留证据，做到有备无患。

第二，事故发生后，本案例中的逝者家属可以侵权之诉提起民事诉讼。依照《旅游法》的相关规定维护旅游者的安全保障权、知悉真情权及获得赔偿权等合法权益，向旅行社索求赔偿。

第三，在日后的参团旅行中应选择口碑比较好的旅行社，不轻信没有安全保障的低价旅游产品，并做好一些安全知识储备。且务必在出游前告知成年亲属，由其帮助评估出游风险，共同关注旅游安全。

从旅游经营者角度来看本案例，要注意以下几方面。

第一，事故救助措施要妥当。游客遭遇突发事故，旅行社的救助措施要及时、妥当。本案例中，张某突发疾病，同在一幢楼住宿的导游应该首先赶到现场，同时马上送游客到医院检查。作为经营者，旅行社拨打"120"较为妥当，这也是老年旅游服务标准的要求。本案例中，导游如果在游客第一次感到不适时就拨打"120"，游客就会被直接送到鹰潭市人民医院，就可以赢得宝贵的6小时抢救时间，也许就可以避免游客猝死的严重后果。

第二，面对争议要有积极的态度。旅行社应秉承妥当解决争议、不扩大损失的原则。本案例中，原告律师曾两次试图促成双方和解，但旅行社均拒绝了和解要求。原告律师曾建议旅行社先赔偿游客一定金额，再由其协助旅行社将这起事故中旅行社一方的责任阐述清楚，帮助旅行社同保险公司沟通获得赔偿金，达到旅行社不掏钱或者少掏钱的目的。但是，旅行社拒绝了这一方案。如果一开始旅行社接受了调解建议，客观描述自身的责任，并据此向保险公司理赔，保险公司大概率不会拒赔。

第三，责任认定要有依据。发生事故后，旅行社是否有责任，可以从以下四个方面的责任认定环节进行衡量：一是旅游服务本身是否存在不合理的安全隐患；二是针对安全隐患是否采取了周全的防范措施；三是针对难以防范的安全隐患是否向游客做出明确的告知、警示；四是事故发生之后救助措施是否及时、恰当。只要以上这四个方面中有一个环节存在瑕疵，旅行社都有可能承担损害赔偿责任。而出游前，旅行社未尽相应风险告知、提示义务；旅游行程中及事发后，亦未根据实际情况履行合理保障及必要救助等安全保障义务。由此，旅行社存在较大过错，且与游客张某猝死的后果存在因果联系，应承担相应侵权责任。

第四，在日后旅行社设计旅游产品时，要充分考虑潜在游客群体的特殊情况。本案例中，游客都是居住在农村的老年人，外出旅游的机会较少，应对突发情况的能力相对较弱，身体健康方面的风险较高，这些因素都是要考虑到的。合同签订一定要规范，本案例的问题在于，沈某属有偿为旅行社招徕游客，系兼职业务员性质，其在旅游合同上签名，不能代表其他游客，其统一收钱的行为也属于旅行社的业务行为，而非游客授权。

第五，对全体员工进行旅游安全意识教育，提醒游客在旅游过程中的可预见风险，当老年游客参与不适合他们的危险的旅游项目时，要加以劝阻；旅行社应制定、实施旅游安全工作细则，针对本旅行社的老年旅游产品，预见各种可能发生的安全隐患，提出预防措施、事故处理预案。

从政府管理部门角度来看。

首先，有关部门应出台针对老年游客的特殊服务要求，在指导旅游景区建设中注重对老年人群的人性化关怀。其次，完善旅游安全救援机制。《旅游法》第八十二条规定："旅游者在人身、财产安全遇有危险时，有权请求旅游经营者、当地政府和相关机构进行及时救助。"因此，应该建立健全专业化与社会化、政府救助与商业救援相结合的旅游紧急救援体系。最后，健全旅游保险体系，减少安全事故损失。国家和地方旅游管理部门应加大宣传力度，使旅游者尤其是老年旅游者增强保险意识，积极主动购买某些意外险种，使自己的人身和财产安全多一个保障。

近年来，"银发游"的巨大市场潜力不断显现。如何为老年人提供合适的旅游产品和服务，如何让老年人融入新旅游行列，如何提高老年人的旅游法律意识，如何完善"银发旅游"的执行规范，是当前老年旅游市场发展中需要解决的问题。

5.7 案例七：微信招徕亲子游，某服务公司被查处[①]

5.7.1　事件经过

2021 年 5 月 10 日，A 市文化广电旅游体育局收到市民举报，A 市某商旅服务有限公司涉嫌未经许可经营旅行社业务。执法人员对当事人进行远程勘验，发现该商旅服务公司所属的某亲子游微信公众号中发布了涉及详细旅游行程介绍、报名费用及支付方式等旅游线路招徕与经营信息。后经现场调查，当事人未取得"旅行社业务经营许可证"，违反了《旅游法》第二十八条的规定。依据《旅游法》第九十五条第一款的规定，A 市文化广电旅游体育局对当事人作出罚款 25000 元的行政处罚，对直接负责人谭某某处以罚款 5000 元的行政处罚。

5.7.2　案情分析

《旅游法》第二十八条规定："设立旅行社，招徕、组织、接待旅游者，为其提供旅游服务，应当具备下列条件，取得旅游主管部门的许可，依法办理工商登记：

（一）有固定的经营场所；

（二）有必要的营业设施；

（三）有符合规定的注册资本；

---

① 改编案例来源：2021 年广州市列入广东省未经许可经营旅行社业务、"不合理低价游"专项整治行动十大指导案例［EB/OL］. 广州市人民政府，2022 - 06 - 27.

（四）有必要的经营管理人员和导游；

（五）法律、行政法规规定的其他条件。"

《旅游法》第九十五条规定："违反本法规定，未经许可经营旅行社业务的，由旅游主管部门或者市场监督管理部门责令改正，没收违法所得，并处一万元以上十万元以下罚款；违法所得十万元以上的，并处违法所得一倍以上五倍以下罚款；对有关责任人员，处二千元以上二万元以下罚款。"

因此，在本案例中，涉事的 A 市某商旅服务有限公司未取得旅游主管部门的许可、未取得"旅行社业务经营许可证"，不具备从事旅游业务的资格，不能进行旅游宣传，不能从事招徕游客的业务，违反了《旅游法》第二十八条的规定，属于违法经营。依据《旅游法》第九十五条第一款的规定，A 市文化广电旅游体育局对 A 市某商旅服务有限公司作出罚款 25000 元的行政处罚，对直接负责人谭某某处以罚款 5000 元的行政处罚。

5.7.3 案例启示

旅游业务是特许业务，旅游企业或旅行社必须要取得旅游主管部门的许可后，才能够经营旅游业务。旅行社是从事旅游业务的主体，要按照规定缴纳旅游服务质量保证金和旅行社责任险，提供旅游服务的旅行社要具备《旅游法》第二十八条规定的条件。

目前，旅游者在微信群报名组团出游很常见。从游客的角度来看，游客选择旅行社时，要了解旅行社的资质，选择合法、诚信的旅行社，注意查看旅行社的"旅行社业务经营许可证"和工商"营业执照"，并与旅行社签订旅游服务合同，合同中应明确旅游线路、旅游行程、景点、交通、食宿安排及标准、双方的权利义务、违约责任等内容。这样才能使旅游服务得到一定的保障。

第6章

旅游购物服务管理案例

【教学目的和要求】 随着人们旅游需求的增长，很多企业通过给予旅行社折扣的方式吸引旅行社带游客去企业参观采购，以促进其产品销售。近几年关于旅游购物产生纠纷的事件有很多。因此，通过对本类案例的描述，分析原因，剖析旅游企业应对此类事件的方式方法，有效地进行旅游企业行为规范的管理，为旅游企业经营管理实践提供参考和借鉴。通过对本章内容的学习和分析，使学生了解旅游购物行为的自愿性、理性化趋势，掌握旅游购物行为模式管理的内容，理解和掌握对旅行社旅游购物的管理措施，提高学生运用法律法规维护旅游者权利、化解矛盾纠纷的能力。

【关键词】 微信旅游群 纯玩团 旅游购物

【主要适用法律法规】

《中华人民共和国旅游法》

《中华人民共和国消费者权益保护法》

《中华人民共和国民法典》

《旅行社条例》

《导游人员管理条例》

6.1 案例一：港澳纯玩团不买珠宝不让走①

6.1.1 事件经过

"每个人仅需交 460 元团费，就可参加'港澳 6 日纯玩游'"。这是甲市某旅行社的旅游广告，是面对微信报名旅游的"公益项目"，市民张女士及众多好友都动心了，她们通过微信支付了团费，领取了旅游合同。一共有 33 人微信报名 460 元港澳纯玩团。然而，等待她们的却是被强制购物的港澳游噩梦。最可气的是，花了不少钱买来的珠宝手表，一鉴定都是假的！

市民张女士年近六旬，在微信群里有一群老伙伴。5 月中旬，梁某成了张女士的微信好友，她自称是某旅行社的，若张女士有旅游需求随时可以找她。随后，梁某通过朋友圈发布了一则"通知"。"通知"的大意是：目前港澳旅游处于低潮，当地旅游主管部门发布优惠政策，对内地游客赴港澳游给予交通补贴 1500 元（包括往返机票、大巴费用）。在此基础上，推出公益项目"港澳 6 日纯玩游"，55 周岁以下游客只需每人交 460 元，就可报名参加。梁某还在朋友圈里发布了具体日程安排，并再三"郑重声明"：没有强制购物，没有隐形自费项目。张女士及其好友总计 33 人，分别支付了团费，领取了旅游合同。

5 月 25 日，张女士等人抵达深圳，与地接导游会合，踏上了港澳游的旅程。他们万万没有料到，等待他们的竟是一场噩梦。游玩景点的第一天，每个景点基本上是走马观花，只给十几分钟的拍照时间。游客们只好上气不接下气地上车、下车、跑步、拍照。而从第二天开始，导游就开始领着游客进指定购物店，不购物不让出来。在一家珠宝店，导游说这个团必须购买总计 10 万元的珠宝。张女士这个旅游团队每名游客平均要消费 3000 多元。由于迟迟凑不到这个金额，33 人被扣留在店内长达 3 个多小时，不买够 10 万元珠宝不能出店。并且由于最终购物仍未达标，午餐时游客的饭菜只有水煮白菜、咸菜和发馊的米饭。因为证件都被导游收走了，游客们谁都不敢离队。接下来的几天内，类似的场景重复出现。

游客们回到甲市后还发现，他们购买的"金镶玉吊坠"，在当地玉器店内标价为 2 万至 20 万元，其中一款打一折后售价 4999 元，但回家后经鉴定却是工艺品，仅值 300 元。

---

① 改编案例来源："460 元港澳纯玩团"不买 10 万珠宝不让走 [EB/OL]. 搜狐网，2016 - 06 - 07.

回到甲市后，发现上当受骗的游客们向旅游质监部门投诉，要求旅行社协助买了珠宝的游客向商家办理退货退款事宜。

根据游客诉求，经协调该旅行社负责人和游客进行协商，双方最终达成调解协议：由该旅行社负责接受退货游客的全权委托，携带物品及购货凭证返回香港购物店，办理退货事宜，退回的现金全额返还给游客。

6.1.2　案情分析

《旅游法》第三十五条规定："旅行社不得以不合理的低价组织旅游活动，诱骗旅游者，并通过安排购物或者另行付费旅游项目获取回扣等不正当利益。旅行社组织、接待旅游者，不得指定具体购物场所，不得安排另行付费旅游项目。但是，经双方协商一致或者旅游者要求，且不影响其他旅游者行程安排的除外。发生违反前两款规定情形的，旅游者有权在旅游行程结束后三十日内，要求旅行社为其办理退货并先行垫付退货货款，或者退还另行付费旅游项目的费用。"

在本案例中，旅行社违法低价组团购物获取暴利是这次纠纷产生的根本原因。旅游消费者要从多角度来衡量旅行社的优劣，要跳出只求价格、不顾服务质量的误区。构成旅游价格不同的因素有很多，如交通工具、住宿饭店的等级、餐饮标准、导游等级、行程路线等的不同都会影响旅游价格，千万不要贪图便宜的团费而选择难以保证服务质量的旅行社。

《旅行社条例》第二十七条明确规定，旅行社不得以低于旅游成本价的报价来招徕旅游者；第三十三条规定，旅行社及其委派的导游人员或领队人员不得欺骗、胁迫旅游者购物或者参加需要另行付费的游览项目。此外，第五十三条还规定，旅行社以低于旅游成本的报价招徕旅游者的，由价格主管部门依法给予处罚。第五十九条规定，旅行社及其委派的导游人员和领队人员欺骗、胁迫旅游者购物的，对旅行社，由旅游行政管理部门或者工商行政管理部门责令改正，处十万元以上五十万元以下的罚款；对导游人员和领队人员，由旅游行政管理部门责令改正，处一万元以上五万元以下的罚款；情节严重的，吊销旅行社业务经营许可证、导游证或领队证。

在该案例中，旅行社以 460 元的价格组团港澳 6 日游，从常理推断，属于明显低于旅游成本价，其行为违反了《旅行社条例》的相关规定，应该认定为"胁迫旅游者购物"。根据《旅游法》的规定，该旅行社以 460 元价格组团赴港澳游 6 日，明显属于"以不合理的低价组织旅游活动，诱骗旅游者"。导游人员在购物活动中的行为属于"强迫旅游者购物"，违反了《旅游法》第三十五条和第四十一条之规定。

在本案例中，由于旅行社存在强迫购物行为，按照《旅游法》第三十五条第三款的规定，旅游者有权在旅游行程结束后三十日内，要求旅行社为其办理退货并先行垫付退货，即旅游者可以要求旅行社直接承担退货并垫付货款，而不是协助退货问题。

6.1.3 案例启示

对于游客来说，许多游客与旅行社签订合同时，更多关注旅游报价，而对旅游合同具体内容不够重视，更不会考虑低团费后的陷阱。旅游购物和自由活动约定，往往纠纷多发。游客被带到旅游购物点后，由于好奇心和好面子心理，很容易掉入旅行社设计的购物圈套。随着人们生活水平的不断提高，大多数游客都会在旅行过程中购买一些旅游纪念品、土特产等。由于旅客一般对旅游地产品的信息知之甚少，购买商品多在旅行社安排的购物商店或导游推销和诱导的购物商店。一些旅游购物商店，商品信息不透明、不公开，人为抬高商品价格，并给导游支付回扣。有的商家还将游客看作一次性顾客，以次充好，欺骗游客。旅行社、导游与购物商店之间形成了不正当的利益关系，游客利益受到侵害。

《旅游法》第三十五条的规定："旅行社不得以不合理的低价组织旅游活动，诱骗旅游者，并通过安排购物或者另行付费旅游项目获取回扣等不正当利益。"但类似本案例中的先低价诱哄再强迫游客购物的情况，现实中仍然存在。

对于旅行社来说，建议旅行社与旅游消费者协商一致或应游客要求指定具体购物场所或安排另外付费的旅游项目时，双方应签订书面补充协议。同时旅行社还要加强对导游人员的综合素质培训，尤其是加强法律知识培训。

对于旅游行政管理部门来说，应当严格执行《旅游法》的相关规定，规范执法，对旅行社以不合理低价组织旅游者、指定具体购物场所、强迫旅游者购物等行为应当按照法律法规予以处罚。总的说来，对于合理解决旅游购物纠纷问题，需要从多方面入手。

（1）严格控制旅游产品物价。

对旅游产品加强价格监管，使旅游购物店获取合理的利润，可以减少诱导购物现象的发生。因此，政府应当出台物价控制措施，合理掌控旅游产品的定价权，设置价格的弹性变化区间，防止物价剧烈波动。此外，还应严查旅行社与购物店私下勾结及哄抬物价，制定价格违法行为处罚办法。

（2）规范旅游合同行为。

《旅游法》对包价旅游合同的订立、变更、解除、违约作了详细规定，不仅赋予游客随时终止旅行合同的权利，保障了人身自由不受限制，而且还规定了造成游客人身损害、滞留的惩罚性赔偿。这对于遏制强迫购物等严重违约行为具有重要意义。

6.2 案例二：导游擅自增加购物点并强迫游客购物[①]

6.2.1 事件经过

四川阿坝州导游管理服务有限公司导游秦某，于 7 月 19 日经某旅行社委派带领来自北京等地散客旅游团赴黄龙、九寨沟游览。该团在前往黄龙景区途中，秦某以高山缺氧需要氧气以防高原反应为由，在明知当地政府物价部门对氧气 25 元/瓶定价的情况下，向旅游者以 50 元/瓶的价格进行宣传，动员购买，并将旅游汽车开至某高原供氧中心，让该中心人员上车向游客销售氧气。当旅游者进入黄龙景区发现当地的氧气销售点价格低于导游秦某所宣传推销的价格并质疑后，秦某则以 50 元/瓶是人用氧，20 ~ 30 元/瓶不是纯氧，是工业用氧的谎言欺骗旅游者。事后，旅游者得知真相深感受骗，在《人民日报》上披露了导游秦某欺骗旅游者消费的行为。

四川省旅游执法总队经调查取证后认为，当事人秦某欺骗旅游者消费的行为，违反了《导游人员管理条例》第十六条的规定，造成了不良社会影响，情节严重。根据《导游人员管理条例》第二十四条的规定，作出吊销当事人秦某导游证的处罚。同时，责令委派导游秦某的涉事旅行社停业整顿。

6.2.2 案情分析

《旅游法》第四十一条规定："导游和领队应当严格执行旅游行程安排，不得擅自变更旅游行程或者中止服务活动，不得向旅游者索取小费，不得诱导、欺骗、强迫或者变相强迫旅游者购物或者参加另行付费旅游项目。"

作为导游人员应当严格遵守《导游人员管理条例》等法规和规章制度，依照国家标准《导游服务质量》的规范要求，严格执行旅游团队接待计划，切实做到诚信服务和提供优质旅游服务，不得为牟取个人利益而擅自增减旅游项目欺诈游客消费。《导游人员管理条例》第十五条规定："导游人员不得向旅游者兜售物品或者购买旅游者的物品。"第十六条规定："导游人员进行导游活动，不得欺骗胁迫旅游者消费或者与经营者串通欺骗旅游者消费。"在本案例中，导游秦某的行为就是一种明显地向旅游者兜售物品、

---

① 改编案例来源：采取欺骗方式强迫游客购物案［EB/OL］. 法律快车，2020 – 01 – 15.

欺骗旅游消费者的行为，违反了《导游人员管理条例》的规定，造成了不良社会影响，情节严重。《导游人员管理条例》第二十四条规定："导游人员进行导游活动时，欺骗、胁迫旅游者消费或者与经营者串通欺骗、胁迫旅游者消费的，由旅游行政管理部门责令改正，处 1000 元以上、3 万元以下的罚款；有违法所得的，并处没收违法所得；情节严重的，由省、自治区、直辖市人民政府旅游行政管理部门吊销导游证并给予公告；对委派该导游人员的旅行社给予警告直至责令停业整顿；构成犯罪的，依法追究刑事责任。"因此，当地旅游行政管理部门依法作出了吊销当事人秦某导游证的处罚。同时，责令委派导游秦某的旅行社停业整顿。

旅游消费者在旅行出游前应该适当了解旅游目的地的相关信息，特别是对高原地区等特殊区域的地理气候状况，需要了解相关基本旅行知识并做好物资准备。在旅游团队旅游过程中出现急需处理的违约或违规问题时，应立即拨打组团社或当地旅游主管部门公布的旅游投诉电话，并注意保存和收集有效证据。

6.2.3 案例启示

对于游客来说，外出旅游除携带必备物品外总想购买一些当地的特产或纪念品，因此，在旅游景区购物消费时要注意以下几点。第一，做好出行的信息查询工作。游客在出行前可通过网络、杂志、书籍等媒体先了解一下当地的地理气候、风土人情、特产或纪念品的品种和质量，做到心中有数。第二，购买前进行多方比较。一般情况下，旅游景点的商品千篇一律，游客在购买旅游商品时要货比三家，通过多方比较才能购买到同类性价比较高的商品。第三，坚持自愿购物原则。现在零团费或负团费的现象较为严重，组团社不支付地接社任何费用，而只将游客转给地接社。地接社的利润及导游费均来自相应的回扣，这是直接导致导游或领队强迫游客购物的根本原因。第四，索要购物发票，关注旅游商品的售后服务。作为旅游消费者要善于维护自身的合法权益，要根据合同约定和旅游中的实际情形，及时与导游或领队沟通，对于有些涉及安全和违约的事项要及时提醒，并直接与导游或领队交涉。当旅游过程中出现问题时，旅游消费者要及时向旅行社和旅游主管部门反映或投诉，以避免或减轻自身合法权益受到损害。

对于旅行社来说，应该加强导游人员的管理和业务培训。旅行社要对导游或领队强化管理，加强考核，及时听取游客反馈，对不遵守旅游法律法规和本旅游企业各项规章制度的导游人员或领队要及时严肃处理，要以严格的制度保证导游人员或领队保质保量完成旅游服务任务。

从旅游主管部门方面来说，要加强对旅游市场的监管，加强对违法违规导游和领队的查处力度，使导游或领队为旅游消费者提供规范的旅游服务。

6.3 案例三：旅游购物质价不符，责任谁负[①]

6.3.1 事件经过

南京杨女士参加某旅行社组织的旅游团到四川峨眉山游览，在游览过程中遇到一位"寺庙和尚"向她推销"开光玉佛"的装饰物，"和尚"声称佩戴这尊玉佛可以消灾祛病。杨女士身患多种慢性病很多年了，听完"和尚"的推销便花 600 元买下一枚"开光玉佛"。回到家后，杨女士并未感觉到"开光玉佛"的灵验，到一家珠宝店咨询核对价格，发现其所购玉佛的价格远高于市场价，顿觉上当受骗，即向所在城市的旅游行政管理部门进行投诉，提出自己在旅游时购买的这尊玉佛质价不符，旅行社有不可推卸的责任，要求旅行社承担 600 元的购物损失。

6.3.2 案情分析

《旅游法》第三十五条规定："旅行社不得以不合理的低价组织旅游活动，诱骗旅游者，并通过安排购物或者另行付费旅游项目获取回扣等不正当利益。旅行社组织、接待旅游者，不得指定具体购物场所，不得安排另行付费旅游项目。但是，经双方协商一致或者旅游者要求，且不影响其他旅游者行程安排的除外。发生违反前两款规定情形的，旅游者有权在旅游行程结束后三十日内，要求旅行社为其办理退货并先行垫付退货货款，或者退还另行付费旅游项目的费用。"在本案例中，杨女士是向景区内没有固定销售店铺的销售人员购物，不是旅行社指定或安排的购物店，所购物品出现问题旅行社是不承担责任的。

《旅游投诉处理办法》第五条的规定，旅游投诉由旅游合同签订地或者被投诉人所在地县级以上地方旅游投诉处理机构管辖。在本案例中，杨女士向所在城市的旅游行政管理部门进行投诉，符合有关旅游纠纷管辖的规章要求。

《消费者权益保护法》的规定，经营者提供的商品或者服务不符合质量要求的，消费者可以依照国家规定、当事人约定退货。在本案例中，杨女士虽然是在旅游期间发生

---

① 改编案例来源：主观题案例［EB/OL］. https://zhishi.shangxueba.com/YGFJQ7H9.html.

的购物行为，但是却属于个人自行购物的行为。如果杨女士所购买的商品有质量问题，杨女士可以向生产或销售该商品的企业要求赔偿，而旅行社没有义务承担该事件的责任。另外，杨女士所购"开光玉佛"不是一般意义的旅游商品，不能够直接使用《消费者权益保护法》所规定的"质价相符"的条款处理该事件。

6.3.3 案例启示

一直以来，旅游购物中的退货问题引发的争议较多，旅游者要求退货时，旅行社一般会以种种理由予以推托。除《旅游法》第三十五条规定的旅行社办理退货并先行垫付退货货款义务外，为避免退货引发纠纷，建议旅行社经与旅游者协商一致或者应旅游者要求指定具体购物场所、安排另行付费旅游项目时，双方应另行签订书面补充协议，除了载明购物场所和另行付费旅游项目的名称、地址、联系方式、安排的日期、停留的时间、可能存在的消费风险外，还应明确约定旅行社的协助退货义务。通过合同事先约定，既是对旅行社的约束，也是对旅游者权益的保障。

从旅游主管部门来看，需要加强对涉事旅游景区的管理，对于在景区售卖旅游商品和土特产等物品的人员和单位进行规范化管理，制定相关的管理条例，强化旅游市场的监管措施。

6.4 案例四：境外旅游购物退税有问题该找谁

6.4.1 事件经过

林女士于 6 月 21 日在广州参加了某一旅行社的土耳其 12 天全景大环游，该团共有 20 位游客，领队是具有 5 年带团经验的黄小姐。由广州飞往伊斯坦布尔，抵达土耳其后地陪导游接机，开始了土耳其之旅，一路上游玩甚是欢快。在土耳其境内旅游中的某一天，在土耳其地陪导游带领下去到一家皮衣店购物，该皮衣店还设计了游客与模特一同走 T 台的体验项目，使得游客对于模特展示的皮衣印象深刻，激发了购物欲望。表演完，现场的解说人员介绍了皮衣并说明所有皮衣的售价都是税后价，也讲了商家是会给所有游客一定的优惠折扣。然后游客就进入皮衣销售区域挑选各款皮衣，该皮衣店主要是销售那种可双面穿的皮衣，也销售一些皮制的钱包、挎包和背包。在该皮衣店林女士购买了那种轻便不易折皱的、可双面穿着的皮衣，支付了现金 50 美元和刷银行卡 450 美元，合计是一共支付了 500 美元。7 月 2 日在伊斯坦布尔机场准备乘飞机回国，在机场林女士要求办理退税，土耳其地陪导游带她找到机场工作人员，但机场工作人员帮她在电脑里面登记后并没有退钱给她，而土耳其的地陪导游叫她找领队黄小姐，引发林女士对领队黄小姐的不满。在飞机上林女士向领队黄小姐提出退税一事，从而引发双方争吵，领队黄小姐解释说：这个商品的增值税，一般商家优惠打折给了客户之后会和客人说这个是税后价，这个增值税属于商家，因为如果是刷卡支付的，国家政府是要向商家收取大概 8% 的增值税。如果商家有退税给客人，会给客人一张退税发票单据，发票单据上会有退税金额，在没出土耳其海关前在机场指定地点盖章，然后过了土耳其海关之后（出境后，到指定地点取钱）。到达机场候机时，林女士要求领队黄小姐说明为何在伊斯坦布尔机场登记了相关信息而没有退税，并将购物单据发给领队黄小姐，怀疑领队黄小姐克扣了她的购物退税并泄露其护照等私密信息，并将在机场与领队黄小姐争吵的过程录像。

回到广州后林女士将此事投诉到旅行社和广州旅游局，要求赔偿，退回她此次旅行所交纳的团费。

6.4.2　案情分析

《旅游法》第四十一条规定："导游和领队应当严格执行旅游行程安排，不得擅自变更旅游行程或者中止服务活动，不得向旅游者索取小费，不得诱导、欺骗、强迫或者变相强迫旅游者购物或者参加另行付费旅游项目。"

本案例中涉及游客在土耳其消费退税的问题，目前关于游客在土耳其购物退税的现实情况是，游客在土耳其某商店购物，一般来讲，商家给予游客的账单上显示的是"完税价"，增值税和服务费都包括在内了。在土耳其的很多消费场所都写有"税费已经包括在价格内"的标示牌。如果游客需要，可以将完税价在账单上单独列出。如果游客同意不要正式收据，一些商店还可提供折扣价。从理论上来说，如果游客在土耳其购买了大件的商品，如地毯、皮衣等，可以要求商家给予"完税价"或称退税。但事实上由于并非所有的商店都参与了该"完税价"活动，所以游客在土耳其的商店购买大件商品后要询问商家是否可以得到"完税价"退税收据。持有该退税收据的游客可以在离开土耳其时在国际机场或任何一个出境海关的银行拿到返还税费的现金或信用卡退税。土耳其增值税税率（一般税率）为纺织品和服装、皮具、地毯、鞋 8%；配件、电子产品、手表、珠宝、太阳眼镜、化妆品 18%。合格退税单必须符合以下条件：

（1）成功得到海关章的退税单，有效期为商品出口日起的 3 个月内；

（2）游客必须在购买日期起的 3 个月内获取土耳其的官方海关印章；

（3）退税单上必须拥有财政部的印章并且打印上红色的收据/发票号码。

在土耳其出境的游客办理退税手续时需注意：第一，在机场登机前为办理退税手续预留充足的时间；第二，在办理登机手续前到海关办事处出示游客消费的退税单、护照、购买的商品，以获取海关印章；第三，随身携带（不要托运）未被使用过的商品以备海关官员检查（请注意：无海关盖章＝无退税）。

游客办理退税流程如下：首先，前往有环球蓝联标志的退税柜台；其次，请出示旅客填写完整并盖过章的退税单，以获得现金或信用卡退税；最后，如果没时间获取退税，旅客可以将填写完整并盖过章的退税单邮寄到处理中心，就能以信用卡的退款方式收到退税。这样操作需要注意的是，旅客的环球蓝联退税款将被扣除一部分的服务手续费。

在本案例中，首先，游客在土耳其去的购物店都是土耳其地接社的地陪导游带领游客们前往的，一般来讲，游客对购物有疑问或出现问题，第一时间应该找地陪导游帮忙，当然若是地陪导游不帮忙解释或解决问题的话也可以找全陪领队帮忙。其次，游客回国后发现在国外旅游购物时有问题，也可以找旅行社寻求解决问题的办法。最后，若是出境游过程中从导游层面泄露了游客的护照信息的，不管是全陪领队还是地陪导游，均有不可推卸的责任。而且这样泄露老顾客或游客信息的做法也使得游客不相信旅行社，影响旅行社的信誉和声誉，游客们日后对于在旅行社导游带去的购物商店买东西消费会十分谨慎小心。

6.4.3　案例启示

对于游客来说，出境旅游要了解出入境管理的制度和要求，一方面要了解我国的出入境管理条例和要求，另一方面要了解旅游目的地国的出入境管理条例和要求。

《旅游法》第七十一条规定："由于地接社、履行辅助人的原因导致违约的，由组团社承担责任；组团社承担责任后可以向地接社、履行辅助人追偿。由于地接社、履行辅助人的原因造成旅游者人身损害、财产损失的，旅游者可以要求地接社、履行辅助人承担赔偿责任，也可以要求组团社承担赔偿责任；组团社承担责任后可以向地接社、履行辅助人追偿。"

若是旅客购买价值较高的商品，在进入我国境内时还须缴税。我国境内航空口岸进出境的旅客都需要填写《中华人民共和国进（出）境旅客行李物品申报单》，从境外带回物品总值超出规定限额5000元的额外商品需要向海关提交书面申报，海关将按规定征税。

6.5 案例五：跟团游变成了"购物游"[①]

6.5.1 事件经过

在国庆假期期间，小李通过在线旅游平台预订了"日本本州双温泉 6 日游"产品。该产品为日本跟团游，游客共 30 人，组团社为 A 国际旅行社，团内还有少量 B 国际旅行社的拼团游客。根据行程安排，小李一行人将游览大阪、神奈川、东京等多个城市。然而，等小李一行人到达目的地后，却发现旅途并不如想象中美好，本来好好的跟团游"摇身一变"成了"购物游"。

从整个行程安排上来看，一共 6 日的游览，有 4 天涉及购物。在整个旅行途中，令小李不满的不仅是繁多的购物安排，同时还有导游的推销行为。据了解，该团除了领队之外，在当地还有一名中文导游负责讲解。虽然旅游过程中并不存在强制购物，但令小李印象格外深刻的是，该名导游曾随身携带包括脸部按摩的面膜、药品等商品，并在去往旅游目的地的大巴上，向车上游客推销了近 2 个小时，而这些也正是小李等游客后来在店里看到的产品。该旅游团里很多人都是第一次去日本，只能听导游安排。其中有一个购物点引起了小李的怀疑，该购物点位于新宿某一建筑的 6 楼。该购物点兜售的产品包括"第一酵素""软骨素"等，且价格十分昂贵，一罐价格在 1000 元以上。小李也在这里购买了"第一酵素"等产品。

在繁多的购物行程中，小李注意到部分商店里都是中国人在进行讲解，并没有日本人的身影。同时很多店员都是中国人，甚至是中国留学生。然而，在小李查询了这些商品的相关信息后，查询结果却让小李傻了眼。在包装上，"第一酵素"的品牌名为"第一药品"，而所谓"第一药品"却是被国内媒体屡次曝光的购物陷阱之一。据从网上查询了解，虽然"第一药品"打着药品旗号，但实际上却是高价保健品，通过各种方法诱导游客购买。小李一行人去的这家购物店，正是已被国内媒体多次曝光的、名为"ALEXANDER&SUN"的门店。

值得注意的是，虽然游客被带去该店，但在旅行社的行程安排中却并没有提及有关的具体行程。在旅行社发给游客的行程安排中，只有一个名为"综合免税店"的行程。

---

① 改编案例来源：日本旅游乱象——跟团游变购物游，游客被诱导买千元药品 [EB/OL]. 中华网，2017 - 11 - 01.

在询问游客时，该团游客表示并没有去过一家叫作"综合免税店"的店铺。

6.5.2 案情分析

《旅游法》第三十四条规定："旅行社组织旅游活动应当向合格的供应商订购产品和服务。"

《旅游法》第四十一条规定："导游和领队从事业务活动，应当佩戴导游证，遵守职业道德，尊重旅游者的风俗习惯和宗教信仰，应当向旅游者告知和解释旅游文明行为规范，引导旅游者健康、文明旅游，劝阻旅游者违反社会公德的行为。导游和领队应当严格执行旅游行程安排，不得擅自变更旅游行程或者中止服务活动，不得向旅游者索取小费，不得诱导、欺骗、强迫或者变相强迫旅游者购物或者参加另行付费旅游项目。"

《旅游法》第六十九条规定："旅行社应当按照包价旅游合同的约定履行义务，不得擅自变更旅游行程安排。经旅游者同意，旅行社将包价旅游合同中的接待业务委托给其他具有相应资质的地接社履行的，应当与地接社订立书面委托合同，约定双方的权利和义务，向地接社提供与旅游者订立的包价旅游合同的副本，并向地接社支付不低于接待和服务成本的费用。地接社应当按照包价旅游合同和委托合同提供服务。"

《导游管理办法》第二十三条规定："导游在执业过程中不得有下列行为：

（一）安排旅游者参观或者参与涉及色情、赌博、毒品等违反我国法律法规和社会公德的项目或者活动；

（二）擅自变更旅游行程或者拒绝履行旅游合同；

（三）擅自安排购物活动或者另行付费旅游项目；

（四）以隐瞒事实、提供虚假情况等方式，诱骗旅游者违背自己的真实意愿，参加购物活动或者另行付费旅游项目；

（五）以殴打、弃置、限制活动自由、恐吓、侮辱、咒骂等方式，强迫或者变相强迫旅游者参加购物活动、另行付费等消费项目；

（六）获取购物场所、另行付费旅游项目等相关经营者以回扣、佣金、人头费或者奖励费等名义给予的不正当利益；

（七）推荐或者安排不合格的经营场所；

（八）向旅游者兜售物品；

（九）向旅游者索取小费；

（十）未经旅行社同意委托他人代为提供导游服务；

（十一）法律法规规定的其他行为。"

本案例的争议点为旅行社以及导游是否存在诱导游客购买不合格"购物点"商品的行为。

根据《旅游法》第六十九条、第三十四条，小李一行人等与旅行社存在合同关系，旅行社应当按照合约为小李一行人提供旅游服务，包括按照合约规定的行程提供服务和为小李一行人提供合格的免税店购物服务。但在本案例中，小李一行人反映其日本 6 日游的行程中有 4 天涉及购物，甚至还压缩了游客参观景点的时间。而且，在众多的购物点中，小李注意到部分商店里都是中国人在进行讲解，其中有一个购物地点是位于新宿某一建筑的 6 楼，经小李事后查询该店是被国内媒体屡次曝光的免税店购物陷阱之一，与旅游合同中提到的免税店不符。旅行社应该根据旅游合同规定提供行程服务，不能擅自变更行程，并且有义务向游客提供合同约定的合格的购物点。

另外，中文导游曾在去往目的地的大巴上，向车上游客推销了近 2 个小时其随身携带面膜、药品，而这些产品也是小李等游客后来在店里看到的各种产品。这违背了导游和领队应当严格执行旅游合同中旅游行程安排，在执业过程中不得向旅游者兜售物品，不得诱导、欺骗、强迫或者变相强迫旅游者购物等规定。

6.5.3　案例启示

从游客角度来看，首先，旅游者在购买旅游产品之前，要认真查看旅游合同条款，确认无异议后方可签订，同时可要求开具正规发票。值得注意的是，行程单作为旅游合同权利义务的补充，与旅游合同本质上是一致的，因此游客也应仔细阅读。行程单中如涉及自费和购物，游客应充分了解细节，如自费项目所含具体内容、购物店停留时间等，进而避免纠纷。其次，游客应学习掌握有关消费者权益保护方面的知识，对旅游过程中发生强制购物的纠纷，依照双方签订的合同及有关约定进行协商，也可向所在地的旅游部门进行投诉。同时，也要依法维权、理性维权，避免以过激的行为扩大事态。最后，购物时要选择适合自己的产品，不要轻信导购的说辞，遇价格过高的产品时，要理性消费、谨慎购买，购买后要清楚退货渠道及方式并保留好购物小票、发票等证据，以便维权。

从导游领队方面来看，一是应具有良好的职业道德素养，旅游从业人员处于接待工作的第一线，直接为宾客提供服务。他们的言谈举止、行为规范代表着旅游企业的形象，他们的水平及工作质量直接影响着旅游企业的服务效果。二是要增强服务意识，遵纪守法，作一名合格的旅游从业者，讲究礼貌服务，真诚公道，注重信誉。

从旅行社方面来看，首先，旅行社在设定旅游产品价格时，应当给出合理的价格，不能抱着诱骗消费者的态度，通过附加安排购物行程或者增加付费游览项目收受回扣或者获得不正当利益。其次，应制定清晰透明的旅游合同，并履行合约，注重消费者的权益，诚信经营。最后，加强对旅游从业者（导游）的培训以及监督管理力度。不仅要给予旅游从业者合理的薪资，而且要对导游领队加强培训和监管。降低旅游从业者因为对薪资的不满，而将个人收入的压力转嫁到旅游者身上的风险。另外，旅行社在选择旅游目的地的地接社时，应挑选有经营资质、有诚信的旅行社。

6.6 案例六：30 天无理由退货①

6.6.1 事件经过

一名去大理旅游的游客于 2021 年 7 月 12 日写在"游云南"App"意见反馈"区的一段文字，描述了她在大理购买手镯后又觉得性价比不高，通过"游云南"App 便捷退货的一次经历。以下是留言原文："首先感谢云南省人民政府设立了这么好的一个平台保障游客购物权益，我代表全国游客表示最衷心的感谢！7 月 6 日购买的三个翡翠手镯，第二天觉得自己买的翡翠性价比不高，用 12000 元买了一个价值 2000 元的手镯当时心里是挺难过的，还好朋友提醒我们有'游云南'这个平台可以 30 日内无条件退货，我们是 7 月 7 日申请了退货，大理市退货监理中心的工作人员立马联系了我并受理了退货事项，售后服务很值得表扬，给售后姐姐点赞！感谢你们。"

除此之外，在"游云南"App 上面还有不少为云南旅游服务和购物管理服务点赞的声音，可见游客对云南之行普遍是好评的，舒心的。然而在前几年，云南旅游市场是充斥着一片骂声的，特别是在旅游购物方面。

自 2017 年以来，云南坚定不移地开展"旅游革命"，集中整治云南旅游市场乱象，重塑云南旅游形象，擦亮云南旅游"金字招牌"。从此云南旅游革命"三部曲"全面铺开并强势推进（"整治乱象、智慧旅游、无理由退货"）。

1. 整治乱象——"零容忍"

云南为了有力打击低价团、强迫购物等各种旅游市场乱象，不断推动云南旅游市场走上依法治理的轨道，2017 年 4 月出台"22 条铁律"整治旅游市场；2018 年 8 月开展

---

① 改编案例来源：遇到困难想投诉？上"游云南"App 真管用！［N］. 中国旅游报，2022 - 03 - 16.

"旅游革命"，推动云南旅游业发展；2019 年 4 月发布《云南省旅游从业人员"八不准"规定》，建立旅游市场黑名单严管机制，严肃查处涉旅人员案件，推动"诉转案""行转刑"。

2. 智慧旅游——"说走就走"

云南省定下了"游客旅游体验自由自在""政府管理服务无处不在"的目标，为此从体制和技术方面下功夫，实现真正的智慧旅游，着力解决游客去哪里购物、哪些店铺是正规的、购物投诉、退货难等购物体验方面的痛点难点。

云南在 2018 年国庆节的时候推出了"游云南"App，在这里，游客可以解决购物全过程中可能存在的问题。它有一个"诚信企业公示"，在购物前游客可以根据自己的需求查询相应的店铺。例如，我想要买些茶叶，那么我在诚信企业名单里面搜索茶叶，然后就可以看到一系列茶店的评分、电话、地址还有用户评价等。对于一些重点关注企业的名单，也是给游客们"避雷"了。那么在购物之后，就算游客结束旅程回家了，"游云南"也会对游客进行一个购物保障。如出现质量问题、服务人员态度不佳等，游客可以在 App 里进行退货和投诉。对于投诉的处理，云南省制定了相应的明确规定，所有投诉信息必须 24 小时内回复，属于紧急投诉的，例如针对政府、媒体等方面的必须在 3 小时内给予回复。对于投诉核实有效的，就会对相关企业的诚信评分进行调整和违约处罚。对于退货的处理，云南为了更加方便游客进行退货，还开发了退货的微信小程序和"一物一码"的管理制度，只要是游客在正规场所、通过正规渠道购买的旅游商品，基本都会有一个数字身份码。游客只需要在 App 或者小程序上点击退货，然后扫码，填写自己的电话号码和身份证号码就可以退货了，确实是非常方便。

3. 30 天无理由退货

无理由退货是云南省构建新形象的核心措施，建立起"想退就退"的无理由退货体系，实现游客 30 天无理由退货方便、快捷、常态化。游客在旅游过程中投诉比例最高，大约 80% 是买了东西觉得受欺骗、退不了。为此，云南针对这个痛点进行了一场"革命"。截至 2021 年 7 月，云南全省 16 个州（市）和旅游重点县（市、区）设立了 123 个游客购物退货监理中心；在全省 15 个机场和主要高铁（火车）站、游客集中区域等，规范设立了 130 个"云南省游客退货中心服务点"。今后大家在云南买东西，你不放心就退掉，上飞机之前还可以退，只要确认你是在云南购买的。

（1）退货条件。无论是自由行还是团队游，只要有退货诉求，自购买之日起 30 天以内，在保证商品未因人为原因造成物理及化学性质改变的条件下，就可凭所购商品的正式发票或有企业地址、联系电话等信息的购物凭证申请无理由退货。

（2）退货规则。游客无论选择哪一种方式办理退货，都需要提供商品名称、类型、店铺名称、购买金额和发票等相关信息。退货不收取任何费用，进行全额退款。游客退货时请将附件、赠品一并退回，如有刷卡手续费，需由游客承担，非商品质量问题，退回快递费用需由游客承担。只要能确认商品是在云南购买的，不放心就能退，打造诚信旅游。

（3）严密的退货流程体系。据统计，退货申请平均响应时长为 13 分钟，达成退货共识平均时长为 4 小时 54 分钟，收到退款平均时间为 4 天。

旅游购物服务涉及吃、住、行、游、购、娱等多个方面，旅游六大要素都是十分重要的。而云南在这样的旅游革命"三部曲"下，购物管理服务和旅游市场生态在明显地提升和好转。

6.6.2 案情分析

《旅游法》第九条规定："旅游者有权自主选择旅游产品和服务，有权自主选择旅游经营者的强制交易行为。"旅游者有权自主选择旅游服务，在本案例中，这位去大理旅游的游客在大理消费 12000 元买了一个仅价值 2000 元的翡翠手镯，该名游客经他人告知选择了在"游云南"平台办理退货，这是符合《旅游法》第九条规定的。《旅游法》第二十四条规定："国务院和县级以上地方人民政府应当根据实际情况安排资金，加强旅游基础设施建设、旅游公共服务和旅游形象推广。"《旅游法》第九十一条规定："县级以上人民政府应当指定或者设立统一的旅游投诉受理机构。受理机构接到投诉，应当及时进行处理或者移交有关部门处理，并告知投诉者。"因此，旅游投诉处置工作体系由省、州（市）、县级旅游市场监管综合调度指挥中心和涉旅企业共同组成，并且将游客、企业、涉旅管理部门汇集到一个扁平化的数字平台上，降低了游客的投诉受理的门槛，简化了政府的投诉处置程序，高效处理和解决游客投诉问题。

《民法典》第五百九十五条规定："买卖合同是出卖人转移标的物的所有权于买受人，买受人支付价款的合同。"这就说明当游客在完成购物的时候，实际上也属于与商家形成了一种买卖合同的关系，购物小票或者发票等就是进行交易的证据。《民法典》第五百六十二条规定："当事人协商一致，可以解除合同。当事人可以约定一方解除合同的事由。解除合同的事由发生时，解除权人可以解除合同。"在云南省购物"30 天无理由退货"制度，就是商家约定了退货的事由可以是无理由，不想要就可以退，所以游客可以"想退就退"。《民法典》第五百六十四条规定："法律规定或者当事人约定解除权行使期限，期限届满当事人不行使的，该权利消灭。"在云南购物无理由退货是有 30 天期限的，一旦超出 30 天，游客就不能享有无理由退货的权利了。

《消费者权益保护法》第十条规定："消费者享有公平交易的权利。消费者在购买商品或者接受服务时，有权获得质量保障、价格合理、计量正确等公平交易条件，有权拒绝经营者的强制交易行为。"《消费者权益保护法》第二十五条规定："经营者采用网络、电视、电话、邮购等方式销售商品，消费者有权自收到商品之日起七日内退货，且无需说明理由，但下列商品除外：

（一）消费者定作的；

（二）鲜活易腐的；

（三）在线下载或者消费者拆封的音像制品、计算机软件等数字化商品；

（四）交付的报纸、期刊。

除前款所列商品外，其他根据商品性质并经消费者在购买时确认不宜退货的商品，不适用无理由退货。

消费者退货的商品应当完好。经营者应当自收到退回商品之日起七日内返还消费者支付的商品价款。退回商品的运费由消费者承担；经营者和消费者另有约定的，按照约定。"

因此，在本案例中，"游云南" 30 天无理由退货 App 的运行解决了广大游客冲动消费后的烦恼，可以通过 "游云南" 平台退货、现场退货、电话受理退货的方式进行退货。

从 2021 年 6 月 30 日起，为使赴滇游客更加便捷、安心地畅游云南，在云南省文旅厅的指导下，腾云公司积极争取到了腾讯微信团队的流量支持，将 "旅游投诉" 正式接入微信 "城市服务"，真正让旅游服务融入微信大生态，让政府治理更加无处不在。游客可以通过微信平台对旅游行程中不满意的现象进行投诉，旅游相关部门根据游客的投诉调整旅游服务。

6.6.3　案例启示

从政府相关管理部门来看。

第一，要发挥监管作用。整治旅游市场秩序，推动旅游业转型升级高质量发展。建立质量失信 "黑名单" 制度、信用公示制度、红黑榜等。

第二，发挥引导作用。牵头深入调研，寻求本土旅游购物产品开发的切入点，加强对旅游商品生产发展的扶持力度。增加适合文化创意和设计服务企业的融资品种，鼓励银行业金融机构支持文化创意和设计服务小微企业发展。

第三，发挥整治作用。严厉打击假冒伪劣旅游商品，坚决打击导游诱骗游客购物收受高额回扣等，依法打击旅游违法行为。

第四，加强宣传作用。充分发挥各类媒介作用，加强宣传推介智慧旅游。打造区域诚信旅游的品牌。加强地标性本土旅游购物品宣传，赢得市场机会。

从旅游企业层面来看，根据旅游生命周期分析，旅游业发展到中后期常常会出现当地居民与快速发展的旅游业之间的矛盾。

作为旅游经营者应该采取以下措施：

第一，要加强旅游企业合作，创新购物设施形式，建立完善的都市旅游购物渠道体系；

第二，借助金融力量，做大做强文化企业，完善供给端和销售端，实现从线下到线上"旅游革命"带来的全方位融合；

第三，加强本土旅游购物品牌建设，增强本土旅游购物品市场竞争力；

第四，加强旅游企业人员岗前培训，提升服务质量和效率；

第五，构建体验型旅游购物环境，提高旅游购物互动，增强游客的购买欲，同时激励社区居民参与旅游购物产、销活动，达到双赢效果。

从旅游消费者层面来看：

第一，旅游者应该强化识别旅游购物陷阱的能力，保留相关证据，积极采取措施维护自身权利；

第二，购买商品应选择正规场所，养成索要并保存发票、购物小票等凭证的习惯；

第三，理性面对商家"花式促销"，谨防商家先提价后降价的套路，不被明显低价所误导，选购自己真正需要的商品和服务。

一个良好的旅游购物环境是由多方面因素共同决定的。大到外部的政策法规环境、经济环境、社会文化环境和旅游基础设施环境，细分到旅游购物场所环境和旅游购物服务环境，都是旅游购物环境的一部分。构建旅游购物新生态必须整合旅游产业各要素发展，加强发挥政府引导作用和市场的主导功能，体现现代旅游产业打造的核心功能要素。

第7章

旅游娱乐服务管理案例

【教学目的和要求】 "娱"是旅游六大要素之一,近几年游客在旅游娱乐方面出现纠纷问题的案例也不少,特别是娱乐设施维护等安全管理方面的问题。给旅游企业的经营管理敲响了警钟。旅游经营者应当严格执行安全生产管理和消防安全管理等方面的法律法规,制定旅游安全保护制度和各种应急预案。旅游企业应该把安全管理放在经营管理的第一位,应该对所提供的相关娱乐设施尽到安全保障义务,及时做好安全提醒和安全告知等方面的工作。作为旅游者也需要提高风险防范意识,在旅游娱乐过程中注意保护自身的人身安全。因此,本章选取旅游娱乐服务方面的案例进行原因分析,剖析旅游企业对此类事件的处理方法,为旅游企业的经营管理实践提供参考和借鉴。通过对本章内容的学习和分析,掌握必要的安全防范和应急处理方面的基本知识,了解娱乐服务管理的基本要求和程序,增强风险防范意识,依法保护消费者合法权益。

【关键词】 娱乐服务 主题公园 旅游景区 责任协议书

【主要适用法律法规】

《中华人民共和国旅游法》

《中华人民共和国民法典》

《中华人民共和国消费者权益保护法》

7.1 案例一：缆车坠落游客伤，最终责任谁来担[①]

7.1.1 事件经过

A 旅行社组织参团的游客聚集在某一旅游景区峡谷谷底的游览缆车乘坐点，准备乘坐缆车去山顶吃午饭。缆车车厢的面积仅有五六平方米，竟然搭载着 30 名游客开始缓慢上升，缆车到达山顶平台后停下，当工作人员走过来准备打开缆车的小门时，缆车却突然慢慢向下滑动，很快缆车像箭一般地向山下坠去，重重地撞在 110 米下的水泥地面上，造成 30 名游客死伤。事故发生后，死伤者家属向旅行社索赔。A 旅行社提出，事故中死亡者，参照当时空难事件标准进行赔偿，每人最低 7 万元。而在事故中受伤者出院后的继续治疗费、补偿款等，一直未协商好。此次事故究竟应该由谁来承担责任呢？旅游景区方面称，当时是游客不听工作人员指挥挤上缆车，导致缆车严重超载酿成事故，所以责任主要在于游客一方。而 A 旅行社认为，责任主要在于旅游景区，理由是：（1）缆车自使用以来，一直没有向有关部门办理过经营手续，属于"三无产品"，而且是由一名姓黄的个人向风景区主管单位市建设局承包经营的，因此该市建设局肯定有责任；（2）出事前几天，当地劳动部门对缆车进行过检验，发现了一些问题，已经提醒过景区有关工作人员，并将缆车准载人数从 20 人减为 12 人；（3）缆车旁原来有一条可以上山的小道，但为了让游客都乘坐缆车，赚取每人 10 元的费用，小道一直被封闭着；（4）事发当天，缆车车厢里竟然乘坐了 30 名游客。有人认为，这是游客自己要挤进去的，但当时地面的 3 名工作人员没有严格要求多余的人下来，而且在当时缆车车厢超载的情况下，工作人员是有权利不开动缆车的。

7.1.2 案情分析

《旅游法》第四十九条规定："为旅游者提供交通、住宿、餐饮、娱乐等服务的经营者，应当符合法律、法规规定的要求，按照合同约定履行义务。"第五十条规定："旅游经营者应当保证其提供的商品和服务符合保障人身、财产安全的要求"。第五十四条规定："景区、住宿经营者将其部分经营项目或者场地交由他人从事住宿、餐饮、购物、游览、娱乐、旅游交通等经营的，应当对实际经营者的经营行为给旅游者造成的损害承

---

① 改编案例来源：杨富斌. 旅游法案例解析 [M]. 北京：旅游教育出版社，2012：166.

担连带责任。"在本案例中，由于旅游景区的缆车存在严重的质量问题，导致游客发生多人死伤的严重事故，可以说存在着多个事故责任承担者。关于此次事故责任承担方的具体分析如下。

第一，本案例中缆车的所有人和经营人是分离的，缆车经过几次承包，现在的实际经营者是这次事故的直接赔偿责任人，并对这一起事故负有直接责任。

第二，旅游景区是发包方，门票等收入都是由该旅游景区来收取的，但旅游景区对于景区内缆车承包经营者疏于管理，使得缆车违规超负荷载客，这是导致本次严重事故的直接原因。所以，依据《旅游法》第五十四条规定，旅游景区应当对旅游者的损伤承担连带责任。

第三，当地政府在事故处理中尽到了积极抢救的义务。如果该旅游景区是独立的经营企业，市政府则不承担责任。如果在旅游景区经营发包中，市政府也参加了，并收取了发包单位的承包费，那么市政府对于此次由于提供的缆车有严重问题而导致的事故应负有责任。在本案例中，具体发包方是旅游景区主管单位市建设局，那么，市建设局和缆车的具体承包人、经营人对于此次缆车事故应该承担一定的责任。

根据调查此次事故的国家质量技术监督局锅炉压力容器安全监察局压力管道与特种设备检查处负责人的说法，造成此次事故的原因是该缆车在设计上有严重缺陷，不符合国家标准，也没有安全使用许可证，从设计、安装到使用，均未按规定办理手续。超载只是此次事故表面上的原因。

第四，旅行社在本次事故中也有一定的责任。在旅游过程中，旅行社负有保证游客旅游安全的义务，缆车超载严重，基于旅行社的经营常识，应分批安排游客乘坐，疏导好自己的游客，尽到谨慎的保护义务。而实际上旅行社并未这样做，因此，对此次旅游者损害事故的发生，旅行社方面也负有一定责任。

7.1.3　案例启示

对旅游者来讲，在旅游观光过程中，旅游者自身也要对自己的安全负责，不能不顾安全和设施的要求，为了节省一点时间而挤进一个严重超载的缆车车厢里，一旦发生事故，旅游者自己首先就是受害者。在本案例中，即使当时的工作人员要求30名游客同时挤进缆车车厢，游客也应当坚决拒绝，不能拿自己的生命和健康开玩笑。总而言之，旅游者在外旅游观光时，要把自身的安全问题放在第一位。只有在保证自己的人身和财产安全的前提下，旅游者参加旅游行程中的游览、娱乐、餐饮等活动，才能达到旅游的实质性目的和意义。即使是探险旅游，都要以保证游客自身的旅游安全为前提。不能为了寻求一时的刺激，旅游者就不顾自身财产和人身安全而贸然行事。在旅游观光过程中，旅游者尤其不要存在任何侥幸心理，旅游者出行时要加强自身的旅游安全意识，做好充分的出游准备。

对于旅游企业来讲，合法经营、依法经营应当是每家旅行社和旅游景区都应该遵守的底线。景区管理应重视景区内一切娱乐设施设备的安全使用和日常维护。该案例中的缆车设施没有办理过相关经营手续，经营该设施必然存在一定的风险。因此，旅游企业必须从游客利益出发，依法经营，不要有任何侥幸心理，不能违规操作。将游客的生命安全和相关利益放在首位，确保旅游设施和相关服务的安全性，要建立起游客旅游过程中的首要安全保障系统。

另外，需要进一步加强政府的监管作用，尽一切可能排除影响旅游安全的各种潜在危险因素，细致和准确地依法为旅行社、旅游景区等旅游企业办理相关手续。本案例中，如果相关主管当局能定时排查，防患于未然，履行好自己的监督管理责任，未必不能避免惨剧的发生。

7.2 案例二：野生动物园老虎伤人如何定责①

7.2.1 事件经过

7月23日14时许，赵某驾驶一辆白色大众速腾小客车（以下简称"速腾车"），载着其夫刘某、其母周某和其子（2周岁）到某野生动物世界游览。刘某在正门南侧彩钢大棚处的一次检票口购买了3张成人门票和1张自驾车门票，检票人员口头陆续告知了包括赵某一家在内的自驾车游客进入猛兽区严禁下车、严禁投喂食物等相关注意事项，发放了"六严禁"告知单（严禁开窗，严禁下车，严禁投喂食物，严禁携带宠物，严禁一切野外用火，严禁酒后、心脏病者驾驶），赵某还与该野生动物世界签订了《自驾车入园游览车损责任协议书》，该协议载有"严禁下车"等相关内容。

14时17分该车通过二次检票口开始游览。据赵某、刘某陈述，行车游览至可下车参观的野性天地游览园时，速腾车由赵某换为刘某驾驶；14时56分该车与另外两辆自驾游车先后从入口进入东北虎园。

15时00分07秒至33秒，刘某将车停在距东北虎园西北门出口19米左右的柏油路

---

① 改编案例来源：北京老虎伤人细节：女儿下车遭扑咬 母亲施救被咬死［EB/OL］. 腾讯新闻，2016 - 07 - 25.

中间，赵某从副驾驶位置下车，向车头前方绕行。位于速腾车右前方约 13 米的标号为 3 号的巡逻车司机发现赵某下车，立即用车载高音喇叭警示喊话要求其上车。同时，速腾车左后方的两辆自驾车按响车喇叭进行警示。随后赵某绕到速腾车主驾驶车门外，并侧身向车尾方向张望。此时，位于速腾车西侧约 13 米平台上的第一只虎窜至赵某身后，咬住其背部，并拖回该平台，该平台的另一只虎撕咬赵某面部右侧。刘某下车，向前追赶几步又返回。15 时 00 分 32 秒，周某打开左后车门与刘某追至该平台坡下。15 时 00 分 33 秒，标号为 3 号的巡逻车拉响警报冲上柏油路，对虎进行驱赶。同时用对讲机呼叫标号为 8 号的巡逻车进行支援。

赵某的母亲周某救女心切下车后冲上平台，用右手拍击虎，被该平台其中一只虎咬到背部右侧。此时，距该平台西南侧约 8 米的第三只虎冲过来咬住周某左部并甩头，周某停止挣扎。

15 时 06 分 02 秒至 16 分 43 秒，东北虎舍饲养员与巡逻车配合将虎舍天井内的 7 只虎收回虎舍铁笼，然后将 3 只虎从事发地驱至虎舍天井，并收入虎舍铁笼。期间，一辆白色金杯车载着救援人员赶至东北虎园区内。

事后，在老虎伤人事件中被咬伤的赵女士将该野生动物世界告上法庭，请求法院判令野生动物世界赔偿其母亲周女士的丧葬费、死亡赔偿金、精神损害赔偿金，以及赵女士后续医疗整形费、误工费、伙食补助费、精神损失费等。

7.2.2 案情分析

《旅游法》第十五条第二款、第三款规定："旅游者对国家应对重大突发事件暂时限制旅游活动的措施以及有关部门、机构或者旅游经营者采取的安全防范和应急处置措施，应当予以配合。旅游者违反安全警示规定，或者对国家应对重大突发事件暂时限制旅游活动的措施、安全防范和应急处置措施不予配合的，依法承担相应责任。"

《消费者权益保护法》第十八条规定："经营者应当保证其提供的商品或者服务符合保障人身、财产安全的要求。对可能危及人身、财产安全的商品和服务，应当向消费者作出真实的说明和明确的警示，并说明和标明正确使用商品或者接受服务的方法以及防止危害发生的方法。"

《民法典》第一千二百四十五条规定："饲养的动物造成他人损害的，动物饲养人或者管理人应当承担侵权责任；但是，能够证明损害是因被侵权人故意或者重大过失造成的，可以不承担或者减轻责任。"第一千二百四十八条规定："动物园的动物造成他人损害的，动物园应当承担侵权责任；但是，能够证明尽到管理职责的，不承担侵权责任。"

对于动物园动物伤人，《民法典》明确适用"举证责任倒置"：动物园的动物造成他人损害的，动物园应当承担侵权责任，但能够证明尽到管理职责的，不承担责任。动物园免责的唯一法定情形，就是证明自己"尽到了管理职责"。注意，这里表述的意思是动物园是要履行"监管"职责，而不只是"提醒"。

《民法典》中对于饲养动物损害责任进行了特殊规定，根据该规定，动物园动物造成他人损害的，承担的是过错推定责任，先推定动物园有责任，但如果动物园能证明自己完成安全保障义务和管理职责的话就不用担责。

在该案例中，野生动物世界在事发前进行了口头告知，发放了"六严禁"（严禁开窗，严禁下车，严禁投喂食物，严禁携带宠物，严禁一切野外用火，严禁酒后、心脏病者驾驶）告知单，与赵女士签订了《自驾车入园游览车损责任协议书》，该协议书中有禁止下车、喂食以及违反规定责任自负的条款，并在猛兽区游览沿途设置了明显的警示牌和指示牌，并有巡逻车来回巡视，还有广播反复提醒游客安全注意事项，完成了自身作为旅游经营者应尽的安全告知义务。而且在发现老虎伤人后，标号为3号的巡逻车拉响警报冲上柏油路，对虎进行驱赶，同时用对讲机呼叫标号为8号的巡逻车进行支援。而赵女士违反了安全警示规定，未遵守野生动物世界猛兽区严禁下车的规定，对园区相关管理人员和其他游客的警示未予理会，擅自下车，导致其被虎攻击受伤。而其母周某见女儿被虎拖走后，救女心切，未遵守野生动物世界猛兽区严禁下车的规定，施救措施不当，导致其被虎攻击死亡。赵女士对此事件应承担相应责任。

根据《民法典》第一千二百四十八条规定："动物园的动物造成他人损害的，动物园应当承担侵权责任；但是，能够证明尽到管理职责的，不承担侵权责任。"该法条明确了一般情况下动物伤人事件中，动物园应该承担的责任，而在本案例中，该野生动物世界是否应该承担责任？如果该涉事野生动物世界能够证明其尽到了管理职责，则不需要承担责任。

7.2.3 案例启示

野生动物园在向游客提供猛兽区自驾游服务之前，应该考虑到可能会对游客的生命财产安全造成损害的情况，理应向游客发出明确的警示，并做好全方位的防护措施，并由相关部门审核后方可开放景区。游客也应该牢记并遵守动物园的警示，做好自我防范，最大限度避免意外事故的发生。因此，对于此类案件，可采取以下相关措施。

首先，野生动物园可以加大对自驾游游客的警告力度，口头警告和书面警告可以做得更具警示性，加强对巡逻人员专业能力的培训，制定更全面的巡逻计划和应急方案，尽最大可能减少因动物园自身行为不当造成的事故。

其次，游客应树立强烈的安全意识，尽可能地配合动物园的安保工作，在猛兽区严格遵循动物园的游览要求，严禁开窗，严禁下车，严禁投喂食物，严禁携带宠物，严禁一切野外用火，严禁酒后、心脏病者驾驶，尽可能避免事故的发生。一旦发生事故，应尽可能保持冷静，配合动物园工作人员的应急救助工作，切勿独自施救，延误最佳救助时间，甚至造成更大的事故。

7.3 案例三：漂流遇翻船，责任谁来担[①]

7.3.1 事件经过

7 月 28 日，某一大峡谷景区人流量爆棚，游客"自助"玩漂流的皮筏子全靠抢，却没有工作人员维持秩序，大家纷纷抢夺皮筏子，随后抬着皮筏子自行下水漂流。杨女士一行 6 人也于 15 时左右下水漂流。途中因冲撞导致他们的皮筏子侧翻，有 3 人落水，但没有任何一名救援人员赶来，直到他们趴在皮筏子上被急流冲到平缓的水域，才被其他游客救上岸。

杨女士等现场拨打了"110"和旅游局投诉热线，才有一名景区工作人员前来处理，却把杨女士等人带到景区晾了半个多小时，无人管、无人问。最后 19 时许才带领杨女士等人自驾前往附近镇卫生院就医。

事后，景区回应：游客擦伤已送医处理。一名客服人员表示，针对受伤的游客，"先是送到医务室处理，后来又送到医院处理"。关于杨女士等人受到伤害的后续处理事宜，该客服称，是景区的安全部门在负责，他不清楚安全部门的电话，也没有安全部门的联系方式。当记者进一步提出让其提供安全部门电话时，该客服挂断了电话。之后记者多次拨打当地县旅游局办公室、旅游质监所电话，均无人接听。

7.3.2 案情分析

《旅游法》第十三条规定："旅游者在旅游活动中应当遵守社会公共秩序和社会公德，尊重当地的风俗习惯、文化传统和宗教信仰，爱护旅游资源，保护生态环境，遵守旅游文明行为规范。"第十五条第一款规定："旅游者购买、接受旅游服务时，应当向旅

---

① 改编案例来源：霍山大峡谷玩漂流 发生翻船事故 3 人落水 ［EB/OL］. 大皖新闻，2019 - 07 - 30.

游经营者如实告知与旅游活动相关的个人健康信息，遵守旅游活动中的安全警示规定。"在本案例中，杨女士一行人作为具有完全民事行为能力的成年人，自愿参加该漂流项目，面对大量游客疯抢皮筏子，且漂流入口处拥挤的场面，应当能够遇见漂流水域的危险性，同时也能够看见周围的警示牌。他们明知道不遵守秩序、乱抢皮筏子是不合理的行为，但仍然因为担心自己不能参与游玩而加入其中，安全意识薄弱，不顾危险，盲目参与，所以杨女士一行人对自身受伤负有过错，也应承担一部分责任。

《旅游法》第八十一条规定："突发事件或者旅游安全事故发生后，旅游经营者应当立即采取必要的救助和处置措施，依法履行报告义务，并对旅游者作出妥善安排。"第四十五条规定："景区接待旅游者不得超过景区主管部门核定的最大承载量。景区应当公布景区主管部门核定的最大承载量，制定和实施旅游者流量控制方案，并可以采取门票预约等方式，对景区接待旅游者的数量进行控制。旅游者数量可能达到最大承载量时，景区应当提前公告并同时向当地人民政府报告，景区和当地人民政府应当及时采取疏导、分流等措施。"在本案例中，首先，游客落水后，景区并未有任何施救人员赶来，未立即采取必要的救助措施，而是把当事人晾在一边不管不问，景区并未尽到安全救助的义务。其次，当天景区人流量爆棚，漂流区域入口被堵得水泄不通，在旅游者数量可能达到最大承载量时，景区并未及时采取疏导措施，也没有工作人员维持秩序，仍纵容游客哄抢皮筏子，该行为违反了《旅游法》第四十五条的有关规定。

《消费者权益保护法》第十一条规定："消费者因购买、使用商品或者接受服务受到人身、财产损害的，享有依法获得赔偿的权利。"《旅游法》第一百零五条第二款规定："景区在旅游者数量可能达到最大承载量时，未依照本法规定公告或者未向当地人民政府报告，未及时采取疏导、分流等措施，或者超过最大承载量接待旅游者的，由景区主管部门责令改正，情节严重的，责令停业整顿一个月至六个月。"在本案例中，景区并未尽到安全保障、安全救助的义务，在旅游者数量可能达到最大承载量时，未及时采取疏导措施，令游客在漂流中遭遇到人身损害，该景区应当受到停业整顿的处罚。

7.3.3 案例启示

漂流活动是一种特种旅游，大体分为两种形式：一种是旅游者自行操作漂流工具进行漂流活动，要求游客具有良好的身体状况、掌握一定的操作技能；一种是漂流企业的工作人员操作漂流工具带领游客体验漂流。为了增加漂流的惊险刺激，漂流的河道也会选择一些险滩和急流，这就存在了一定的风险性。而这种惊险刺激的漂流旅游恰巧迎合了现代游客追求个性、体验刺激的心理需求，容易在年轻人群体引起漂流热潮。

随着我国漂流旅游项目的发展，漂流旅游市场逐步规范化、标准化，并且走向新型的漂流旅游道路。在本案例中，从游客的角度来看：第一，游客要根据自己的身体状况充分评估自身能力，量力而行，不能盲目参与惊险刺激的旅游活动；第二，提前了解漂流知识、应急保护方案以及维权相关的法律法规；第三，游客在游玩过程中，要严格遵守项目规则，听从现场工作人员的指导和劝诫，不能盲目自信，冒险做一些危险动作；第四，游客如在游玩过程中发生危险，要及时拨打急救电话并呼叫现场工作人员。

漂流企业对游客的安全保护义务是法定义务，只要存在合同关系，该义务就随之产生。从漂流景区的角度来看，在本案例中，漂流景区作为旅游企业应该采取以下应对措施：第一，提前做好客流疏导，避免景区人流量过大造成的服务不便；第二，确保经营场所安全风险警示醒目、安全保护措施配置规范，落实工作人员岗前培训到位，对漂流河道的安全隐患进行充分排查并及时整改；第三，现场配备具有专业资质、认真负责的指导人员，进行游玩提示和规则讲解，要求参加漂流活动的游客必须要穿救生衣；第四，进一步积极细化、增加应急突发意外的预案，根据旺淡季游客的数量而增减救生员的数量。

漂流活动是一项对自然环境要求较高的活动，如天气变化、河道出现异常等，只要有可能影响到旅游活动的安全都不适合进行。从政府监管角度来看，首先，打破"监管盲区"，设置漂流专属的监督管理部门，设立漂流行业的国家标准，对漂流河道水深、落差高度、漂流工具等作出相应的规定，对漂流项目进行规范管理。其次，严格将漂流安全事故发生次数与旅游投诉次数纳入景区等级评定考核。最后，规定在漂流项目的费用价格中必须包含游客意外保险。如果漂流景区门票包含旅游意外保险，那么一旦发生事故，旅游者就可以及时得到救济。

7.4 案例四：乘坐海盗船受伤，游客如何获赔偿[①]

7.4.1 事件经过

一日，某旅行社组织 35 名游客去 A 主题公园游玩，但在 A 主题公园参加"疯狂的海盗船"这一项目过程中，一位游客身上的安全带突然自动弹开，导致该名游客撞在前排座位上，造成 2 颗牙齿脱落，并当即昏迷。事故发生后，该名游客立即被送往医院救治。但是事后该涉事旅行社仅向受伤游客支付了旅游者人身意外险所给付的相关赔偿。

---

① 改编案例来源：李娅，案例解读《旅游法》[M]. 北京：旅游教育出版社，2014：57 - 59.

而该涉事游客认为，对于自己无辜受伤，A 主题公园和旅行社都负有不可推卸的责任。因此，该名受伤游客将 A 主题公园和旅行社告上法庭，要求被告双方对于其后续治疗费用进行赔偿。

7.4.2　案情分析

《旅游法》第四十七条规定："经营高空、高速、水上、潜水、探险等高风险旅游项目，应当按照国家有关规定取得经营许可。"第五十条规定："旅游经营者应当保证其提供的商品和服务符合保障人身、财产安全的要求。"《消费者权益保护法》第十一条规定："消费者因购买、使用商品或者接受服务受到人身、财产损害的，享有依法获得赔偿的权利。"

在本案例中，游客是由于安全带突然自动弹开受伤的，虽然 A 主题公园取得了"疯狂的海盗船"这一旅游娱乐项目的经营许可，但在旅游过程中旅游经营者应当保证其提供的商品或者服务符合保障人身、财产安全的要求。因此，该事故中 A 主题公园旅游娱乐项目经营者负有不可推卸的责任。A 主题公园需要对于受伤游客后续治疗及其种牙等费用进行赔偿，该涉事旅行社也负有一定的连带责任。该案例中涉事旅行社仅仅向受伤游客支付了旅游者人身意外险赔付的款项是不够的。

《旅游法》第三十一条规定："旅行社应当按照规定交纳旅游服务质量保证金，用于旅游者权益损害赔偿和垫付旅游者人身安全遇有危险时紧急救助的费用。"旅行社质量保证金是指由旅行社缴纳、旅游行政管理部门管理、用于保障旅游者权益的专用款项，主要是在发生重大伤亡事故时，第一时间保障旅游者得到及时救助和治疗，避免旅行社经营者跑路而贻误救助和治疗时机。只有在旅行社因自身责任导致旅游者合法权益受到损失，具体包括服务未达到合同约定或者国家或行业规定的标准、旅行社破产造成旅游者预交团费损失、人民法院判决或裁定及其他生效法律文书认定的旅行社损害旅游者合法权益，在旅行社不承担或无力承担赔偿责任时，才可以执行旅行社质量保证金。因此，在此案例中，如果由于旅行社经营者跑路等原因而没有如期赔偿游客，则可以考虑申请使用旅行社的服务质量保证金来赔付游客损失。

根据最高人民法院《关于审理人身损害赔偿案件适用法律若干问题的解释》第六条关于"从事住宿、餐饮、娱乐等经营活动或者其他社会活动的自然人、法人、其他组织，未尽合理限度范围内的安全保障义务致使他人遭受人身损害，赔偿权利人请求其承担相应赔偿责任的，人民法院应予支持"的规定，可以认为，在本案例中，旅游景区没有尽到自己的合理限度范围内的安全保障义务。

7.4.3　案例启示

很多旅游景区除了进入景区的门票所包含的景点和服务外，还会有很多额外收费的游玩项目，每个收费的游玩项目相当于一个新的旅游服务合同。但是只要这些游玩项目都在旅游景区管理的范围内，不管是自营的还是第三方承包经营的、合作经营的，都是建立在旅游景区门票这个总合同基础上的，故此旅游景区管理者和旅游公司都对游客有当然的安全保障义务。

旅游经营者在提供旅游服务过程中，应当保证其提供的商品或者服务符合保障人身、财产安全的要求。也就是说要保证旅游服务的安全性。旅行社与旅游者签订旅游合同后，其合同约定的各项服务内容基本上是由交通、地接社、饭店、景区、餐饮等相关的"旅游六大要素"供应商提供。因此，作为旅游经营者来说，首先，必须牢固树立安全意识，建立健全安全保障制度，有效进行旅游全过程监控安全管理。其次，旅游经营者要确保合同约定的服务项目的安全性。以游客视角实地考察和体验服务全过程，防范安全隐患，不断提高服务质量。最后，避免注重新产品开发而对新产品安全性关注不足。旅游经营者为了满足游客追求刺激、求新求异的心理，常常会开发新的旅游产品，如探险旅游、主题公园刺激惊险的游乐项目等。这些服务产品更加需要关注其安全性，做好安全防范的一切措施。本案例中的安全事故就是由于设备出现问题而导致游客受伤，因此，旅游经营者对于游乐项目的设施设备必须要定期维护检查，要有规范的设备操作程序和服务标准。

从政府监管角度来看，对于特种旅游娱乐设施（如空中秋千、蹦极、玻璃栈道等）的安全监管急需出台制度化保障举措，旅游安全是旅游主体的法律责任。政府监管部门应该加强对旅游经营者经营高风险项目和运营特种旅游娱乐设施设备的监管，旅游经营者的娱乐设施设备必须符合国家关于高风险项目和特种设备的相关法律法规以及条例的要求，消除安全隐患，避免发生旅游安全事故。

7.5　案例五：无证快艇"网红景点"倾覆事故①

7.5.1　事件经过

七星海原名前湖湾，是最近这几年才被游客叫成七星海，并被游客所熟知。近年

---

① 改编案例来源：无证快艇"网红景点"倾覆 一人溺亡［N］. 海峡导报，2018 – 10 – 14.

来，七星海不知被谁"炒"起来了，成了一个"网红景点"，每逢节假日，便有许多人来这里游玩。10 月 3 日，谢某和家人一起前往漳浦县赤湖镇七星海游玩，看到沙滩上有人经营摩托车和快艇，他们中的 8 个人就花了 200 元乘坐陈某驾驶的快艇出海游玩。穿上救生衣后，刚出发不到 2 分钟，快艇就翻了个底朝天，8 人全部掉入海中。由于距离岸边 10 多米，大家拼命往岸边游，最终被冲回岸边。等他们清点人数的时候，发现 17 岁的冯某不见了。最终，大家在倒扣的游艇下找到了她，可惜她已经遇难。

然而让谢某想不到的是，开快艇出海的驾驶员陈某竟然没有快艇驾驶证，七星海周边也没有救生人员。当晚 9 时许，谢某找到漳浦县赤湖镇相关人员进行协商。没有快艇驾驶证的陈某是如何获得在七星海的经营权的呢？当地有没有部门进行监督管理？

随后，来自漳浦县安全生产委员会办公室的最新通报称，10 月 3 日，漳浦县赤湖海域发生一起私人游艇非法运营致 1 人溺亡的安全责任事故。对此，漳浦县委县政府高度重视，迅速成立事故调查组，公安机关及时立案侦查，依法对 2 名事故主要责任人采取刑事拘留措施。目前案件的侦查和善后工作正在进行中。

针对七星海快艇翻艇事件，漳浦县政府网站 10 月 8 日发布通报称：10 月 3 日 16 时许，一名安徽籍女子冯某在漳浦县赤湖镇前湖村七星海海域（未开发区域）乘坐快艇游玩，因风浪太大，发生翻艇事件，冯某被紧急救起时已无生命迹象。经初步调查，事故责任人为陈某，系无证运营，且缺乏相关快艇运营资质，赤湖镇有关部门依法已对其采取措施。

为举一反三，深刻吸取事故教训，10 月 9 日上午，漳浦县在六鳌镇开展"三无"船舶集中强制拆解行动，当天下午在赤湖镇召开全县乡镇船舶安全专项整治工作现场会，现场会研究部署进一步加强加快乡镇船舶整治、防范事故发生的一系列"硬措施"。

7.5.2　案情分析

《旅游法》第四十二条规定："景区开放应当具备下列条件，并听取旅游主管部门的意见：

（一）有必要的旅游配套服务和辅助设施；

（二）有必要的安全设施及制度，经过安全风险评估，满足安全条件；

（三）有必要的环境保护设施和生态保护措施；

（四）法律、行政法规规定的其他条件。"

在本案例中，七星海沙滩属于还未开发的海域，同时也没有达到景区的评选标准，所以没有被列入景区范围。但近几年来七星海沙滩被"炒"成了一个网红的打卡地，使一些无良商家看到有利可图，不顾国家法律，在没有开放的景区进行经营，违反了国家的法律规定。

《旅游法》第四十七条规定："经营高空、高速、水上、潜水、探险等高风险旅游项目，应当按照国家有关规定取得经营许可。"在本案例中，在七星海沙滩经营的商家应该按照国家规定取得相关的经营许可，但七星海沙滩的商家并没有取得相关的营业证照，违反了法律规定。由于游客是搭乘了无证经营的商家的快艇出事的，为此涉事商家要承担此次事故的全部责任。

《旅游法》第七十六条规定："县级以上人民政府统一负责旅游安全工作。县级以上人民政府有关部门依照法律、法规履行旅游安全监管职责。"在本案例中，当地政府有对当地实施旅游安全监管的责任，由于七星海没有被列入景区范围，不属于县级旅游局的管辖范围，所以七星海是由镇政府管理，镇政府在七星海附近设置了警示牌，也安排相关部门对七星海进行巡逻，但对于旅游安全监管仍不到位。

《消费者权益保护法》第七条规定："消费者在购买、使用商品和接受服务时享有人身、财产安全不受损害的权利。消费者有权要求经营者提供的商品和服务，符合保障人身、财产安全的要求。"第十一条规定："消费者因购买、使用商品或者接受服务受到人身、财产损害的，享有依法获得赔偿的权利。"因此，在本案例中，谢某与他的伙伴花了 200 元乘坐快艇出海游玩，刚出发 2 分钟就发生事故，导致 1 人溺亡。此事故的发生，是由于快艇出海的驾驶员没有快艇驾驶证而导致的，提供快艇租赁的商贩违反了相关法律规定，没有保障提供的服务是安全的，损害了消费者人身安全权利，应当负有全部责任。谢某等八位消费者在此事件中，依法享有向两名快艇租赁商贩获得赔偿的权利。

7.5.3　案例启示

从旅游者的角度出发：首先，应当增强消费者权益保护意识，在购买接受服务时，应当了解相关服务和产品是否安全、商家是否拥有合格的经营资质等，保护自身权益不受侵犯；其次，旅游者要知法懂法，增强法律意识，安全事故发生后要懂得运用法律维权。

从旅游经营者的角度出发：第一，旅游经营者应当遵守法律法规，合法经营服务，守住道德底线；第二，旅游经营者应该增强法律意识，切莫存在侥幸心理；第三，旅游经营者应当重视维护消费者人身、财产安全不受侵犯的权利，应当遵守公平交易原则，提供合法的服务和商品。

从政府及相关部门的角度出发：首先，政府应当加大对当地旅游安全管理的力度，加强监督管理，完善相关法律法规，保障社会秩序；其次，加大惩罚力度，对于违法经营者，严惩不贷，维护市场秩序；最后，加大法律宣传力度，增强全民法律意识，人人知法、学法、懂法、守法，增强法律震慑力。通过线上文章、视频、线下活动宣讲等方式，结合相关事例为游客普及相关法律知识，提高游客法律意识和人身安全意识。

7.6 案例六：景区玻璃滑道碰撞事故①

7.6.1　事件经过

8月19日11时30分，某一AAAA级旅游景区内，一处玻璃滑道发生人员碰撞事故，造成1人死亡，多人受伤。

当天上午景区已经下过雨，工作人员对滑道进行了擦拭。后来又开始下雨，导致滑道越来越滑。事发前，一行60多人同时在玻璃滑道入口处等待，随后在景区工作人员指挥下开始下滑。其中一位旅客李某提到，在玻璃滑道下滑时，每人间隔只有两三米左右。由于滑道较湿，下滑速度太快，有游客失控，在转角处碰撞受伤。此外，也有人试图减速刹车，导致滑道中人员拥堵，前后游客进一步发生碰撞。滑道出口位置有雨棚，事故发生后，游客们在此处休息，其中有人脸上留有血迹，现场散落着沾血的卫生纸。玻璃滑道碰撞事故中的死者是一名男子，其妻也在事故中受伤。事发后半小时左右，救援人员抵达现场，伤者被送往县医院，伤势较重者被转往省级医院治疗。当天该景区请了护理人员对伤者进行陪护，还提供了生活用品及餐食，并表示将协商解决后续问题。

8月20日午间，该景区就此事发布通报称：19日13时30分许，景区内部分游客乘坐下山玻璃滑道时，因突降暴雨、滑速过快，发生人员碰撞，造成1人死亡，多人受伤，伤者已被及时送至县人民医院救治，无生命危险。

7.6.2　案情分析

《旅游法》第五十条规定："旅游经营者应当保证其提供的商品和服务符合保障人身、财产安全的要求。"

《旅游法》第八十条规定："旅游经营者应当就旅游活动中的下列事项，以明示的方

───────────────

① 改编案例来源：辽宁本溪虎谷峡景区玻璃滑道雨天营业，事故造成1死多伤［EB/OL］. 新浪科技，2020-08-20.

式事先向旅游者作出说明或者警示：

（一）正确使用相关设施、设备的方法；

（二）必要的安全防范和应急措施；

（三）未向旅游者开放的经营、服务场所和设施、设备；

（四）不适宜参加相关活动的群体；

（五）可能危及旅游者人身、财产安全的其他情形。"

《民法典》第一千一百九十八条规定："宾馆、商场、银行、车站、机场、体育场馆、娱乐场所等经营场所、公共场所的经营者、管理者或者群众性活动的组织者，未尽到安全保障义务，造成他人损害的，应当承担侵权责任。"

《消费者权益保护法》第十八条规定："经营者应当保证其提供的商品或者服务符合保障人身、财产安全的要求。对可能危及人身、财产安全的商品和服务，应当向消费者作出真实的说明和明确的警示，并说明和标明正确使用商品或者接受服务的方法以及防止危害发生的方法。"第十一条规定："消费者因购买、使用商品或者接受服务受到人身、财产损害的，享有依法获得赔偿的权利。"

《最高人民法院关于审理旅游纠纷案件适用法律若干问题的规定》第七条规定："旅游经营者、旅游辅助服务者未尽到安全保障义务，造成旅游者人身损害、财产损失，旅游者请求旅游经营者、旅游辅助服务者承担责任的，人民法院应予支持。"

因此，在本案例中，涉事景区的玻璃滑道属于高空、高速项目。该玻璃滑道长约800米，左右两边设有扶手，可通过手脚进行减速，还配备了专用的裤子，裤子在臀部进行加厚处理。但是该涉事玻璃滑道没有全封闭雨篷，只有顶棚且两边镂空，雨水极易进入滑道，玻璃滑道的坡度约20度，游客在雨水润滑作用下会形成重力加速度，造成安全隐患。该事故发生后半小时左右，救援人员抵达现场，伤者被送往县医院，伤势较重者被转往省级医院治疗。涉事景区一位负责人表示，景区方面愿意赔付伤者的医疗费用，并配合调查组，查清事故发生的原因。依据《旅游法》第五十条和第八十条、《民法典》第一千一百九十八条、《消费者权益保护法》第十八条、《最高人民法院关于审理旅游纠纷案件适用法律若干问题的规定》第七条等法律法规的规定，该事故应该由涉事景区承担责任。

7.6.3　案例启示

近年来，国内各大景区为吸引游客，引进了不少高空、高速的高风险网红项目，因惊险刺激的体验受到年轻人追捧，成为景区的"吸金"利器。然而，原本轻松快乐地游玩体验，却也能成为难以预料的"夺命"时刻。例如景区网红项目的玻璃滑道，近几年更是安全事故不断。

首先，这类高空、高速的高风险网红项目建设投资门槛低、投资回本快。一条玻璃滑道的最低投资成本仅六七十万元，而市面上玻璃滑道门票售价最低也要 30 元，只要一条玻璃滑道体验人次达到 2 万余人，基本就可以回本。对于一些日客流量达 10 万人次的大型景区而言，几乎在很短时间内就能收回成本。其次，网红项目经抖音、小红书等社交平台的进一步放大，迅速成为年轻人向往的"打卡"胜地。在抖音短视频平台上，一条游客体验玻璃吊桥的视频，就能有数十万的点赞量，被网友广泛传播。

从游客角度来看，首先，在进行旅游娱乐项目前，要提前了解项目的安全性以及安全防范措施。其次，在进行娱乐项目过程中，应正确佩戴和使用相关安全设施设备，自觉遵守旅游安全行为准则和安全警示规定。游客要注意保护好自身安全，杜绝追风与侥幸心理的驱使。最后，事故发生后采用正确的方式积极展开自救，配合相关人员的调查和救治工作。

从旅游经营者的角度来看，玻璃滑道项目本身就具有高风险性，下雨时的风险系数显然会增高，景区应当保障游客的人身安全，在娱乐设施设备不能抵御特殊天气状况并有安全隐患时，最好中止娱乐项目的运营，最大限度防止游客发生人身损害。事故发生后，景区应当及时进行救助，发生伤亡的应配合调查并进行赔偿。

作为旅游经营者，在经营玻璃观光娱乐这类项目时要注意以下几方面。

第一，要对自身提供的娱乐设施进行明确的安全评估以及完善的安全应急措施，在设立特色项目吸引更多游客和保证自身利益的同时更要将安全性放在首位。

第二，娱乐项目要严格把控人员最大承载量，并作好人员游玩期间注意事项的说明。尤其是高风险娱乐项目，在运营期间不能抱有侥幸心理，遇特殊的天气状况必须站在游客的角度保障其人身安全。

第三，旅游企业内部加强员工培训，提高与消费者的沟通能力，遇到突发状况及时疏导游客，提前预防事故发生。

第四，旅游从业者要自我反思、从"心"做起。安全红线不可触碰，对行业的管理者、经营者而言，要提高安全意识，在盈利与社会责任之间明确定位、找到自我，保障游客安全性和景区特色性，企业的未来才能保持良好的可持续发展。

要想从根本上解决问题，需要国家有关管理部门从法律、制度入手，围绕玻璃滑道、吊桥、滑索的建设和安全问题，尽快出台统一的建设安全标准，明确具体监管部门，才能填补相关安全管理漏洞。因此，从政府相关管理部门的角度来看，首先要加强景点的规划，对于跟风建设的项目严格审核，需要明确具备安全监管条件的相关政府部门的安全监管职责，建立配套的安全监管体系。尽快规范准入资质条件，出台权威、科学和易落地操作的设计、建设、验收和运营标准。在相关标准出台后，推进制定玻璃观光娱乐这类项目的管理细则，规范其设计、制造、安装、使用、检验、维修保养和改造，加强安全监管，强化玻璃观光项目的客流量控制、应急处理等标准的设计。另外，加强引导栈道游步道专业委员会对各景区栈道建设的标准化与规范化管理。

第8章

旅游企业诚信问题案例

【教学目的和要求】 文化和旅游部旅游质量监督管理所曾从全国各级旅游质监所受理和处理的旅游消费者投诉中筛选出典型案例，通过媒体予以曝光。其中既有经营者因为团款纠纷损害游客合法权益的问题，也有购物店或导游以欺骗手段购物欺诈问题，还有对老年及儿童等团费外加价造成一定社会影响的问题。此类案例涉及国内游、出境游、入境游三大市场。旅游管理部门此举的目的是通过新闻媒体向社会公示，从而达到警示旅游经营者诚信经营、提醒旅游者理性消费的目的。本章选取了部分案例进行分析讨论，通过对具体案例的描述，分析原因，剖析旅游企业应对此类事件的处理方式方法，有效地进行旅游业、酒店业诚信问题的管理，为旅游企业经营管理实践提供参考和借鉴。通过对本章内容的学习与分析，深刻理解中华传统文化中守诚信、崇正义的思想精华，理解和掌握影响旅游者购买行为的因素，了解旅游消费者的购买心理及旅游服务消费的发展趋势。

【关键词】 企业诚信 投诉 警示 旅游质量监督

【主要适用法律法规】

《中华人民共和国旅游法》

《中华人民共和国民法典》

《中华人民共和国消费者权益保护法》

《旅行社条例》

8.1 案例一："分时度假"不靠谱，定金是否可拿回[①]

8.1.1 事件经过

卢某夫妇诉称，他们通过推介会与某度假公司签订《度假权益承购合同》，购买了该度假公司在某国际公寓的 20 年度假权益，并支付定金 5800 元。据卢某夫妇称，该度假公司在推介会上称，该公司有 70 多套公寓、3000 多名会员，与世界上几百家加盟度假饭店形成联盟。但经了解，该公司在某国际公寓只有四五套房屋。因担心该度假公司没有履行能力，卢某夫妇多次要求对方提供履行担保。在双方协商无果的情况下，卢某夫妇将某度假公司诉至法院，要求解除合同、退返定金。该度假公司在庭审中否认其对卢某夫妇进行了误导，并提供了该公司位于某国际公寓的 5 套房屋产权证，以证明其具备履约能力，同时反诉要求卢某夫妇继续履行合同，支付剩余款项及利息 3 万余元。

8.1.2 案情分析

《旅游法》第六条规定："旅游经营者应当诚信经营，公平竞争，承担社会责任，为旅游者提供安全、健康、卫生、方便的旅游服务。"《旅游法》第四十九条规定："为旅游者提供交通、住宿、餐饮、娱乐等服务的经营者，应当符合法律、法规规定的要求，按照合同约定履行义务"。《民法典》第七条规定："民事主体从事民事活动，应当遵循诚信原则，秉持诚实，恪守承诺。"因此，在本案例中，受理此案的一审法院认为：合同的签订及履行均应当遵循诚实信用原则。卢某夫妇与该度假公司签订的《度假权益承购合同》虽合法有效，但因分时度假经营形式目前在我国还缺乏相关的法律规范和行政监管，且合同履行期限长达 20 年，对购买者而言存在较大风险。该度假公司称其为某国际公寓部分度假权益的拥有人，卢某夫妇为避免履行风险要求对方提供履行担保，属正常合理之要求，该度假公司应遵循诚实信用原则履行该项义务。在本案例中，该度假公司虽拥有某国际公寓 5 套房屋的产权，但当卢某夫妇提出履行能力异议时，该公司未向二人出示过权属证明。至卢某夫妇起诉时，双方签约已逾期一年，由于该公司怠于履行上述义务，导致双方继续履行合同的信任基础已丧失，合同已无法继续履行。卢某夫妇要求解除合同，理由正当，应予支持。因该度假公司对合同之无法继续履行负有责

---

① 改编案例来源：杨富斌. 旅游法案例解析［M］. 北京：旅游教育出版社，2012：87.

任，故应返还卢某夫妇已支付的定金。

一审法院判决后，该度假公司不服，上诉至第二中级人民法院。二审法院就这起分时度假纠纷案作出终审判决，驳回该度假发展有限公司上诉，维持一审法院作出的解除该度假公司与卢某夫妇签订的《度假权益承购合同》，判令该度假公司返还卢某夫妇5800元定金的判决。

8.1.3 案例启示

目前在我国分时度假还没有较为完善的法律法规作保障，旅游者签订分时度假合同要慎之又慎。同时，国家有关部门也应当尽快出台有关分时度假的法律规定，促使这一新兴的旅游度假形式在我国早日成熟。在西方旅游业发达的国家，分时度假已成为一种比较成熟的休闲度假方式，是一个前景非常看好的黄金产业，对拉动旅游业和促进闲置房产销售很有好处，受到旅游者的广泛欢迎。我国应当借鉴西方国家的分时度假经营经验，一方面，旅游经营者要尽力做好分时度假产品，让旅游者放心地接受和享用这一新型的旅游产品；另一方面，国家有关部门应当尽快地建立和健全有关分时度假的法律规定，用法律法规来规范旅游经营者的分时度假经营活动。

分时度假是一个长线项目，要运作好，公司信誉是非常关键的。而针对分时度假这一现象的出现，国内还没有相关的法律予以约束。有业内专家称，目前我国分时度假销售中主要存在三大陷阱，需要旅游者注意。

第一，宣称可畅游世界。分时度假公司一般会选择一些比较高档的宾馆、写字楼，大多采用参加娱乐性活动并赠送礼品的方式邀约消费者到现场来接受其产品推销。在现场，销售人员夸大宣传，如承诺购买某度假村1个房间每年7天的使用权后，就可以和全世界多个国家的酒店旅店交换使用权，畅游世界。而实际上，我国法律规定，任何单位和个人不得组织中国公民到国务院旅游行政部门公布的出国旅游目的地以外的国家旅游，并且有些国家根本没有对中国开放旅游。

第二，洗脑宣传强迫消费，合同有欺诈性。分时度假业务员通常会采用长时间洗脑式宣传，变相强迫旅游者消费。同时，其合同中通常会有许多欺诈性内容，或者有许多免责性声明，对于不懂旅游业务的一般消费者而言，在洗脑式宣传面前很容易上当受骗，业务员对消费者的口头承诺通常不写在合同之中，即使消费者事后清醒过来，想通过诉讼撤销合同，也会由于无法提供证据证明其虚假宣传的事实，在诉讼中还是会屡屡败诉。

第三，称分时度假是投资。分时度假业务员常常向消费者宣传"分时度假"是一项投资，可以增值。等到购买之后，消费者才发现该产品根本租不出去，且接受服务之前要一次性交纳高额费用，得不偿失。从产品性质上说，分时度假应该是度假产品而不是投资产品。国外发展经验证明，分时度假是一种度假产品，消费者之所以购买是出于经济性、灵活性和方便性等方面的考虑，而不是为了投资，至少主要不是为了投资。但是在我国，由于一些企业的误导，使得许多购买者把分时度假与产权酒店等概念混淆，认为分时度假是一种投资产品。消费者应特别注意公司的破产风险，"分时度假"采取会员制，最长时间为 40 年，最短也是 5 年，经营者在此期间可能倒闭破产，消费者要考虑这种预期消费风险是否值得，或者考虑能否通过如信托或投保等方式得到消除或降低风险。

8.2　案例二：游客不参加自费项目被导游中途甩客[①]

8.2.1　事件经过

10 月 6 日，中央电视台报道了"香格里拉旅游乱象"的新闻后，该事件成为《旅游法》正式施行后备受关注的焦点。

事件起因于一位记者在云南的暗访。8 月 14 日，迪庆香格里拉某旅行社有限责任公司委派迪庆某旅行社导游张某从丽江古城接待前往香格里拉散客拼团 39 人，途经拉市海、雄古光景台、第一湾观景台，游览香格里拉虎跳峡景区，晚上自费参加碧纳藏民家访。15 日游览香格里拉市纳帕海湿地公园等景点后返回丽江，结束行程。在 14 日，团队行至离虎跳峡 10 公里左右路段，导游张某收取藏民家访费用，每人 100 元，当时有 3 人没有交，导游将他们撵下车。当团队 15 日返回丽江，被撵游客在丽江市旅游局进行了投诉。丽江旅游局工作人员表示，他们只能管丽江的导游和旅行社，那些导游是香格里拉的。于是有记者跟随被甩游客来到香格里拉。迪庆藏族自治州旅游局执法人员的答复更是出人意料。工作人员认为，"游客过于理性消费，观念不对"。当工作人员发现有游客拍摄时，游客遭到了执法人员的威胁和辱骂。一位执法者说："像你（指游客）这样的滚蛋！永远不要来香格里拉！把你撵掉！我敢说这句话我就做得到！"

8.2.2　案情分析

《旅游法》第四十一条规定："导游和领队应当严格执行旅游行程安排，不得擅自变

---

① 改编案例来源：李娌. 案例解读《旅游法》［M］. 北京：旅游教育出版社，2014：80 - 82.

更旅游行程或者中止服务活动，不得向旅游者索取小费，不得诱导、欺骗、强迫或者变相强迫旅游者购物或者参加另行付费旅游项目。"《旅游法》第一百零九条规定："旅游主管部门和有关部门的工作人员在履行监督管理职责中，滥用职权、玩忽职守、徇私舞弊，尚不构成犯罪的，依法给予处分。"

事件发生后，丽江市旅游局协调迪庆香格里拉某旅行社向投诉人作出了投诉处理：全额退还 480 元/人的团款；赔偿团款 40% 的违约金，计 192 元/人。10 月 6 日，该事件又被中央电视台曝光后，迪庆有关部门决定对媒体报道的"香格里拉旅游乱象"中所涉及的旅行社处以 10 万元罚款，停业整顿 1 个月；涉事导游张某违反《旅游法》第四十一条以及《导游人员管理条例》相关规定，依法吊销其迪庆导游人员上岗从业资格证书和迪庆导游上岗证；将玩忽职守、出言不逊、滥用职权的旅游执法人员，调离迪庆州旅游执法支队。

在《旅游法》实施前，对本案例的处理，如对导游张某的处理应依据《导游人员管理条例》第二十四条之规定：导游人员进行导游活动，胁迫旅游者消费情节严重的，由省、自治区、直辖市人民政府旅游行政部门吊销导游证并予以公告，对委派该导游人员的旅行社给予警告直至责令停业整顿。对比前后，《旅游法》实施后对此类案件处理更加严厉，更对旅游执法者履职不尽责进行处罚。

本案例中，导游出言不逊，甚至强行要求游客下车，违背了导游人员的职业道德，给导游群体及当地旅游业蒙上一层"污秽"。类似云南香格里拉、丽江等地导游、执法人员威胁游客和野蛮执法的行为在 2013 年 10 月 1 日《旅游法》实施之后，应该依法予以严惩。

媒体所披露的现象深刻地说明了导游所患"顽疾"，早已"病入膏肓"。值得反思的是，当地旅游行政执法人员对游客的建议都是"交了旅行社和导游让你交的钱，就什么问题都不会发生了"。《旅游法》第一百零九条明确对旅游相关部门工作人员进行了职业道德的约束和要求。旅游行政执法人员要严格规范执法行为，推进依法行政工作。透过此事件，旅游行政执法队伍有待进一步完善和提升自身修养，打造一支合格的行政执法队伍。

8.2.3 案例启示

导游人员应当严格遵守《旅游法》《导游人员管理条例》《导游管理办法》等法规、规章的规范要求，严格执行团队接待计划，切实做到诚信服务，优质接待，不得为个人利益擅自增减旅游项目，欺诈游客消费。在团队运行中出现急需处理的违约或违规问题时，应立即拨打组团社或当地旅游主管部门公布的旅游投诉电话，并注意保存和收集有效证据。

未经协商，旅行社或导游人员擅自改变行程计划，游客可以依据合同约定予以拒绝或要求赔偿，并可向相关机构投诉或向法院起诉。旅行社在合同中如果声明："在保证不减少行程的前提下，保留调整行程的权利。"这样的声明虽然根据合同法规定有可能被认定为无效，但是为了避免争议，最好要求旅行社删除该条款。

本案例是一起明显的旅游纠纷，即在旅游过程中，旅游法律关系的当事人因利益不同所发生的矛盾和冲突。旅游纠纷产生的主要原因主要包括三方面：一是当事人不重视合同的签订，约定的内容不细致，可操作性不强；二是一方或双方缺乏诚信，任意变更合同甚至故意欺诈；三是因为意外伤害或者发生不可抗力等因素。目前，解决旅游纠纷主要有五种方式：一是纠纷各方协商和解；二是请求第三方进行调解；三是向旅游行政管理部门投诉或申诉；四是根据双方达成的仲裁协议提请仲裁机构仲裁；五是向法院提起诉讼。协商和解是指游客与旅游经营者在发生争议后，就与争议有关的问题进行协商，在自愿、互谅的基础上，通过直接对话摆事实、讲道理，分清责任，达成和解协议，使纠纷得以解决的活动。协商和解是一种快速、简便的争议解决方式，无论是对游客还是对旅游经营者，它都不失为一种理想的途径。协商和解无须第三方介入，纠纷各方本着平等自愿的原则，依据法律的规定或合同的约定，在互谅互让的基础上协商解决纠纷。请求第三方进行调解，因调解人身份的不同，可分为民间调解、行政调解、仲裁调解、诉讼调解。民间调解的调解人是双方认可的中立者，当事人可以协商选择，但民间调解达成的协议不具有法律约束力，无强制执行的效力。行政调解、仲裁调解和诉讼调解，是在行政机关、仲裁机构或法院主持下进行的，调解协议具有法律约束力，具有强制执行性。一般来说，旅游投诉、仲裁与诉讼是旅游纠纷产生后的主要法律救济途径。

8.3　案例三：游客签订合同需谨慎[①]

8.3.1　事件经过

梁先生夫妻二人报名参加某旅行社的经典旅游线路之旅，在旅行社的经营门店与该

---

① 改编案例来源：杨富斌. 旅游法案例解析 ［M］. 北京：旅游教育出版社，2012：140 – 143.

旅行社签订旅游合同时，未仔细阅读合同内容就签了字，并交了全部团费8400元，旅游团出发时间定在大年初一。但到了腊月二十九那天，梁先生因生意上突然有急事需要处理，无法跟团旅行了，而其太太对这条旅游线路痴迷已久，夫妇二人商量后决定梁太太仍然如约随团旅游，而梁先生则告知旅行社自己不能去旅游的原因，希望取消其个人的旅游行程，之前报名交纳的4200元/人的旅游费用等旅游结束后再退还。对此该旅行社无异议。

梁太太在这次的旅游行程中，除了游玩旅游景点项目外，还在导游带领下买了1万余元的珠宝首饰。当梁先生到该旅行社索要自己交的团费时，旅行社却扣掉了50%，只退给其2100元，梁先生感到无法接受这个处理结果。但该旅行社拿出当初梁先生签订的旅游合同，其中第八条第三款明确规定，甲方（即游客梁先生一方）可以在旅游活动开始前通知乙方解除本合同，但需承担乙方已经为办理本次旅游支出的必要费用，并按如下标准支付违约金：在旅游开始前第3日至第1日通知到的，支付全部旅游费用扣除乙方已支出的必要费用后余额的50%。梁先生见到上述旅游合同条款，后悔当初签订合同时未仔细阅读，只好自认倒霉。后来梁太太对此次旅游行程中购买的珠宝进行了鉴定，发现全是假货，充其量价值也就在800元左右。梁太太找到该旅行社，该旅行社人员说这和他们没有关系，对于梁太太的遭遇他们深表同情，但具体问题的解决还需要梁太太自己去和当初其购买物品的旅游商店交涉。梁太太认为自己距离此次的旅游目的地路途遥远，无法亲自前往交涉。此时，该旅行社拿出旅游合同文本，上面明确写道："当甲方发现所购物品系假冒伪劣商品时，乙方在下列情况下不承担责任：A. 如购物为甲方要求的；B. 如购物为行程内安排的。"旅行社的工作人员表示对发生的事情爱莫能助。于是，梁先生夫妇便把该旅行社投诉到旅游质监所，要求旅行社赔偿珠宝损失并退还全部团费。

8.3.2 案情分析

在此案例中涉及两方面问题：一是梁先生要求解除旅游合同能否全额退还参团费用？二是梁太太在旅游行程中购买到假货，谁担责？

首先，梁先生与旅行社签订的旅游合同是双方真实意思的表示，因此，应当认定该旅游合同是合法有效的。《旅游法》第六十七条第二款规定："合同解除的，组团社应当在扣除已向地接社或者履行辅助人支付且不可退还的费用后，将余款退还旅游者；合同变更的，因此增加的费用由旅游者承担，减少的费用退还旅游者。"梁先生属于与旅行社签订了旅游合同但还未出发的情况，组团社应当在扣除已向地接社或者履行辅助人支付且不可退还的费用后，将余款退还梁先生。

其次，梁太太在旅游行程中购买的珠宝首饰要拿到权威鉴定机构进行鉴定。这里需要注意的两个前提：一是如果旅行社导游有诱导、欺骗或胁迫购物行为，旅行社应当负责赔偿；二是梁太太所购珠宝须经权威机构鉴定确实是假货，而不是梁太太自认为是假货。根据本案例中所说，梁太太花费一万余元购买的珠宝，经鉴定全是假货，充其量价值在 800 元左右。若是权威鉴定机构认定是假货并出具鉴定证明材料，梁太太可据此主张自己的权利。因为旅游商品质量纠纷的处理，主要取决于旅游者的举证。只要有关权威部门出具书面检测报告，证明旅游者所购商品有假，旅行社就应当承担帮助退货等相应的责任。若梁太太是在带队导游带领下去的购物商店，按照《消费者权益保护法》第四十条的规定："消费者在购买、使用商品时，其合法权益受到损害的，可以向销售者要求赔偿。"在本案例中，游客购买的珠宝若是经权威鉴定机构认定是假货并出具鉴定证明材料，则游客的合法权益受到侵害，可以向旅行社提出赔偿要求。另外，根据《旅行社服务质量赔偿标准》第十条第五款规定："旅游者在合同约定的购物场所所购买物品系假冒伪劣商品的，旅行社应负责挽回或赔偿旅游者的直接经济损失。"即便是双方协商一致后安排的购物，旅行社也必须对商家的服务及产品瑕疵给客户造成的损失，承担相应的先行赔偿义务。

根据《最高院关于审理旅游纠纷案件适用法律若干问题的规定》第六条："旅游经营者以格式合同、通知、声明、告示等方式作出对旅游者不公平、不合理的规定，或者减轻、免除其损害旅游者合法权益的责任，旅游者请求依据消费者权益保护法第二十四条的规定认定该内容无效的，人民法院应予支持。"如果本案例中梁太太到法院起诉该旅行社，要求法院认定该旅游合同显失公平，在格式合同中免除了行程内安排的购物场所卖假货而应承担的责任，损害了旅游者的合法权益，人民法院应当会予以支持。

8.3.3　案例启示

对于游客来说，本案例告诉我们，旅游者在与旅行社签订合同之前，一定要认真阅读旅游合同中约定的各项条款，尤其是不仅要对具体旅游的项目和内容给予关注，还要对违约责任的承担、纠纷的解决方式等条款进行仔细阅读，必要时，可以咨询有关法律工作者的意见。

旅游购物是异地消费，多属于游客在旅游目的地的一次性消费。很多卖家因而不必在招揽回头客上多动脑筋，赚一个是一个。游客在旅行过程中购物需理智，避免从众心理，别人需要的物品自己未必需要，特别是大件物品，建议谨慎选择。要加强游客对个人旅游权益的自我保护意识，提升消费理性。很多珠宝、玉器等艺术品的真伪难以辨认，尤其是现代技术条件下出产的高仿品。因此，游客在购买这些艺术品时，除非具备一定的知识和经验，能够弄清楚商品的真伪和年代，否则，最好就只当参观一回，或者至多买那些明确标出是仿制品的现代工艺品。

另外，游客在购物时应索要正规凭证并保存。旅游者购买商品时，必须保留相关的购物凭证、记清商店名称。如果没有购物凭证，一旦发生质量问题，旅游者要求旅行社及商家承担责任，缺乏法律依据。

对于旅行社来说，我国《旅行社条例》也明确规定，旅行社在开始旅游行程前必须与旅游者签订旅游合同。如果要安排购物应与旅游者协商，并签订书面协议，否则将被认定为擅自安排购物。另外，旅行社安排的购物场所必须有合法资质，商品质量达到相关标准、不虚假宣传并应明码标价。游客出发前，应与商家签订书面合同，明确商家的权利义务，约定如果商品出现质量问题，商家必须无条件退货，给旅游者造成损失的，也应承担赔偿责任。

《旅游法》第九十二条规定："旅游者与旅游经营者发生纠纷，可以通过下列途径解决：（一）双方协商；（二）向消费者协会、旅游投诉受理机构或者有关调解组织申请调解；（三）根据与旅游经营者达成的仲裁协议提请仲裁机构仲裁；（四）向人民法院提起诉讼。"旅游者与旅行社一旦发生纠纷，可以通过上述这四个途径予以解决，当然最好的解决途径是能够协商解决纠纷和矛盾。

对于旅游管理部门来说，首先，要规范旅游市场秩序，严格执行旅游经营者市场准入制度，工商行政部门做好审查和审批，并不定时检查是否依然符合审查资质，是否存在侵害旅游者权益行为。其次，强化法律意识，利用各种媒介载体和旅游景点的一些场所进一步宣传相关法律法规，强化旅游经营者和旅游者的法律意识。最后，适当扩大执法的覆盖面，增强处罚力度，提高违法成本，彰显法律的威严和政府的公信力。

8.4 案例四：旅游服务与合同约定不符怎么办①

8.4.1 事件经过

重庆的宋女士和刘女士与昆明某旅行社签订了到云南西双版纳旅游的合同，并交纳

---

① 改编案例来源：杨富斌. 旅游法案例解析［M］. 北京：旅游教育出版社，2012：190-195.

了 6400 元的费用。合同对行程路线、主要观光点和住宿、交通标准等内容均作了明确约定。但在西双版纳旅游时，两名游客发现旅行社提供的服务质量和内容与合同约定部分不符，如乘坐的车并非标准旅游车，行程表上注明的"八角亭"未去观光，而在他们被带去游览"金三角神秘山寨"时，导游又让他们每人再交费 100 元。晚上 0 点，车到达丽江后，安排到车站接团的人错接了另外三名游客，却把她们丢在车站。深更半夜，人地生疏，她们心惊胆战，急得哭了出来，直到凌晨 2 点左右才找到一个小旅馆住下。第二天近中午，她们才和丽江的有关人员联系上，但合同约定的玉峰寺、白沙壁画及中甸的部分景点已无暇游览。两位女士返回昆明后，当即找到旅行社有关负责人交涉，要求旅行社承担违约责任并赔礼道歉。

由于双方交涉迟迟未果，"不胜其烦"的旅行社竟拨打"110"，要求将两位游客带走。当民警赶来了解事情原委后，对旅行社的行为作了批评，并建议游客向昆明市旅游质量监督管理所（以下简称"质监所"）投诉。质监所进行了认真聆听，并进行了调解。投诉者的要求是赔偿违约金，并公开赔礼道歉；退还丽江、中甸的费用；给予相应的精神赔偿。质监所的意见是旅行社向客人赔礼道歉；赠送石林一日游；质量问题合计赔偿 700 元。但旅行社不同意，拒绝在调解书上签字。后来，旅行社发来传真，说已由有关人员代领了 740 元，扣除 2 名游客去石林的费用 240 元后，2 人实领现金 500 元。

8.4.2　案情分析

《旅游法》第四十九条规定："为旅游者提供交通、住宿、餐饮、娱乐等服务的经营者，应当符合法律、法规规定的要求，按照合同约定履行义务。"第五十七条规定："旅行社组织和安排旅游活动，应当与旅游者订立合同。"第五十九条规定："旅行社应当在旅游行程开始前向旅游者提供旅游行程单。旅游行程单是包价旅游合同的组成部分。"

《民法典》第五百七十七条规定："当事人一方不履行合同义务或者履行合同义务不符合约定的，应当承担继续履行、采取补救措施或者赔偿损失等违约责任。"

在本案例中，可以按照《旅行社服务质量赔偿标准》对旅游者进行赔偿。昆明某旅行社在履行旅游合同的时候，违约行为是明显的：（1）未能提供标准旅游车；（2）八角亭、玉峰寺、白沙壁画及中甸的部分景点未能如约旅游；（3）擅自增加自费项目，要求每位游客再交费 100 元游览"金三角神秘山寨"；（4）旅途中接站失误，将游客丢下。此外，处理问题的态度也非常不好。宋、刘两位女士作为旅游投诉者，其合法权益受到损害，是与案件有直接利害关系的人，被投诉者以及投诉请求和事实根据都十分明确。

其投诉也属于法律规定的旅游投诉范围：一是认为旅游经营者不履行合同或协议的；二是认为旅游经营者没有提供价值相符的旅游服务的。符合旅游投诉的条件，并在规定的时效期间，向被告所在地的昆明市旅游质量监督管理所进行投诉，不存在管理权异议。

因此，旅游质监所可以责令该旅行社给旅游者如下赔偿：第一，旅行社安排的交通工具低于合同约定的等级档次，应退还旅游者所付交通费与实际费用的差额，并赔偿差额20%的违约金；第二，旅行社擅自改变活动日程，减少或变更参观景点，应退还景点门票、导游服务费并赔偿同额违约金；第三，在旅游行程期间，旅行社接站错误，造成旅游者无人负责，旅行社应承担宋女士和刘女士两位旅游者滞留期间所支出的食宿费等直接费用，并赔偿全部旅游费用30%的违约金。因为属于违约行为，按照我国法律的相关规定，不支持旅游者提出的精神损害赔偿。

8.4.3 案例启示

本案例是一起因旅行社违约引起的旅游投诉案件。旅游投诉制度是我国旅游管理中相对完善的一项法律制度，是处理旅游纠纷中最具旅游特色的一种。1991年6月1日，国家旅游局颁布了《旅游投诉暂行规定》，这是我国第一部规定旅游投诉和投诉程序的部门规章。此后，相继颁行了《旅行社质量保证金赔偿暂行办法》《全国旅游质量监督管理机构组织与管理暂行办法》《旅行社服务质量赔偿标准》等，在组织保证、赔偿金来源、依据、标准等方面逐步完善了旅游投诉制度。

2018年8月，十三届全国人大一次会议在人民大会堂举行第四次全体会议，听取全国人大常委会关于监察法草案的说明、国务院关于国务院机构改革方案的说明。根据国务院总理李克强提请第十三届全国人民代表大会第一次会议审议的国务院机构改革方案的议案，改革后，国务院正部级机构减少8个，副部级机构减少7个，除国务院办公厅外，国务院设置组成部门26个。其中，将文化部、国家旅游局的职责整合，组建文化和旅游部，作为国务院组成部门。不再保留文化部、国家旅游局。文化和旅游部主要职能是统筹规划文化事业、文化产业和旅游业发展，拟订发展规划并组织实施，推进文化和旅游融合发展，推进文化和旅游体制机制改革，指导、管理文艺事业及文化和旅游市场发展，管理国家文物局，指导全国文化市场综合执法等。

依据《旅游投诉处理办法》的规定：旅游投诉，是指旅游者认为旅游经营者损害其合法权益，请求旅游行政管理部门、旅游质量监督管理机构或者旅游执法机构（统称"旅游投诉处理机构"），对双方发生的民事争议进行处理的行为。

旅游投诉的条件如下。

（1）投诉者是与案件有直接利害关系的人，即因被投诉者的行为直接导致其合法的人身、财产权益或经营信誉受到损害而依法行使相应请求权的人，包括旅游者、海外旅行商、国内旅游经营者和旅游从业人员。

（2）有明确的被投诉人、具体的投诉请求、事实和理由。

（3）属于法律规定的旅游投诉范围。即《旅游投诉处理办法》第八条规定的，投诉人可以就下列事项向旅游投诉处理机构投诉：

第一，认为旅游经营者违反合同约定的；

第二，因旅游经营者的责任致使投诉人人身、财产受到损害的；

第三，因不可抗力、意外事故致使旅游合同不能履行或者不能完全履行，投诉人与被投诉人发生争议的；

第四，其他损害旅游者合法权益的。

另外，《旅游投诉处理办法》第十一条规定："旅游投诉一般应当采取书面形式，一式两份，并载明下列事项：（一）投诉人的姓名、性别、国籍、通讯地址、邮政编码、联系电话及投诉日期；（二）被投诉人的名称、所在地；（三）投诉的要求、理由及相关的事实根据。"

旅游投诉处理机构接到投诉后，应当在 5 个工作日内作出以下处理：（1）投诉符合《旅游投诉处理办法》的，予以受理；（2）投诉不符合《旅游投诉处理办法》的，应当向投诉人送达《旅游投诉不予受理通知书》，告知不予受理的理由；（3）依照有关法律、法规和《旅游投诉处理办法》规定，本机构无管辖权的，应当以《旅游投诉转办通知书》或者《旅游投诉转办函》，将投诉材料转交有管辖权的旅游投诉处理机构或者其他有关行政管理部门，并书面告知投诉人。旅游投诉处理机构处理旅游投诉，除《旅游投诉处理办法》另有规定外，实行调解制度。旅游投诉处理机构应当在查明事实的基础上，遵循自愿、合法的原则进行调解，促使投诉人与被投诉人相互谅解，达成协议。

在下列情形下，经过旅游投诉处理机构调解，投诉人与旅行社不能达成调解协议的，旅游投诉处理机构应当作出划拨旅行社质量保证金赔偿的决定，或向旅游行政管理部门提出划拨旅行社质量保证金的建议：一是旅行社因解散、破产或者其他原因造成旅游者预交旅游费用损失的；二是因旅行社中止履行旅游合同义务、造成旅游者滞留，而实际发生了交通、食宿或返程等必要及合理费用的。

旅游者在旅游服务过程中因对方的违约行为或侵权行为而造成的损失，依照《旅游法》《民法典》《消费者权益保护法》《旅行社条例》《旅行社服务质量赔偿标准》等相关法律法规进行赔偿。旅游者可以根据具体情况，选择相关的依据请求赔偿。

8.5 案例五：导游欺骗游客修改旅游行程

8.5.1 事件经过

张女士于6月21日参加了某知名旅行社的土耳其十二日全景环游，该团共有18位游客，领队是具有5年带团经验的刘小姐，抵达伊斯坦布尔机场后土耳其地陪导游接机，开始了土耳其之旅。由于土耳其持证的地陪导游不会说中文，他还带有一位会说中文的土耳其小伙子作为翻译，这样在旅行中除司机外整个团有三位工作人员陪同。一路上土耳其导游都在推荐自费项目，那些自费项目都以美元为单位，最便宜的土耳其浴和游船项目也要每人65美元。在卡帕多奇亚，旅游行程单上写着清晨自由活动有自费项目"热气球之旅"，每人230美元。自费项目"热气球之旅"介绍内容如下：热气球带着我们缓缓升空，随风飞向远方的峡谷，地面的景色让我们不住的惊呼、感慨，进行一次神奇的空中之旅，欣赏世界上唯一的卡帕多奇亚的精灵烟囱，仿佛置身于另一个世界，在村庄、葡萄园、果园点缀的"月球表面"上空徘徊大约1小时，最后在农夫的田地中着陆，着陆后，给每人颁发一份证书，并赠送一杯香槟庆祝这次成功的空中历险。来土耳其旅游的很多游客是冲着土耳其的热气球之旅来的，纷纷踊跃报名乘坐热气球，该团共有13位游客自愿缴费参加搭乘热气球这个自费项目。乘坐热气球是要在凌晨4~7点期间完成的，白天还有旅游景点参观安排，而且热气球安全搭乘对于风力要求很严格，由于天气原因，卡帕多奇亚凌晨4~7点期间的热气球已经好几天没起飞了。张女士这个团的团友们也没能如愿在行程上规定的7月2日凌晨搭乘上热气球，最后在土耳其导游的安排下，13人由会说中文的翻译带领在卡帕多奇亚多住一晚，期待着第二天凌晨4~7点的热气球之旅（但也没保障，说也要看天气）。而没有报名乘坐热气球的团里其他5位游客则安排另外一部商务车继续按原旅游行程安排前往安卡拉，当时包括张女士在内的5位游客跟导游说不要因为那13人改变行程而影响到我们守约继续旅游行程的5位游客，地陪导游和全陪领队刘小姐均满口答应说不会受到影响的。第二天该团分为两个团，张女士一行5人由领队和土耳其持证导游（不会说中文）带领前往图兹湖盐湖、安卡拉老城区游览至当地时间下午3点多，这时领队说天气炎热，建议将行程中当天的最后一个景点土耳其国父陵改在第二天参观，5位游客听从了领队的建议，签字确认修改参观土耳其国父陵的时间，但是第二天（7月4日）并没有按照旅游行程安排在早餐后前往番红花城参观鄂图曼市长官邸和希德尔立克山丘，而是让张女士等5位游客在酒店等候一个上午的时间，等另外 13 位游客到达安卡拉一起午饭后再一同游览土耳其国父陵。中午 12 点半搭载 13 位团友的大巴去酒店接上等候了一上午的 5 位游客前往用餐，餐后两点多才前往土耳其国父陵参观，这个游览时间应该比前一天更晒更热。然后领队刘小姐和地陪导游又让那 13 位游客签署放弃原旅游行程中的游览安卡拉老城区景点的同意书，驱车赶往番红花城的酒店办理入住。结果按照旅行社原行程走的那 5 位游客在 7 月 4 日全天只是游览了一个景点——土耳其国父陵，而另外 13 位游客当天是乘坐了热气球、游览了图兹湖盐湖和土耳其国父陵。这使得张女士等 5 位按照旅行社约定行程走的游客浪费了大量的游玩时间，因而张女士一行 5 人对于领队刘小姐和土耳其导游的行程安排产生不满。

回到广州后，张女士将此事投诉到旅行社，以领队和地陪导游联合起来欺骗游客修改旅游行程为由，要求赔偿。

8.5.2　案情分析

《旅游法》第七十三条规定："旅行社根据旅游者的具体要求安排旅游行程，与旅游者订立包价旅游合同的，旅游者请求变更旅游行程安排，因此增加的费用由旅游者承担，减少的费用退还旅游者。"

在本案例中，多逗留一天乘坐热气球并修改原旅游行程的 13 位团友，其请求变更旅行社的旅游行程安排并签字确认，由此增加的费用应该由这 13 位游客自行承担，按照原旅行计划继续旅游行程的张女士等 5 位游客的行程不应该受到影响。一般来讲，旅行社应该安排张女士等 5 人于 7 月 4 日按照原旅游行程在早餐后前往游览昨日未游览景点土耳其国父陵后，前往番红花城参观鄂图曼市长官邸和希德尔立克山丘，而且应该与那 13 位团友在番红花城汇合。但是由于旅行社安排这 5 位游客在安卡拉等候那 13 位团友一起前往游览景点土耳其国父陵，因此造成张女士等 5 位游客不仅是在酒店等候一个上午的时间，而且在 7 月 4 日一天只游览了一个土耳其国父陵，其旅游行程安排确实不合理，而且是领队和地陪导游擅自修改了旅行社原旅游行程。《旅游法》第七十四条规定："旅行社接受旅游者的委托，为其代订交通、住宿、餐饮、游览、娱乐等旅游服务，收取代办费用的，应当亲自处理委托事务。因旅行社的过错给旅游者造成损失的，旅行社应当承担赔偿责任。旅行社接受旅游者的委托，为其提供旅游行程设计、旅游信息咨询等服务的，应当保证设计合理、可行，信息及时、准确。"本案例中，旅行社安排的领队和地陪导游对于张女士等 5 位游客的行程设计安排明显不合理，是由于旅行社的过错给游客造成了损失，旅行社应当承担赔偿责任。

8.5.3　案例启示

法律关系是社会关系的一种，是由法律规范来约束的社会关系。本案例中，张女士等5人与旅行社签署了旅游合同，则当事人之间的法律关系就是旅游合同关系。按照旅游合同约定，旅行社应当按照签署旅游合同时的旅游行程单来履行出团旅游的义务，但领队和地陪导游擅自修改了旅游行程，单方面变更了旅游合同内容，致使张女士等5人在安卡拉市所住宿酒店等候了一个上午的时间，而且在7月4日一天只游览了土耳其国父陵，其旅游行程安排确实不合理。旅行社未按照合同约定履约，应当追究旅行社的违约责任。

《旅游法》第一百条规定："旅行社违反本法规定，有下列行为之一的，由旅游主管部门责令改正，处三万元以上三十万元以下罚款，并责令停业整顿；造成旅游者滞留等严重后果的，吊销旅行社业务经营许可证；对直接负责的主管人员和其他直接责任人员，处二千元以上二万元以下罚款，并暂扣或者吊销导游证：（一）在旅游行程中擅自变更旅游行程安排，严重损害旅游者权益的；（二）拒绝履行合同的。"

《导游人员管理条例》第十三条规定："导游人员应当严格按照旅行社确定的接待计划，安排旅游者的旅行、游览活动，不得擅自增加、减少旅游项目或者中止导游活动。"在此案例中，领队刘小姐和地陪导游擅自改变旅行社的行程安排，违反了本条规定。

《导游人员管理条例》第二十二条规定："导游人员有下列情形之一的，由旅游行政部门责令改正，暂扣导游证3至6个月；情节严重的，由省、自治区、直辖市人民政府旅游行政部门吊销导游证并予以公告：（一）擅自增加或者减少旅游项目的；（二）擅自变更接待计划的；（三）擅自中止导游活动的。"

8.6　案例六：旅游服务遭缩水，老年团友齐投诉[①]

8.6.1　事件经过

2021年12月，栾女士、李先生等11名老年消费者在A旅行社办理了旅游会员卡并签订协议，每人交纳会费2999元，享受会员积分、每月礼品赠送等优惠活动。

---

① 改编案例来源：酒店太差、早出晚归、每个景点都安排购物……2999元办卡入会，11名老人被"会员旅游"坑惨［EB/OL］. 山东热搜，2021 – 07 – 21.

2022 年 1 月，栾女士、李先生等 11 名老人参加了首次会员旅游（海南 6 日游），每人又交纳优惠旅游费 1980 元。老人们反映，旅游过程中，不但吃住行没有达到协议承诺的会员标准，而且该旅行社涉嫌强制购物，于是投诉要求退还会员费。

经查，栾女士等 11 名老人反映的情况基本属实，A 旅行社组织会员前往海南旅游过程中，服务标准严重缩水，没有按照协议约定提供服务，如没有配备医护人员、没有提供标准的星级酒店，安排景点早出晚归、马不停蹄，且每个景点都安排购物，使老人们疲于应付，享受不到旅游的乐趣。A 旅行社也承认该次旅游活动确实存在不当之处，没有照顾到老年人的身体特点，但对退会费的要求，该涉事旅行社称，受疫情影响旅游业务停滞、无钱退费，不愿接受调解。

为最大限度地保护老年消费者的合法权益，该市消费者权益保护委员会工作人员多次调解，动之以情，晓之以理，涉事 A 旅行社最终接受了老人们的投诉要求，在扣除消费者已经使用的保健品、旅行箱等赠送礼品成本后，退还 11 名老人的会费共约 2.5 万元。同时，A 旅行社表示会引以为戒，在以后的会员旅游等项目中加以改进，诚信经营。

8.6.2　案情分析

《旅游法》第九条规定："旅游者有权知悉其购买的旅游产品和服务的真实情况。旅游者有权要求旅游经营者按照约定提供产品和服务。"《旅行社条例》第二十四条规定："旅行社向旅游者提供的旅游服务信息必须真实可靠，不得作虚假宣传。"在本案例中，A 旅行社在老人们旅游的过程中没有按照合同约定的标准为老人们提供住宿、餐饮等服务，侵害了老人们的合法权益，老人们有权要求旅行社按照合同约定提供相应的服务或者赔偿。

《旅行社条例》第四条规定："旅行社在经营活动中应当遵循自愿、平等、公平、诚信的原则，提高服务质量，维护旅游者的合法权益。"在本案例中，A 旅行社没有按照合同约定为老人们提供相应的服务，违背了诚信原则。同时，《民法典》第五百七十七条规定："当事人一方不履行合同义务或者履行合同义务不符合约定的，应当承担继续履行、采取补救措施或者赔偿损失等违约责任。"因此，A 旅行社为老人们提供的服务严重缩水，没有按照协议约定提供服务，如没有配备医护人员、没有提供标准的星级酒店，安排景点早出晚归、马不停蹄且每个景点都安排购物，没有履行好合同义务，应该承担一定的赔偿责任。

《旅游法》第六十九条规定："旅行社应当按照包价旅游合同的约定履行义务，不得擅自变更旅游行程安排。"在本案例中，A旅行社在老人们旅游的过程中，没有按照合同约定，擅自变更旅游行程安排，这样的行为不仅侵害了老年人的合法权益，还对老人们的身体健康造成了一定危害。

《消费者权益保护法》第九条规定："消费者享有自主选择商品或者服务的权利。消费者有权自主选择提供商品或者服务的经营者，自主选择商品品种或者服务方式，自主决定购买或者不购买任何一种商品、接受或者不接受任何一项服务。消费者在自主选择商品或者服务时，有权进行比较、鉴别和挑选。"

《旅游法》第三十五条规定："旅行社不得以不合理的低价组织旅游活动，诱骗旅游者，并通过安排购物或者另行付费旅游项目获取回扣等不正当利益。旅行社组织、接待旅游者，不得指定具体购物场所，不得安排另行付费旅游项目。但是，经双方协商一致或者旅游者要求，且不影响其他旅游者行程安排的除外。发生违反前两款规定情形的，旅游者有权在旅游行程结束后三十日内，要求旅行社为其办理退货并先行垫付退货货款，或者退还另行付费旅游项目的费用。"

因此，在本案例中，老人们在旅游过程中有自主决定购买或者不购买任何一种商品、接受或者不接受任何一项服务的权利，旅行社不能够为了获取回扣等不正当利益，强制指定具体购物场所安排老人们购物，老人们在旅游行程结束后三十日内要求旅行社退还会员费的诉求是合理的，旅行社应该退回一些费用给老人们。

8.6.3　案例启示

从旅游者角度来看，第一，作为游客一定要了解有关旅游行业的基本法规，掌握一定的旅行方面的基本常识。如果是选择参加旅行团出游形式的，要查询一下参团旅行社的资质。第二，出游前要与旅行社签订旅游服务合同，了解旅游合同中所涉及的旅行过程中的诸多细节。第三，注意看旅行社安排的旅游行程路线是否适合自己，理性进行消费。要跳出只求价格低，不顾服务质量低的怪圈，不能简单地以价格衡量一个旅行社的优劣。

从旅行社角度来看，作为旅游企业的旅行社应该严格要求自己，诚信经营，在行使自身合法权利的同时也要维护旅游者的合法权益，努力营造高质量的文旅市场营商环境。首先，旅行社营业必须持照经营，经营旅行社业务的前提是要取得旅游主管部门的许可，要有经营许可证，并且在有效期内。其次，提供真实可靠的信息，按合同约定提供旅游服务。旅行社应与旅游者签订旅游合同，并明确约定旅游行程安排、旅游价格、违约责任等内容。最后，聘用合格的导游和领队，其所提供的旅游服务符合人身、财产安全需要，维护旅游者的权益。

从政府部门相关管理机构来看，始终维护合法经营者权益，坚决打击未经许可经营旅行社业务等严重扰乱旅游市场经营秩序的行为，采取多种手段强化监管，维护旅游市场健康发展。

政府部门的相关管理机构可以从以下几方面采取措施进行监管。

第一，强化执法检查。要加强线索摸排，及时掌握市场动态，有针对性地推进专项整治行动。要做好对于旅游团队、地接社的执法检查，特别要对旅游集散地、主要景区中的旅游团队进行重点执法。对检查发现组团社、旅游包车涉嫌违法违规行为，要及时依法移送组团社、旅游包车所在地的文旅部门或者交通运输部门处理。

第二，强化网络巡察。加强在线旅游市场执法，依法查处未经许可、通过互联网推广和公众号营销等方式开展招徕旅游者等旅行社业务的违法违规经营行为。重视对于百度推广、微信平台等互联网渠道进行巡查监管。

第三，强化案件查办。通过集中办案、以案施训、公布指导案例和典型案件、现场督办等方式，推进专项整治行动开展。要切实发挥指导案例的示范作用，由点及面，举一反三。要充分发挥典型案件的普法作用，震慑违法违规经营行为，引导社会公众提高法治意识，形成专项整治的高压态势。

第四，强化执法协作。充分发挥好各类工作机制、协调机制作用，积极协调公安、交通、市场监管等部门，加强联合检查，开展联合办案。

第五，强化社会监督。要采取多种渠道，向社会公布行动内容和举报电话，鼓励群众和旅游者提供线索并及时受理。要加强宣传引导，及时发布整治进展、执法检查、长效机制建设等情况，公布一批典型案件，强化整治行动的作用和效果，为专项整治行动营造良好舆论环境。

第9章

旅游纠纷处理案例

【教学目的和要求】 旅游者与旅游经营者之间由于双方利益、认识等原因难免会产生纠纷。旅游纠纷，是指旅游者与旅游经营者、旅游辅助服务者之间因旅游发生的合同纠纷或者侵权纠纷。纠纷的发生可能是由于旅游者认为旅游经营者的行为侵犯了其合法权益，也可能是由于旅游者与旅游经营者之间就与旅游者权益有关的问题具有不同的认识而发生的纠纷。对于旅游纠纷，旅游者与旅游经营者可以选择协商、调解、仲裁、诉讼等方式予以解决。本章通过分析一些较为典型的旅游纠纷案例，阐述我国在旅游纠纷处理方面的相关法律法规，提示游客正确维护自己的合法权益，引导旅行社依法经营。通过对本章内容的学习，掌握旅游纠纷的概念、基本类型、旅游投诉的受理及处理的基本程序，理解协商和调解处理结果的效力，掌握诉讼方式解决旅游纠纷的优缺点。

【关键词】 旅游纠纷 旅游者权益 旅游合同 订房合同 安全风险

【主要适用法律法规】

《中华人民共和国旅游法》

《中华人民共和国民法典》

《中华人民共和国消费者权益保护法》

《旅行社条例》

9.1　案例一：游客参加一日游遭强行收费①

9.1.1　事件经过

某年9月17日，一段"一日游遭欺诈，有游客被打"的视频在网上热传。据当地警方通报，案发当日接到两名群众报警，称在某一个旅游景区的3号停车场因导游强行二次收费被打。视频中，3名男子在大巴车上围住一名游客怒骂并扇耳光，要求其"滚下车去"。当天，游客邓先生一行两人与揽客人员协商后，以40元的价格参加了当地一日游。11时许，大巴凑齐了30余名游客后发车去某著名旅游景区。当大巴行至中途时，导游陈某要求"每人补交160元自费项目"，随后开始收钱，另一名导游李某配合。邓先生以未带钱为由拒交，遂遭到二人语言威胁。之后，车行至该旅游景区停车场，导游陈某和游客邓先生发生争吵，另一导游李某与事先电话联系的王某等三人进入车内对邓先生进行言语威胁，拉扯中王某和于某各打了邓先生一个耳光。邓先生两人各给了100元后下车游览，其间游客张女士用手机进行录像，并随后上传到了网上。

该视频引起了当地警方的关注，9月18日，民警分别将韩某、陈某等五名嫌疑人抓获。当地检方经审查，对上述五人提起了公诉。检方指控称，在近一年的时间里，韩某组织陈某、李某、王某、于某等人，在无旅游行业准入资质的情况下，非法从事一日游活动，并强行收取游客自费款。9月17日，韩某在当地某胡同指使陈某、李某带领游客乘坐旅游大巴车进行非法一日游活动，车辆行至某旅游景区停车场内时，陈某、李某伙同王某、于某采取言语威胁和暴力殴打的方式强行收取张女士、邓先生等10余名游客自费款共计人民币1720元。

庭审中，韩某等人对起诉书指控的犯罪事实和罪名均无异议，自愿认罪。据韩某等人交代，在近一年的时间里，几人以"低价诱揽、中途加价"的方式，从事非法"一日游"活动。为躲避检查和取得游客信任，均使用租赁的旅游车辆运送游客，司机不固定。揽客人员每天在多个地方以低价（40元到100元不等）前往当地的一些著名旅游景点游览，以及"负责车费及中午饭，且不再收取任何费用"为诱饵招揽游客参加"一日游"，之后将游客带至韩某的非法"一日游"发车点。

---

① 改编案例来源：游客参加北京一日游遭强收费扇耳光　5名黑导游获刑［EB/OL］. 中国网，2017-07-21.

事发后，当地旅游主管部门已经依法吊销了于某、王某和李某的导游资质，并高限处罚。

当地法院审理后认为，被告人韩某、陈某、李某、王某和于某，采用暴力、威胁手段，强迫他人接受服务，情节严重，其行为已经构成强迫交易罪，依法应予惩处。鉴于被告人于某自动投案，如实供述罪行，系自首；其余被告人韩某等人到案后如实供述罪行，庭审自愿认罪，且被告人于某已赔偿被害人邓先生的损失，取得邓先生的谅解，陈某、李某、王某和于某还主动预交部分款项。因此，决定对5名被告人分别予以从轻处罚。最终，韩某因犯强迫交易罪被判处有期徒刑1年，并处罚金人民币2000元，陈某、李某、王某被判处有期徒刑10个月，并处罚金人民币2000元，于某被判处有期徒刑8个月，并处罚金人民币2000元。

9.1.2 案情分析

《旅游法》第四十条规定："导游和领队为旅游者提供服务必须接受旅行社的委派，不得私自承揽导游和领队业务。"在此案例中，在近一年的时间里，韩某组织陈某等人在无旅游行业准入资质、无旅行社委派的情况下，以"低价诱揽、中途加价"的方式，非法从事"一日游"活动，并强行收取游客自费款，违反了《旅游法》第四十条的规定。

《旅游法》第四十一条规定："导游和领队从事业务活动，应当佩戴导游证，遵守职业道德，尊重旅游者的风俗习惯和宗教信仰，应当向旅游者告知和解释旅游文明行为规范，引导旅游者健康、文明旅游，劝阻旅游者违反社会公德的行为。导游和领队应当严格执行旅游行程安排，不得擅自变更旅游行程或者中止服务活动，不得向旅游者索取小费，不得诱导、欺骗、强迫或者变相强迫旅游者购物或者参加另行付费旅游项目。"在此案例中，于某、王某和李某三人持有导游证，应该知晓《旅游法》第四十一条所规定的"导游不得向旅游者索取小费，不得诱导、欺骗、强迫或者变相强迫旅游者购物或者参加另行付费旅游项目"。但是李某、王某、于某三人进入车内对不愿交付自费项目费用的邓先生进行言语威胁，拉扯中王某和于某各打了邓先生一个耳光。邓先生两人被迫各给了100元后才得以下车游览。导游李某、王某、于某的这些行为明显是严重违反了法律规定。

《旅游法》第一百零二条规定："导游、领队违反本法规定，私自承揽业务的，由旅游主管部门责令改正、没收所得，处以一千元以上一万元以下罚款，并暂扣或者吊销导游证、领队证。"在此案例中，于某、王某和李某三人分别由其所属的旅游主管部门吊销了其导游证，并高限处罚。

另外，在该案例中，经法院审理后认为，被告人韩某、陈某、李某、王某和于某，采用暴力、威胁手段，强迫他人接受服务，情节严重，其行为已经构成强迫交易罪，依法应予惩处。鉴于被告人认罪态度良好，因此，法院最后决定对五名被告人分别予以从轻处罚。

9.1.3　案例启示

在本案例中，旅游者邓先生两人听信揽客人员推销，参加了一个违规经营的"一日游"活动，这个"一日游"活动的主办者既不是旅行社，也不是具备旅游行业准入资质的组织。该活动负责人以低价诱揽游客，在旅游中途加价，从事非法"一日游"活动。被告人韩某、陈某、李某、王某和于某，还采用暴力、威胁手段，强迫他人接受自费项目服务，情节严重，其行为已经构成强迫交易罪，依法受到了惩处。

对于游客来说，首先，不要轻易相信那些在路边拉客的、不正规的、价格便宜很多的"一日游"。正所谓"一分价钱一分货"，出门旅游，既要考虑价格，也要考虑服务质量、人身保障和旅行安全等多个方面。更何况对于过分低廉的团费，作为一个具有正常理性消费思维的成年人来讲，应该想到如果对方并没有什么利益可图，那么该笔交易肯定不会这么简单，旅途是否会顺心顺意就难说了。其次，即使参加正规旅行社组织的"一日游"，也要与旅行社签订正规的旅游合同来保障自己的权益，并保存好旅游合同、缴费收据或发票。对于旅游项目尤其是购物或自费项目，应尽可能详细了解情况，再决定是否购买和参加。旅游者要增强维权意识，善于保护自己的知情权。一旦知情权受到侵犯，旅游者在做好相关证据保存工作的同时，可以先同旅行社进行协商交涉；若是协商不成，旅游者可以向旅游质监部门投诉或者向人民法院提起诉讼。

从旅游主管部门方面来说，要加强对旅游市场的监管，加强对违法违规导游和领队的查处力度。旅游质监部门针对旅游者的投诉，以及导游、领队违反规定安排自费旅游项目的，经查证属实的，应当按照《旅游法》的相关规定予以处罚，如果游客对于旅游质监部门的处理意见不满意的，还可以通过司法途径来进行合理维权。

9.2　案例二：订房合同应遵守①

9.2.1　事件经过

游客钱某投诉 A 酒店，因 A 酒店超额预订，使他预订好的客房没有保障，要求 A 酒

---

① 改编案例来源：国家旅游局旅游质量监督管理所. 旅游服务案例分析［M］. 北京：中国旅游出版社，2007：90 - 93.

店赔偿经济损失。

在端午节小长假期间，游客钱某一家计划去甲市旅游，并提前通过旅行社预订了 A 酒店的一个标准间。但当钱某按照约定的时间到达 A 酒店时，A 酒店总服务台却告诉他酒店的标准间已客满，只剩下一间小套房，钱某须交纳 150 元房费差价方可入住。钱某不同意 A 酒店的安排，服务总台遂通过电话与附近的 B 酒店取得联系，并且写好一张便条让钱某"打的"前往。钱某到达 B 酒店后得知，B 酒店的标准客房较 A 酒店的质量要差一些，而且还需要补交 60 元的房费差价。由于当时天色已晚，为了安全，钱某只得付钱入住。

旅游结束后，钱某向当地旅游质监部门投诉，要求 A 酒店赔偿经济损失，同时也要求 B 酒店退还房费差价。

9.2.2　案情分析

《旅游法》第四十九条规定："为旅游者提供交通、住宿、餐饮、娱乐等服务的经营者，应当符合法律、法规规定的要求，按照合同约定履行义务。"第七十五条规定："住宿经营者应当按照旅游服务合同的约定为团队旅游者提供住宿服务。住宿经营者未能按照旅游服务合同提供服务的，应当为旅游者提供不低于原定标准的住宿服务，因此增加的费用由住宿经营者承担；但由于不可抗力、政府因公共利益需要采取措施造成不能提供服务的，住宿经营者应当协助安排旅游者住宿。"因此，在本案例中，A 酒店应该按照约定履行义务，若不能按照旅游服务合同提供服务的，A 酒店应该为游客钱某提供不低于原定标准的住宿服务，因此增加的费用由该涉事酒店承担，而不应该由游客钱某来补房费差价。

预订住宿是酒店业的常见做法。为了提高酒店客房的使用效率，酒店进行适当的"超额预订"也是酒店业的通行做法。但是这种做法通常在节假日期间顾客较多的时间段容易引发纠纷。在本案例中，所涉及的是酒店住宿合同以及该合同在履行、变更和转让过程中所产生的法律问题。具体包括：一是钱某与 A 酒店之间的合同关系是否成立；二是 A 酒店应当如何承担超额预订的责任。

合同是双方当事人之间明确相互权利义务关系的协议。按照《民法典》第四百六十九条规定："当事人订立合同，可以采用书面形式、口头形式或者其他形式。书面形式是合同书、信件、电报、电传、传真等可以有形地表现所载内容的形式。"在民事行为中，向他人做出一定意思表示就是法律行为，可与他人形成一定的合同关系或其他法律关系，并产生法律约束力。旅游者向酒店预订客房，只要双方就入住时间、客房数量、客房价格等达成一致，就表明双方预订客房的合同关系成立，不以双方是否签订书面合同、旅游者是否支付订金为前提条件。

在实践中，旅客和酒店之间通常不会就入住事项签订一个书面"合同书"，在现实生活中，住宿流程亦即双方之间的住宿合同的成立一般有两种情形：第一种情况是旅客在酒店前台进行住宿登记，旅客提前付款或交付了押金，酒店同意旅客的住宿要求，并为其办理了住宿登记手续，双方的合同关系即告成立；第二种情况则是旅客通过电话、传真、网上预订等方式向酒店预订房间并进行了登记，而酒店一旦做出承诺并答应了旅客的要求，尤其是在收取了旅客预付定金的情况下，双方之间的合同关系也就成立了。合同成立后，旅客不按约入住或酒店不按约提供客房，都将产生违约后果。但对于没有提前支付房款或押金的游客，往往存在旅客临时改变或取消住宿计划的风险，酒店针对这种情况需要采取措施来避免因旅客违约而发生的损失，具体方法包括提前向旅客进行确认、规定在某时间点旅客不来办理入住登记则取消预订等。

本案例所涉及的纠纷属于第二种情况。当钱某通过旅行社订妥了 A 酒店的客房时，钱某和酒店之间的住宿合同关系即成立了，A 酒店不能依照合同的约定向旅客钱某提供预订的相应标准间，自然应当承担违约责任。而酒店客满不能安排有预订的旅客入住则是 A 酒店没有对酒店的客房和客源进行合理安排造成的，这不能成为 A 酒店拒绝接待有预订的旅客钱某的理由。

因而，A 酒店应当承担酒店客房超额预订的责任。当 A 酒店不能依照合同的约定向旅客钱某提供预订的相应标准间客房时，应当向旅客钱某承担违约责任。但在此案例中，A 酒店在违约责任成立的情况下，向旅客钱某提供了两个解决方案：一是提高住宿标准，但要求旅客钱某要补交相应的差价费用；二是协商由其他酒店为旅客钱某提供客房，但依然要求旅客钱某补交差价费用。显然该酒店上述两个解决方案均不符合《旅游法》和《民法典》的规定，该酒店并没有意识到自己的责任。

首先，A 酒店提高住宿标准属于合同的变更。所谓合同的变更，即双方当事人依法经过协议，对合同内容进行的修改或补充。合同的变更需经双方协商一致，在有效变更合同之后，当事人要依照已变更的合同履行，但合同的变更不影响当事人要求赔偿的权利。由于变更和提高住宿标准是酒店不能履行原合同造成的，因此增加的费用应当由酒店来承担，A 酒店在向旅客钱某提供套间的同时，不能再向旅客钱某收取差价。若当事人就合同的变更达不成合意，则合同不能变更。旅客钱某不同意 A 酒店提出的提高住宿标准的安排，合同的内容未改变。

其次，A 酒店为旅客钱某联系 B 酒店属于合同的转让，即合同主体发生变化，合同的一方当事人将合同的权利义务全部或者部分转让给第三人。其中，在合同义务转让的过程中，不同当事人的履行能力不同，自然会对合同履行的结果产生影响。为了使合同债务的转让不对合同当事人的利益产生影响，《民法典》第五百五十一条规定："债务人将债务的全部或者部分转移给第三人的，应当经债权人同意。"由此，A 酒店将旅客钱某转交给 B 酒店接待必须征得旅客钱某的同意，而且还要将 B 酒店的状况和费用问题向旅客钱某进行如实说明。另外，A 酒店还应当承担在此过程中增加的所有费用，而不应该由旅客钱某来承担。

9.2.3　案例启示

近年来，因预订房间被取消而转订的纠纷占旅游纠纷的比例在逐年上升，而且随着自助游、自由行以及各种旅游 App 等方式的日益普及，预订房间数量在酒店销售房间中所占比例还将持续增加。该案例给我们以下几方面启示。

第一，酒店应谨慎采取"超额预订"策略。酒店在日常管理中，要根据以往淡旺季的入住率、酒店的地理位置、受欢迎程度等决定是否采用超额预订，以及超额预订的比例。而一旦实行超额预订，则应当密切注意理顺前台管理与客房预订的关系，谨慎控制超额预订情况，否则就容易引起酒店和旅客之间的纠纷，既影响酒店声誉，也给旅客的出行制造了麻烦。

超额预订主要是指酒店为追求较高的出租率，降低由于少数客人临时取消预订而出现空房的风险，使预订的客房数略大于实际客房数的一种经营手法。为了避免酒店出现空房而影响出租率和经营效益，在酒店经营实践中，超额预订的现象时有发生。在国内信用体制不健全的情况下，有些客人会因为价格因素和出行计划的变动，而多次改换住宿酒店，并且不会因为没有履行原有的预订而承担经济责任。因此，为了避免这种情况对酒店造成的损失，酒店常常会采用超额预订的方法。但是酒店可以在旅客预订房间时，以各种形式对预订房间的保留时间等条件进行明确，此时双方的合同就成为一个有附加条件的合同。当旅客未能按约定时间到达酒店办理入住手续时，酒店可以按照合同约定条件解除合同。

因此，酒店应该根据经验数据，决定是否采取超额预订的做法以及在一定时期采取超额预订的比例，以避免因超额预订造成的客人无法入住的情形。

第二，妥善处理由于超额预订带来的纠纷。一旦发生因超额预订导致的客人无法入住的情况，酒店应该采取积极的措施妥善解决问题。例如，酒店总服务台要设法事先在同类酒店安排相同档次的房间；设法在本酒店提高客人的住宿标准，并免收房费差价；免费将无法在本酒店入住的客人送往相同档次的酒店等。而本案例中，A 酒店的做法无疑是不妥当的。酒店的处理方式远远没有达到令旅客满意的程度，其中存在很多值得仔细研究和加以完善的地方。

首先，A酒店既然已经接受了旅客钱某通过旅行社发出的预订，在前台就应当对预订情况有所记录，其中要包含预订者的联系方式等。在确定由于超额预订而不得不改变旅客的预订时，前台或总服务台应该及时与该旅客取得联系，告知现实的状况，使旅客有心理准备。

其次，在旅客钱某抵达酒店以后，A酒店应当详细说明原因以及现实状况，力争取得旅客钱某的谅解，并提出变通方案。在旅客钱某不同意酒店安排的前提下，酒店方应当弄清旅客钱某的要求以及承受能力，从旅客的角度考虑问题，尽量在本酒店内解决问题。

再其次，本着协商解决问题的原则，在A酒店为旅客钱某联系B酒店的时候，首先应向旅客钱某真实说明B酒店的价格以及客房档次，征得旅客钱某的同意后再与B酒店联系入住事宜。联系好以后，A酒店应使用正规的单据，注明事由等事项。从酒店的经营操作上来说，两家酒店之间出现的差价以及由此产生的交通费用等，应该由A酒店来承担，作为对未能满足旅客钱某客房要求的补偿。总之，酒店要尽量防范客房的超额预订；而对由于超额预订而发生的纠纷，要采取积极态度解决。

最后，旅游者在预订酒店房间时，若不能按时到达酒店，也应该与酒店联系，告知酒店保留房间，这也是一种诚实守信的表现。同时，为了确保所预订酒店的房间能够顺利入住，旅游者最好能够提前与酒店联系进行确认，以避免发生预订房间被取消或转订的情形，保证旅游者自己出行顺利。

综上所述，本案例所涉及的是酒店住宿合同以及该合同在履行、变更和转让过程中所产生的法律问题。通过对案情经过和投诉过程的描述，分析原因，剖析酒店应对此类事件的处理方式，理解和掌握处理顾客投诉的程序，有效地进行顾客投诉的管理，为酒店经营管理实践提供参考和借鉴。

9.3 案例三：不想旅游想退费，违约责任谁来担[①]

9.3.1 事件经过

河南省郑州市李某及其父亲、母亲、姑姑一行四人准备去海南旅游，8月中旬，李

---

① 改编案例来源：杨富斌. 旅游法案例解析［M］. 北京：旅游教育出版社，2012：223-226.

某向某旅游公司咨询到海南旅游事宜，并告知一行四人的姓名。李某与其父亲、母亲和姑姑协商后支付了机票票款、旅游费。后旅游公司为李某四人购买了中国南方航空股份有限公司 8 月 25 日郑州至三亚的客票，客票均载明"不得签转、不得更改、不得退票"，票面金额均为 630 元。8 月 23 日下午，旅游公司电话告知李某飞机客票已订好，并电话告知旅游相关事宜。但是，当日晚，李某等四人从天气预报中得知海南有台风和大雨，想取消旅游行程，即通过电话告知旅游公司，旅游公司表示天气情况不影响旅游，拒绝四人取消旅游行程的要求。李某等四人因请求被拒绝后立即向有关旅游管理部门投诉。

9.3.2 案情分析

《民法典》第一百八十条规定："因不可抗力不能履行民事义务的，不承担民事责任。法律另有规定的，依照其规定。不可抗力是不能预见、不能避免且不能克服的客观情况。"首先，在该案例中，李某等四人提出作为旅游目的地的海南有台风和大雨，这个理由是否属于"不可抗力"的范畴？虽然目前天气预报其旅游行程期间海南有台风和大雨，但未达到影响旅行社出团的程度，因此该理由不能认定为"不可抗力"。

从本案例中的情形看，双方的旅游合同成立。合同的订立是缔约人为意思表示并达成合意的过程，即是缔约各方接触、协商直至达成合意的过程。合同订立的一般程序包括要约和承诺两个阶段。《民法典》第四百七十二条规定："要约是希望和他人订立合同的意思表示，该意思表示应当符合下列条件：（一）内容具体确定；（二）表明经受要约人承诺，要约人即受该意思表示约束。"发出要约的人称为要约人，接受要约的人称为受要约人。而《民法典》第四百七十三条规定："要约邀请是希望他人向自己发出要约的表示。拍卖公告、招标公告、招股说明书、债券募集方法、基金招募说明书、商业广告和宣传、寄送的价目表等为要约邀请。商业广告和宣传的内容符合要约条件的，构成要约。"要约达到受约人时生效，要约一经生效，要约人即受拘束，要约人不得随意改变要约的内容，更不能随意撤回或撤销要约，受要约人在要约生效后即取得承诺的权利。要约可以在生效之前撤回，在受要约人发出承诺通知之前撤销。承诺是受要约人同意要约的意思表示。承诺的内容应当与要约的内容一致，如对要约的内容作出非实质性变更的，除要约人及时表示反对或者要约表明承诺不得对要约的内容作出任何变更的以外，该承诺有效，合同的内容以承诺的内容为准。承诺通知达到要约人时生效。承诺可以在到达要约人之前或者到达同时撤回。一个完整的要约和承诺的过程结束以后，承诺生效时合同成立。《民法典》第四百六十九条规定："当事人订立合同，可以采用书面形式、口头形式或者其他形式。"在本案例中，根据《民法典》第四百六十五条规定："依法成立的合同，受法律保护。依法成立的合同，仅对当事人具有法律约束力，但是法律另有规定的除外。"

《旅游法》第七十条规定："由于旅游者自身原因导致包价旅游合同不能履行或者不能按照约定履行，或者造成旅游者人身损害、财产损失的，旅行社不承担责任。"《旅游法》第七十三条规定："旅行社根据旅游者的具体要求安排旅游行程，与旅游者订立包价旅游合同的，旅游者请求变更旅游行程安排，因此增加的费用由旅游者承担，减少的费用退还旅游者。"在本案例中，是由于旅游者自身原因导致旅游合同不能履行的，旅行社不承担责任。旅游者请求变更旅游行程安排，甚至是取消旅游行程，因此产生的费用由旅游者承担。

本案例中，李某等四人是否应该承担违约责任？李某等人从天气预报中得知海南有台风和大雨，又通过电话告知旅游公司要取消这次旅游，这一意思表示属于解除合同的情形。《民法典》第五百六十二条规定："当事人协商一致，可以解除合同。"可是，旅游公司表示天气情况并不影响旅游，拒绝四人取消旅游行程的要求。按照《民法典》第五百六十二条、第五百六十三条的立法精神推断，如果李某等四人不能举证是因不可抗力致使不能实现合同目的而解除合同时，属于单方解除合同，因此应当对其解除合同行为给旅游公司造成的损失予以赔偿。但是，根据《最高人民法院关于审理旅游纠纷案件适用法律若干问题的规定》第十二条规定："旅游行程开始前或者进行中，因旅游者单方解除合同，旅游者请求旅游经营者退还尚未实际发生的费用，或者旅游经营者请求旅游者支付合理费用的，人民法院应予支持。"根据这一规定精神，旅游者可以单方解除合同，但是，旅游经营者请求旅游者支付合理费用，旅游者应当支付。本案例中，旅游者违背约定，自行解除合同，法院应当支持旅游公司在扣除确实已经支出的费用后将余款退还李某等四人。

9.3.3　案例启示

根据现有法律规定，旅游者对待旅游合同，应采取如下态度。第一，在计划出游之前，一定要与旅行社签订书面旅游合同。旅行社也应当而且必须与旅游者签订书面合同，否则便属于违规行为。第二，在正式签订旅游合同之前，应要求旅行社出示营业许可证正本或副本原件及签约人员的工作证，以确定参与签订旅游合同的是正规旅行社及其工作人员。第三，要在旅游合同中明确约定旅游行程、旅游价格和违约责任等八项基本内容，如游览的旅游景点、乘坐的交通工具、食宿的标准、旅游价格的细目、购物次数和时间多少、违约责任、纠纷处理方式、投诉受理机构等。第四，在订立合同后，在旅游开始前或行程中，如果没有特殊原因，一般不要随意解除旅游合同关系。虽然旅游者在旅游开始前单方解除合同的行为，根据最高院的司法规定并不构成违约，但要支付相关的费用。第五，在旅游行程中，旅游者如果确实有特殊原因需要中止旅游，一定要向随团导游或者领队打招呼，不能擅自离团或者不辞而别，否则，所造成的损失将由自己承担。第六，旅游者在旅游结束后还要妥善保存旅游合同及其附件、各类收费凭证以及购物发票等，以备旅行社违约或侵权时，作为向旅游质量监督部门投诉或向人民法院起诉的相关证据。

9.4 案例四：结伴旅游自由行，安全风险自承担①

9.4.1 事件经过

案例一。兰某在单位的 QQ 群内留言，提议自费郊游。某日，他们组织的 28 人自发到小河电站游玩。中午时分，除兰某以外的 9 人提出去螺蛳滩摸螺蛳。9 人中被告曹某、张某找到被告官某，由官某用其自家平时生产生活所用的三板船将一行人摆渡到螺蛳滩，渡船费用为 50 元。在摆渡张某等 3 人时，另外 4 人先后下水游泳过河。在游泳过程中，4 名游泳者有人出现险情，在水中的 4 人开展互救或自救。此时船也到达游泳者附近，在营救过程中翻船，张某溺水身亡。张某的家属起诉其他 8 名"驴友"，要求赔偿 40 余万元。

案例二。梁某在网上发帖，邀请网友探险旅游，费用实行 AA 制，每人 60 元左右。骆某和梁某电话联系后，答应前往参与活动。7 月 8 日，包括梁某和骆某在内的一行 13 人到达武鸣区两江镇进行户外探险活动。当晚，该团队成员在一河谷内扎帐篷露营。次日早晨，由于连续的大雨导致山洪暴发，河谷中的帐篷被山洪冲走，梁某等 12 人通过自救或互救脱离危险后，发现骆某失踪，遂打电话报警。后搜救队在离事发地大约 3 公里的河谷中找到已经遇难的骆某。事后，骆某父母将梁某及其他 11 名参与者告上法庭。

在案例一中，法院审理后认为，自助游参加者只是松散的关系，兰某未参加"摸螺蛳"活动，不承担责任，8 名被告共同赔偿原告计 24 万余元。案例二中，2010 年 2 月

---

① 改编案例来源：杨富斌. 旅游法案例解析［M］. 北京：旅游教育出版社，2012：107.

25 日，市中级人民法院对自助游引发的"驴友"赔偿案作出二审判决，判定上诉人梁某补偿已故"驴友"骆某的父母 3000 元，其余 11 名上诉人各补偿 2000 元。

9.4.2　案情分析

《旅游法》第八十二条规定："旅游者在人身、财产安全遇有危险时，有权请求旅游经营者、当地政府和相关机构进行及时救助。"在案例二中，同行"驴友"发现骆某失踪，遂打电话报警求助。

在这种形式的自助结伴旅游过程中，参与者之间是一种什么性质的法律关系，学界还没有统一的认识。有的认为这种关系是一种无偿代理合同关系，有的认为是一种无名合同关系，有的则认为是一种非法律关系。在这两个案例中，组织者在活动参加者中已经作过"风险自负"的提示，即对这次活动可能遇到的正常的风险进行了明确提示。参加者应当在参加活动前预知该活动的风险，并应当承担该风险带来的不利影响和后果。

此外，自发结伴游的非营利性决定了组织者并没有可以支配的资金用于防范风险的发生，遵循权利义务对等原则，在没有利益回报的前提下将风险分配给任何一个人都不公平。甚至可以说，无论发起者在活动公告中是否明示了"风险自负"，一般情况下，参加者出现损害要求组织者或者其他驴友单独或者共同承担责任，都是没有事实依据和法律依据的。

但是，发起人在自发结伴游当中应当具有相应的"安全注意义务"。因为在自发结伴游中，参与者之间虽然没有直接的法律关系，却有道义上的互相帮助义务，这是一种为了避免造成损害而加以合理注意的法定责任。如果一个人能够合理地预见到自己的行为可能对其他人造成人身伤害或财产损失，那么他就应当对可能受其影响的人负有注意义务。然而，这种安全注意义务并不是指组织者的任何不谨慎的行为都会构成对参与者的侵权，也不是任何损害都能够获得法律上的补偿。只有组织者没有尽到合理的谨慎义务，给参与者造成不合理的危险和损害时，组织者才负有重大过失侵权责任。例如，组织者租了一辆没有牌照的车辆作为交通工具，发生损害就应当承担相应的赔偿责任。这个结论来源于一种理论：任何人无论是危险的制造者还是危险状态的维持者，都有义务采取一切必要的、适当的措施，来保护他人的合法权益。

案例一中，被告曹某、张某找到被告官某，要求官某用其自家平时生产生活所用的三板船将一行人摆渡到螺蛳滩，结果在摆渡过程中翻船，造成张某溺水身亡，属于组织者没有尽到合理的谨慎义务，给参与者造成了不合理的危险和损害。其中，张某也具有一定责任。但是，其本人已经溺水身亡，法院判决其他 8 名"驴友"给予其父母一定补偿也是合理的。

在案例二中，梁某以及其他 11 名驴友虽然对已故"驴友"骆某的意外死亡不承担直接侵权责任，但考虑到骆某已经死亡，而且他的死亡是由梁某等发帖并一同外出旅游所致，故由他们分别给死者父母数量不大的一定经济补偿，而不是赔偿，也是公平合理的。做出这种补偿后，他们在心理上也许会得到一定安慰。

9.4.3　案例启示

自发结伴游是近年来我国旅游业出现的新现象。通过发短信、发帖等形式，邀请几个志同道合者，或徒步或开车，结伴去野外郊游、露营或者探险，成为都市白领和年轻人喜爱的一种旅游方式。由此还产生了一个时髦的词语——"驴友"，即"旅游"的谐音，泛指那些志同道合的自助游朋友。这些朋友之间互称"驴友"。通常他们中会有一些热心的"驴友"在网上发帖，对自助游活动的内容作简单介绍，公布自助游的时间、地点、活动类型、路线、行程安排、参加人数、装备要求、活动费用和注意事项等。一般来说，这些"驴友"相互熟悉，游玩过程也相对随意，在费用承担上，有的采用 AA 制，有的采用自愿分担门票、车辆或饮食费用等。也有的在出游之前不认识，是在旅游过程中才相互熟悉的。大部分热心的"驴友"在发出帖子的同时，还会附上"免责声明"，大意是在自助游过程中，一旦发生意外事故或者伤害，组织者或者领队并不承担责任等。目前也有些活动组织者或发帖人在这种自助游活动中要求参加活动的"驴友"购买一定的保险，这样对于自助出游多了一份保障。

发起人在自发结伴游当中应当具有相应的安全注意义务。因为在自发结伴游中，参与者之间虽然没有直接的法律关系，却有道义上的互相帮助义务，这是一种为了避免造成损害而加以合理注意的法定责任。

自发结伴旅游是自助游的一种形式，自助游因其个性化、灵活而越来越受欢迎，包括自驾游也属此类。但不少没有自助游过的人心中没有底，很难迈出第一步。当然，自助游不等于户外运动，应该说自助游的要务是做好自我保护，防上当受骗、防多花冤枉钱等。总之，最好的自助游是能达到自己出游时的目标，少出事故、少留遗憾就行了。无论是徒步、骑行或是自驾，都应把安全放在首位。人身安全是首要问题，也是亲人最担心的问题，当今人的成本越来越高，自己安全就等于家庭安全。案例一中的伤亡事故本可以避免，摆渡船为了营救同行游泳的玩伴，船翻人亡。因此，自助游一定要减少甚至避免潜在的危险因素。案例二中看似不可避免的自然灾害，其实也可以提前做好防备，如事先对天气状况、地理地质环境的了解和掌握，可能就不会选择在河谷内扎帐篷露营。总之，自助游最核心的要务就是保证安全。

9.5 案例五：为观摩首场比赛而参团，但未能如愿[①]

9.5.1　事件经过

某年 3 月，家住南京的 F1 赛车迷马先生，听到上海将要举办 F1 赛车比赛的消息兴奋不已。随后，他看到一家报纸刊登了某旅行社组织观摩上海首场 F1 赛车旅游团的大字广告。其中提到：该旅行团除使游客饱览上海的美景以外，还可享受观摩首场 F1 比赛。于是，马先生立即与该旅行社取得联系，得知 F1 比赛门票价格含在团费之中，但是门票价格比实际票价高出很多，约占整个团费的一半以上。由于马先生想看 F1 比赛的心情迫切，就与该旅行社商定时间，迅速签订了旅游合同以便旅行社及时购买门票赶上首场 F1 比赛。但在临近出发之时，旅行社突然通知马先生：其参加的旅游团出于某种原因，将要推迟 3 天出发，并对推迟表示歉意。对此，马先生十分恼火，因为推迟出行将会无法观摩首场 F1 比赛，遂找到旅行社要求解除旅游合同，退还全部已交纳费用，并且要求旅行社赔偿因看不到首场比赛而遭到的相应损失。旅行社对解除合同表示否定，因为即使延误 3 天出发，同样能让马先生看到 F1 比赛，不会产生损失和影响，要求继续履行合同。马先生指出：如果不是为看首场 F1 比赛，自己没有必要参加这个旅游团，何况上海的其他景点都已去过，这次旅游就是冲着广告提到"享受观摩首场 F1 比赛"去的。如是其他场次门票，自己到现场也能买到，况且旅游团费又那么高。马先生与旅行社协商不成，便投诉到当地旅游行政管理部门。

9.5.2　案情分析

《旅游法》第九条规定："旅游者有权自主选择旅游产品和服务，有权拒绝旅游经营者的强制交易行为。旅游者有权知悉其购买的旅游产品和服务的真实情况。旅游者有权要求旅游经营者按照约定提供产品和服务。"

《旅游法》第三十二条规定："旅行社为招徕、组织旅游者发布信息，必须真实、准

---

① 改编案例来源：百度文库. 旅行社案例分析 [EB/OL]. https：//wenku. baidu. com/view/e875375aa46 e58fafab069dc5022aaea998f4180. html? _wkts_ = 1684910856467&bdQuery = % E5% AE% B6% E4% BD% 8F% E5% 8D% 97% E4% BA% AC% E7% 9A% 84F1% E8% B5% 9B% E8% BD% A6% E8% BF% B7% E9% A9% AC% E5% 85% 88% E7% 94% 9F.

确，不得进行虚假宣传，误导旅游者。"

《旅游法》第六十九条第一款规定："旅行社应当按照包价旅游合同的约定履行义务，不得擅自变更旅游行程安排。"

《旅游法》第七十条规定："旅行社不履行包价旅游合同义务或者履行合同义务不符合约定的，应当依法承担继续履行、采取补救措施或者赔偿损失等违约责任；造成旅游者人身损害、财产损失的，应当依法承担赔偿责任。旅行社具备履行条件，经旅游者要求仍拒绝履行合同，造成旅游者人身损害、滞留等严重后果的，旅游者还可以要求旅行社支付旅游费用一倍以上三倍以下的赔偿金。"

依据《民法典》第五百六十三条规定："有下列情形之一的，当事人可以解除合同：

（一）因不可抗力致使不能实现合同目的；

（二）在履行期限届满前，当事人一方明确表示或者以自己的行为表明不履行主要债务；

（三）当事人一方迟延履行主要债务，经催告后在合理期限内仍未履行；

（四）当事人一方迟延履行债务或者有其他违约行为致使不能实现合同目的；

（五）法律规定的其他情形。

以持续履行的债务为内容的不定期合同，当事人可以随时解除合同，但是应当在合理期限之前通知对方。"

依据《旅行社服务质量赔偿标准》第四条第一款规定："旅行社与旅游者订立合同或收取旅游者预付旅游费用后，因旅行社原因不能成行的，旅行社应在合理期限内通知旅游者，否则按下列标准承担赔偿责任：国内旅游应提前7日（不含7日）通知旅游者，否则应向旅游者全额退还预付旅游费用，并按下述标准向旅游者支付违约金：出发前7日（含7日）至4日，支付旅游费用总额10%的违约金；出发前3日至1日，支付旅游费用总额15%的违约金；出发当日，支付旅游费用总额20%的违约金。"

《旅行社服务质量赔偿标准》第八条规定："旅行社安排的旅游活动及服务档次与合同不符，造成旅游者经济损失的，旅行社应退还旅游者合同金额与实际花费的差额，并支付同额违约金。"

因此，在本案例中，首先，涉事旅行社在旅行团出发之际推迟三天出行，导致马先生不能观摩F1的首场比赛，马先生与该旅行社签订旅游合同的首要目的是观摩首场F1比赛，而且这次旅游就是冲着旅行社广告中提到的"享受观摩首场F1比赛"。马先生与旅行社协商没有结果，根据《旅游法》第九条旅游者享有知悉其购买的旅游产品和服务的真实情况的权利，而该旅行社没有履行这项义务。其次，游客行使合同解除权，必须以旅行社根本性违约为前提条件。在本案例中，除使游客饱览上海的美景以外，该涉事旅行社组织的旅游团打广告的主要亮点是组织观摩上海首场 F1 赛车比赛。但是实际上却因旅行社单方面的原因，在临近出发日期时才告知马先生无法准时出发，致使马先生没有实现享受首场 F1 比赛这一主要目的，根本上损害了马先生的权益。旅行社未按合同约定提供服务，或者未经旅游者马先生同意调整旅游行程，根据《民法典》第五百六十三条、《旅游法》第六十九条，马先生有权要求解除合同，但遭到旅行社拒绝，该涉事旅行社违背了公平交易的市场规则。最后，旅行社未按合同约定提供服务，或者未经旅游者同意调整旅游行程，造成项目减少、旅游时间缩短或者标准降低的，应当采取措施予以补救，未采取补救措施或者已采取补救措施但不足以弥补旅游者损失的，应当承担相应的赔偿责任。根据《旅游法》第七十条、《旅行社服务质量赔偿标准》第四条和第八条，旅行社应当按赔偿规则做出相应的赔偿，减少马先生的损失。

9.5.3　案例启示

从游客角度来看。第一，旅游者在选择旅游企业时，要多看几家、多做比较。不能仅仅只看价格，还应通过查看经营资质、营业执照、办公场所、服务质量等方面来判断和选择有诚信、服务质量有保证的旅游企业。并不是团费价格越低越好，只有质价相符才能保证质量。第二，旅游者享有知悉真情权。第三，旅游者一定要与旅行社签订旅游合同。旅游者在与旅行社签订合同时要详细约定好价格、服务项目、服务标准、违约责任等事项，一旦发生旅游质量问题，可依据合同向旅游行政管理部门或其他相关部门进行投诉，使旅游者的合法权益能及时得到有效的保护。第四，旅游者的权益受到侵犯时，旅游者应该学会运用法律法规维护自己的权益。

从旅游经营者角度来看。第一，旅游经营者应当真实地宣传旅游信息。第二，严格按照旅游合同履行旅游活动，不得擅自更改旅游安排。第三，旅游经营者应当允许、尊重和保护旅游者的自主选择。第四，诚信经营才是旅游企业长远发展的根本。在未来市场化经济竞争越来越激烈的时代，旅游企业要靠诚信和质量才能赢得更多的客户。

从政府相关管理部门来看。首先，旅游主管部门要从践行"游客为本、服务至诚"的行业核心价值观出发，积极维护游客的合法权益，适时发布消费警示，提醒广大游客防范消费风险。加强对游客的宣传引导，大力倡导理性消费，审慎选择旅游促销产品，抵制虚假游说诱惑，共同防范市场风险。其次，政府部门应该加强对旅行社的监督管理，保护游客的权益。

9.6 案例六：游客擅自偏离游览路线，坠落受伤①

9.6.1 事件经过

5月2日，游客方某进入某一著名森林公园游览，游览过程中独自一人偏离景区设定的步行游览道路，后来又因为迷路跨越景区外多个山头，在天黑时不慎坠落受伤。游客方某在迷路期间曾打电话报警，后因手机没电关机而失联。

接到报警后，该森林公园所属的某森林公园旅游开发有限公司、派出所、民间紧急救援协会等相关部门立即组织200多人次在森林公园附近进行大面积的搜寻，经过四天的努力终于找到游客方某，方某受伤发现所在地并非景区范围内。救援人员立即将方某抬下山并送往医院治疗。后经司法鉴定机构鉴定，方某构成九级伤残。

事后，方某上诉至当地法院，要求涉事的某森林公园旅游开发有限公司赔偿其医疗费、残疾赔偿金、误工费、护理费、营养费等损失共计214740.35元。

9.6.2 案情分析

《旅游法》第十五条规定："旅游者购买、接受旅游服务时，应当向旅游经营者如实告知与旅游活动相关的个人健康信息，遵守旅游活动中的安全警示规定。"在本案例中，原告方某应当注意阅览景区内树立的警示标志和景区游览图，更应意识到擅自偏离游览线路的情况下，会对自己的人身安全造成危害，而原告方某并没有按照景区的要求遵守旅游活动中的安全警示规定。

《旅游法》第八十一条规定："突发事件或者旅游安全事故发生后，旅游经营者应当立即采取必要的救助和处置措施，依法履行报告义务，并对旅游者作出妥善安排。"在本案例中，在原告方某报警后，被告当即组织各方资源对原告方某进行了四天的大规模搜救，并将搜寻到的原告方某及时送往医院救治。因此，可以认定景区管理者已尽到了相应的安全保障义务。

游客进入了旅游景区则与景区建立了旅游服务合同关系，在景区受到伤害的游客可以提起违约之诉。最高人民法院的《关于审理人身损害赔偿案件适用法律若干问题的解释》确立了景区经营者的安全保障义务，景区未履行该义务，导致游客伤亡的应该承担

---

① 改编案例来源：游客擅离游览线路，在非游览区坠落受伤，法院：景区无须赔偿！[EB/OL]．最高人民法院官网，2020 - 08 - 25.

侵权责任，为此游客也可以提起侵权之诉讼。在本案例中，涉事的森林公园作为一个成熟、规范的旅游景区，已经按照相关要求设置了相应的隔离指示标识，竖立了醒目的警示牌，已尽到对于游客的安全保障义务。原告方某即使是购票进入景区的，但是原告受伤被搜救到的位置并非在景区范围内，原告损害不是发生在景区负有安全保障义务的范围内。该景区对原告方某损害的发生没有过错，原告主张赔偿缺乏事实及法律依据。

9.6.3　案例启示

从游客角度来看。第一，游客的法律意识淡薄。在本案例中，游客在事故发生前后都没有意识到自己的行为违反了相关法律规定，而以此事来起诉旅游经营者更是无稽之谈。第二，游客的人身安全防患意识淡薄。在明知景区外的未开发区域存在很大的不确定性，仍然冒险偏离景区游览线路，没有重视自身的人身安全。第三，一旦由于游客的盲目旅行而遇险，就会因为营救难度大而花费大量的人、财、物等社会资源。游客就是选择自由行或自助游的形式，也要提前在出发前做好旅行攻略，购买一定的短期旅游保险，做好一定的安全保障。

从旅游经营者角度来看。旅游景区的侵权行为一般有两种类型：一是旅游景区因有瑕疵的设施设备或不当服务行为导致游客遭受人身伤害的，旅游景区的行为与游客受伤之间具有直接因果关系；二是旅游景区未能制止第三人（如经营商户、其他自然人等）对游客的伤害，旅游景区不作为行为与游客伤害之间具有间接因果关系。不管是发生了上述两种类型中哪一种情形，旅游景区都应该对其未尽合理限度范围内的过错行为承担责任，若是旅游景区没有过错则不承担责任。判断一个旅游景区是否存在过错的标准，是看旅游景区是否按照法律法规来进行安全管理和提供旅游服务。因此，旅游景区为了更好地应对本案例的这类情形，首先，旅游景区应该制作警示力度更强的景区警示标志和景区游览图，通过完善景区的警示标志和景区游览图来提高游客游览时的警惕性。其次，景区工作人员提前与游客沟通，发放景区游览须知及其导览地图。旅游景区通过给每位游客提供一份森林公园的游览地图，陈述游览注意事项，提醒游客擅自偏离游览线路将可能损害人身安全，提前做好告知与沟通工作。

从政府相关管理部门的角度来看。首先，应该加强普法宣传工作。通过线上文章和视频、线下活动宣讲等宣传方式，结合相关事例为游客普及相关法律知识，提高游客法律意识和人身安全防患意识。其次，做好旅游各个项目的安全监管。对于游客投诉认真处理，尊重游客自身意愿，保障游客权益，从而维护旅游市场秩序，共创和谐的社会氛围。最后，建立多方联动机制，健全应急保障预案，从而保障好游客出行的安全，有助于促进旅游地可持续发展和游客旅游体验感的提升。

中华人民共和国旅游法

(2013 年 4 月 25 日第十二届全国人民代表大会常务委员会第二次会议通过　根据 2016 年 11 月 7 日第十二届全国人民代表大会常务委员会第二十四次会议《关于修改〈中华人民共和国对外贸易法〉等十二部法律的决定》第一次修正　根据 2018 年 10 月 26 日第十三届全国人民代表大会常务委员会第六次会议《关于修改〈中华人民共和国野生动物保护法〉等十五部法律的决定》第二次修正)

目　录

第一章 总则

第一条 为保障旅游者和旅游经营者的合法权益，规范旅游市场秩序，保护和合理利用旅游资源，促进旅游业持续健康发展，制定本法。

第二条 在中华人民共和国境内的和在中华人民共和国境内组织到境外的游览、度假、休闲等形式的旅游活动以及为旅游活动提供相关服务的经营活动，适用本法。

第三条 国家发展旅游事业，完善旅游公共服务，依法保护旅游者在旅游活动中的权利。

第四条 旅游业发展应当遵循社会效益、经济效益和生态效益相统一的原则。国家鼓励各类市场主体在有效保护旅游资源的前提下，依法合理利用旅游资源。利用公共资源建设的游览场所应当体现公益性质。

第五条 国家倡导健康、文明、环保的旅游方式，支持和鼓励各类社会机构开展旅游公益宣传，对促进旅游业发展做出突出贡献的单位和个人给予奖励。

第六条 国家建立健全旅游服务标准和市场规则，禁止行业垄断和地区垄断。旅游经营者应当诚信经营，公平竞争，承担社会责任，为旅游者提供安全、健康、卫生、方便的旅游服务。

第七条 国务院建立健全旅游综合协调机制，对旅游业发展进行综合协调。

县级以上地方人民政府应当加强对旅游工作的组织和领导，明确相关部门或者机构，对本行政区域的旅游业发展和监督管理进行统筹协调。

第八条 依法成立的旅游行业组织，实行自律管理。

第二章 旅游者

第九条 旅游者有权自主选择旅游产品和服务，有权拒绝旅游经营者的强制交易行为。

旅游者有权知悉其购买的旅游产品和服务的真实情况。

旅游者有权要求旅游经营者按照约定提供产品和服务。

第十条 旅游者的人格尊严、民族风俗习惯和宗教信仰应当得到尊重。

第十一条 残疾人、老年人、未成年人等旅游者在旅游活动中依照法律、法规和有关规定享受便利和优惠。

第十二条 旅游者在人身、财产安全遇有危险时，有请求救助和保护的权利。

旅游者人身、财产受到侵害的，有依法获得赔偿的权利。

第十三条　旅游者在旅游活动中应当遵守社会公共秩序和社会公德，尊重当地的风俗习惯、文化传统和宗教信仰，爱护旅游资源，保护生态环境，遵守旅游文明行为规范。

第十四条　旅游者在旅游活动中或者在解决纠纷时，不得损害当地居民的合法权益，不得干扰他人的旅游活动，不得损害旅游经营者和旅游从业人员的合法权益。

第十五条　旅游者购买、接受旅游服务时，应当向旅游经营者如实告知与旅游活动相关的个人健康信息，遵守旅游活动中的安全警示规定。

旅游者对国家应对重大突发事件暂时限制旅游活动的措施以及有关部门、机构或者旅游经营者采取的安全防范和应急处置措施，应当予以配合。

旅游者违反安全警示规定，或者对国家应对重大突发事件暂时限制旅游活动的措施、安全防范和应急处置措施不予配合的，依法承担相应责任。

第十六条　出境旅游者不得在境外非法滞留，随团出境的旅游者不得擅自分团、脱团。

入境旅游者不得在境内非法滞留，随团入境的旅游者不得擅自分团、脱团。

第三章　旅游规划和促进

第十七条　国务院和县级以上地方人民政府应当将旅游业发展纳入国民经济和社会发展规划。

国务院和省、自治区、直辖市人民政府以及旅游资源丰富的设区的市和县级人民政府，应当按照国民经济和社会发展规划的要求，组织编制旅游发展规划。对跨行政区域且适宜进行整体利用的旅游资源进行利用时，应当由上级人民政府组织编制或者由相关地方人民政府协商编制统一的旅游发展规划。

第十八条　旅游发展规划应当包括旅游业发展的总体要求和发展目标，旅游资源保护和利用的要求和措施，以及旅游产品开发、旅游服务质量提升、旅游文化建设、旅游形象推广、旅游基础设施和公共服务设施建设的要求和促进措施等内容。

根据旅游发展规划，县级以上地方人民政府可以编制重点旅游资源开发利用的专项规划，对特定区域内的旅游项目、设施和服务功能配套提出专门要求。

第十九条　旅游发展规划应当与土地利用总体规划、城乡规划、环境保护规划以及其他自然资源和文物等人文资源的保护和利用规划相衔接。

第二十条　各级人民政府编制土地利用总体规划、城乡规划，应当充分考虑相关旅游项目、设施的空间布局和建设用地要求。规划和建设交通、通信、供水、供电、环保等基础设施和公共服务设施，应当兼顾旅游业发展的需要。

第二十一条　对自然资源和文物等人文资源进行旅游利用，必须严格遵守有关法律、法规的规定，符合资源、生态保护和文物安全的要求，尊重和维护当地传统文化和习俗，维护资源的区域整体性、文化代表性和地域特殊性，并考虑军事设施保护的需要。有关主管部门应当加强对资源保护和旅游利用状况的监督检查。

第二十二条　各级人民政府应当组织对本级政府编制的旅游发展规划的执行情况进行评估，并向社会公布。

第二十三条　国务院和县级以上地方人民政府应当制定并组织实施有利于旅游业持续健康发展的产业政策，推进旅游休闲体系建设，采取措施推动区域旅游合作，鼓励跨区域旅游线路和产品开发，促进旅游与工业、农业、商业、文化、卫生、体育、科教等领域的融合，扶持少数民族地区、革命老区、边远地区和贫困地区旅游业发展。

第二十四条　国务院和县级以上地方人民政府应当根据实际情况安排资金，加强旅游基础设施建设、旅游公共服务和旅游形象推广。

第二十五条　国家制定并实施旅游形象推广战略。国务院旅游主管部门统筹组织国家旅游形象的境外推广工作，建立旅游形象推广机构和网络，开展旅游国际合作与交流。

县级以上地方人民政府统筹组织本地的旅游形象推广工作。

第二十六条　国务院旅游主管部门和县级以上地方人民政府应当根据需要建立旅游公共信息和咨询平台，无偿向旅游者提供旅游景区、线路、交通、气象、住宿、安全、医疗急救等必要信息和咨询服务。设区的市和县级人民政府有关部门应当根据需要在交通枢纽、商业中心和旅游者集中场所设置旅游咨询中心，在景区和通往主要景区的道路设置旅游指示标识。

旅游资源丰富的设区的市和县级人民政府可以根据本地的实际情况，建立旅游客运专线或者游客中转站，为旅游者在城市及周边旅游提供服务。

第二十七条　国家鼓励和支持发展旅游职业教育和培训，提高旅游从业人员素质。

第四章　旅游经营

第二十八条　设立旅行社，招徕、组织、接待旅游者，为其提供旅游服务，应当具备下列条件，取得旅游主管部门的许可，依法办理工商登记：

（一）有固定的经营场所；

（二）有必要的营业设施；

（三）有符合规定的注册资本；

（四）有必要的经营管理人员和导游；

（五）法律、行政法规规定的其他条件。

第二十九条 旅行社可以经营下列业务：

（一）境内旅游；

（二）出境旅游；

（三）边境旅游；

（四）入境旅游；

（五）其他旅游业务。

旅行社经营前款第二项和第三项业务，应当取得相应的业务经营许可，具体条件由国务院规定。

第三十条 旅行社不得出租、出借旅行社业务经营许可证，或者以其他形式非法转让旅行社业务经营许可。

第三十一条 旅行社应当按照规定交纳旅游服务质量保证金，用于旅游者权益损害赔偿和垫付旅游者人身安全遇有危险时紧急救助的费用。

第三十二条 旅行社为招徕、组织旅游者发布信息，必须真实、准确，不得进行虚假宣传，误导旅游者。

第三十三条 旅行社及其从业人员组织、接待旅游者，不得安排参观或者参与违反我国法律、法规和社会公德的项目或者活动。

第三十四条 旅行社组织旅游活动应当向合格的供应商订购产品和服务。

第三十五条 旅行社不得以不合理的低价组织旅游活动，诱骗旅游者，并通过安排购物或者另行付费旅游项目获取回扣等不正当利益。

旅行社组织、接待旅游者，不得指定具体购物场所，不得安排另行付费旅游项目。但是，经双方协商一致或者旅游者要求，且不影响其他旅游者行程安排的除外。

发生违反前两款规定情形的，旅游者有权在旅游行程结束后三十日内，要求旅行社为其办理退货并先行垫付退货货款，或者退还另行付费旅游项目的费用。

第三十六条 旅行社组织团队出境旅游或者组织、接待团队入境旅游，应当按照规定安排领队或者导游全程陪同。

第三十七条 参加导游资格考试成绩合格，与旅行社订立劳动合同或者在相关旅游行业组织注册的人员，可以申请取得导游证。

第三十八条 旅行社应当与其聘用的导游依法订立劳动合同，支付劳动报酬，缴纳社会保险费用。

旅行社临时聘用导游为旅游者提供服务的，应当全额向导游支付本法第六十条第三款规定的导游服务费用。

旅行社安排导游为团队旅游提供服务的，不得要求导游垫付或者向导游收取任何费用。

第三十九条 从事领队业务，应当取得导游证，具有相应的学历、语言能力和旅游从业经历，并与委派其从事领队业务的取得出境旅游业务经营许可的旅行社订立劳动合同。

第四十条 导游和领队为旅游者提供服务必须接受旅行社委派，不得私自承揽导游和领队业务。

第四十一条 导游和领队从事业务活动，应当佩戴导游证，遵守职业道德，尊重旅游者的风俗习惯和宗教信仰，应当向旅游者告知和解释旅游文明行为规范，引导旅游者健康、文明旅游，劝阻旅游者违反社会公德的行为。

导游和领队应当严格执行旅游行程安排，不得擅自变更旅游行程或者中止服务活动，不得向旅游者索取小费，不得诱导、欺骗、强迫或者变相强迫旅游者购物或者参加另行付费旅游项目。

第四十二条 景区开放应当具备下列条件，并听取旅游主管部门的意见：

（一）有必要的旅游配套服务和辅助设施；

（二）有必要的安全设施及制度，经过安全风险评估，满足安全条件；

（三）有必要的环境保护设施和生态保护措施；

（四）法律、行政法规规定的其他条件。

第四十三条 利用公共资源建设的景区的门票以及景区内的游览场所、交通工具等另行收费项目，实行政府定价或者政府指导价，严格控制价格上涨。拟收费或者提高价格的，应当举行听证会，征求旅游者、经营者和有关方面的意见，论证其必要性、可行性。

利用公共资源建设的景区，不得通过增加另行收费项目等方式变相涨价；另行收费项目已收回投资成本的，应当相应降低价格或者取消收费。

公益性的城市公园、博物馆、纪念馆等，除重点文物保护单位和珍贵文物收藏单位外，应当逐步免费开放。

第四十四条 景区应当在醒目位置公示门票价格、另行收费项目的价格及团体收费价格。景区提高门票价格应当提前六个月公布。

将不同景区的门票或者同一景区内不同游览场所的门票合并出售的，合并后的价格不得高于各单项门票的价格之和，且旅游者有权选择购买其中的单项票。

景区内的核心游览项目因故暂停向旅游者开放或者停止提供服务的，应当公示并相应减少收费。

第四十五条 景区接待旅游者不得超过景区主管部门核定的最大承载量。景区应当公布景区主管部门核定的最大承载量，制定和实施旅游者流量控制方案，并可以采取门票预约等方式，对景区接待旅游者的数量进行控制。

旅游者数量可能达到最大承载量时，景区应当提前公告并同时向当地人民政府报告，景区和当地人民政府应当及时采取疏导、分流等措施。

第四十六条 城镇和乡村居民利用自有住宅或者其他条件依法从事旅游经营，其管理办法由省、自治区、直辖市制定。

第四十七条 经营高空、高速、水上、潜水、探险等高风险旅游项目，应当按照国家有关规定取得经营许可。

第四十八条 通过网络经营旅行社业务的，应当依法取得旅行社业务经营许可，并在其网站主页的显著位置标明其业务经营许可证信息。

发布旅游经营信息的网站，应当保证其信息真实、准确。

第四十九条 为旅游者提供交通、住宿、餐饮、娱乐等服务的经营者，应当符合法律、法规规定的要求，按照合同约定履行义务。

第五十条 旅游经营者应当保证其提供的商品和服务符合保障人身、财产安全的要求。

旅游经营者取得相关质量标准等级的，其设施和服务不得低于相应标准；未取得质量标准等级的，不得使用相关质量等级的称谓和标识。

第五十一条 旅游经营者销售、购买商品或者服务，不得给予或者收受贿赂。

第五十二条 旅游经营者对其在经营活动中知悉的旅游者个人信息，应当予以保密。

第五十三条 从事道路旅游客运的经营者应当遵守道路客运安全管理的各项制度，并在车辆显著位置明示道路旅游客运专用标识，在车厢内显著位置公示经营者和驾驶人信息、道路运输管理机构监督电话等事项。

第五十四条 景区、住宿经营者将其部分经营项目或者场地交由他人从事住宿、餐饮、购物、游览、娱乐、旅游交通等经营的，应当对实际经营者的经营行为给旅游者造成的损害承担连带责任。

第五十五条 旅游经营者组织、接待出入境旅游，发现旅游者从事违法活动或者有违反本法第十六条规定情形的，应当及时向公安机关、旅游主管部门或者我国驻外机构报告。

第五十六条　国家根据旅游活动的风险程度，对旅行社、住宿、旅游交通以及本法第四十七条规定的高风险旅游项目等经营者实施责任保险制度。

第五章　旅游服务合同

第五十七条　旅行社组织和安排旅游活动，应当与旅游者订立合同。

第五十八条　包价旅游合同应当采用书面形式，包括下列内容：

（一）旅行社、旅游者的基本信息；

（二）旅游行程安排；

（三）旅游团成团的最低人数；

（四）交通、住宿、餐饮等旅游服务安排和标准；

（五）游览、娱乐等项目的具体内容和时间；

（六）自由活动时间安排；

（七）旅游费用及其交纳的期限和方式；

（八）违约责任和解决纠纷的方式；

（九）法律、法规规定和双方约定的其他事项。

订立包价旅游合同时，旅行社应当向旅游者详细说明前款第二项至第八项所载内容。

第五十九条　旅行社应当在旅游行程开始前向旅游者提供旅游行程单。旅游行程单是包价旅游合同的组成部分。

第六十条　旅行社委托其他旅行社代理销售包价旅游产品并与旅游者订立包价旅游合同的，应当在包价旅游合同中载明委托社和代理社的基本信息。

旅行社依照本法规定将包价旅游合同中的接待业务委托给地接社履行的，应当在包价旅游合同中载明地接社的基本信息。

安排导游为旅游者提供服务的，应当在包价旅游合同中载明导游服务费用。

第六十一条　旅行社应当提示参加团队旅游的旅游者按照规定投保人身意外伤害保险。

第六十二条　订立包价旅游合同时，旅行社应当向旅游者告知下列事项：

（一）旅游者不适合参加旅游活动的情形；

（二）旅游活动中的安全注意事项；

（三）旅行社依法可以减免责任的信息；

（四）旅游者应当注意的旅游目的地相关法律、法规和风俗习惯、宗教禁忌，依照中国法律不宜参加的活动等；

（五）法律、法规规定的其他应当告知的事项。

在包价旅游合同履行中，遇有前款规定事项的，旅行社也应当告知旅游者。

第六十三条 旅行社招徕旅游者组团旅游，因未达到约定人数不能出团的，组团社可以解除合同。但是，境内旅游应当至少提前七日通知旅游者，出境旅游应当至少提前三十日通知旅游者。

因未达到约定人数不能出团的，组团社经征得旅游者书面同意，可以委托其他旅行社履行合同。组团社对旅游者承担责任，受委托的旅行社对组团社承担责任。旅游者不同意的，可以解除合同。

因未达到约定的成团人数解除合同的，组团社应当向旅游者退还已收取的全部费用。

第六十四条 旅游行程开始前，旅游者可以将包价旅游合同中自身的权利义务转让给第三人，旅行社没有正当理由的不得拒绝，因此增加的费用由旅游者和第三人承担。

第六十五条 旅游行程结束前，旅游者解除合同的，组团社应当在扣除必要的费用后，将余款退还旅游者。

第六十六条 旅游者有下列情形之一的，旅行社可以解除合同：

（一）患有传染病等疾病，可能危害其他旅游者健康和安全的；

（二）携带危害公共安全的物品且不同意交有关部门处理的；

（三）从事违法或者违反社会公德的活动的；

（四）从事严重影响其他旅游者权益的活动，且不听劝阻、不能制止的；

（五）法律规定的其他情形。

因前款规定情形解除合同的，组团社应当在扣除必要的费用后，将余款退还旅游者；给旅行社造成损失的，旅游者应当依法承担赔偿责任。

第六十七条 因不可抗力或者旅行社、履行辅助人已尽合理注意义务仍不能避免的事件，影响旅游行程的，按照下列情形处理：

（一）合同不能继续履行的，旅行社和旅游者均可以解除合同。合同不能完全履行的，旅行社经向旅游者作出说明，可以在合理范围内变更合同；旅游者不同意变更的，可以解除合同。

（二）合同解除的，组团社应当在扣除已向地接社或者履行辅助人支付且不可退还的费用后，将余款退还旅游者；合同变更的，因此增加的费用由旅游者承担，减少的费用退还旅游者。

（三）危及旅游者人身、财产安全的，旅行社应当采取相应的安全措施，因此支出的费用，由旅行社与旅游者分担。

（四）造成旅游者滞留的，旅行社应当采取相应的安置措施。因此增加的食宿费用，由旅游者承担；增加的返程费用，由旅行社与旅游者分担。

第六十八条　旅游行程中解除合同的，旅行社应当协助旅游者返回出发地或者旅游者指定的合理地点。由于旅行社或者履行辅助人的原因导致合同解除的，返程费用由旅行社承担。

第六十九条　旅行社应当按照包价旅游合同的约定履行义务，不得擅自变更旅游行程安排。

经旅游者同意，旅行社将包价旅游合同中的接待业务委托给其他具有相应资质的地接社履行的，应当与地接社订立书面委托合同，约定双方的权利和义务，向地接社提供与旅游者订立的包价旅游合同的副本，并向地接社支付不低于接待和服务成本的费用。地接社应当按照包价旅游合同和委托合同提供服务。

第七十条　旅行社不履行包价旅游合同义务或者履行合同义务不符合约定的，应当依法承担继续履行、采取补救措施或者赔偿损失等违约责任；造成旅游者人身损害、财产损失的，应当依法承担赔偿责任。旅行社具备履行条件，经旅游者要求仍拒绝履行合同，造成旅游者人身损害、滞留等严重后果的，旅游者还可以要求旅行社支付旅游费用一倍以上三倍以下的赔偿金。

由于旅游者自身原因导致包价旅游合同不能履行或者不能按照约定履行，或者造成旅游者人身损害、财产损失的，旅行社不承担责任。

在旅游者自行安排活动期间，旅行社未尽到安全提示、救助义务的，应当对旅游者的人身损害、财产损失承担相应责任。

第七十一条　由于地接社、履行辅助人的原因导致违约的，由组团社承担责任；组团社承担责任后可以向地接社、履行辅助人追偿。

由于地接社、履行辅助人的原因造成旅游者人身损害、财产损失的，旅游者可以要求地接社、履行辅助人承担赔偿责任，也可以要求组团社承担赔偿责任；组团社承担责任后可以向地接社、履行辅助人追偿。但是，由于公共交通经营者的原因造成旅游者人身损害、财产损失的，由公共交通经营者依法承担赔偿责任，旅行社应当协助旅游者向公共交通经营者索赔。

第七十二条 旅游者在旅游活动中或者在解决纠纷时，损害旅行社、履行辅助人、旅游从业人员或者其他旅游者的合法权益的，依法承担赔偿责任。

第七十三条 旅行社根据旅游者的具体要求安排旅游行程，与旅游者订立包价旅游合同的，旅游者请求变更旅游行程安排，因此增加的费用由旅游者承担，减少的费用退还旅游者。

第七十四条 旅行社接受旅游者的委托，为其代订交通、住宿、餐饮、游览、娱乐等旅游服务，收取代办费用的，应当亲自处理委托事务。因旅行社的过错给旅游者造成损失的，旅行社应当承担赔偿责任。

旅行社接受旅游者的委托，为其提供旅游行程设计、旅游信息咨询等服务的，应当保证设计合理、可行，信息及时、准确。

第七十五条 住宿经营者应当按照旅游服务合同的约定为团队旅游者提供住宿服务。住宿经营者未能按照旅游服务合同提供服务的，应当为旅游者提供不低于原定标准的住宿服务，因此增加的费用由住宿经营者承担；但由于不可抗力、政府因公共利益需要采取措施造成不能提供服务的，住宿经营者应当协助安排旅游者住宿。

第六章　旅游安全

第七十六条 县级以上人民政府统一负责旅游安全工作。县级以上人民政府有关部门依照法律、法规履行旅游安全监管职责。

第七十七条 国家建立旅游目的地安全风险提示制度。旅游目的地安全风险提示的级别划分和实施程序，由国务院旅游主管部门会同有关部门制定。

县级以上人民政府及其有关部门应当将旅游安全作为突发事件监测和评估的重要内容。

第七十八条 县级以上人民政府应当依法将旅游应急管理纳入政府应急管理体系，制定应急预案，建立旅游突发事件应对机制。

突发事件发生后，当地人民政府及其有关部门和机构应当采取措施开展救援，并协助旅游者返回出发地或者旅游者指定的合理地点。

第七十九条 旅游经营者应当严格执行安全生产管理和消防安全管理的法律、法规和国家标准、行业标准，具备相应的安全生产条件，制定旅游者安全保护制度和应急预案。

旅游经营者应当对直接为旅游者提供服务的从业人员开展经常性应急救助技能培训，对提供的产品和服务进行安全检验、监测和评估，采取必要措施防止危害发生。

旅游经营者组织、接待老年人、未成年人、残疾人等旅游者，应当采取相应的安全保障措施。

第八十条 旅游经营者应当就旅游活动中的下列事项，以明示的方式事先向旅游者作出说明或者警示：

（一）正确使用相关设施、设备的方法；

（二）必要的安全防范和应急措施；

（三）未向旅游者开放的经营、服务场所和设施、设备；

（四）不适宜参加相关活动的群体；

（五）可能危及旅游者人身、财产安全的其他情形。

第八十一条 突发事件或者旅游安全事故发生后，旅游经营者应当立即采取必要的救助和处置措施，依法履行报告义务，并对旅游者作出妥善安排。

第八十二条 旅游者在人身、财产安全遇有危险时，有权请求旅游经营者、当地政府和相关机构进行及时救助。

中国出境旅游者在境外陷于困境时，有权请求我国驻当地机构在其职责范围内给予协助和保护。

旅游者接受相关组织或者机构的救助后，应当支付应由个人承担的费用。

第七章 旅游监督管理

第八十三条 县级以上人民政府旅游主管部门和有关部门依照本法和有关法律、法规的规定，在各自职责范围内对旅游市场实施监督管理。

县级以上人民政府应当组织旅游主管部门、有关主管部门和市场监督管理、交通等执法部门对相关旅游经营行为实施监督检查。

第八十四条 旅游主管部门履行监督管理职责，不得违反法律、行政法规的规定向监督管理对象收取费用。

旅游主管部门及其工作人员不得参与任何形式的旅游经营活动。

第八十五条 县级以上人民政府旅游主管部门有权对下列事项实施监督检查：

（一）经营旅行社业务以及从事导游、领队服务是否取得经营、执业许可；

（二）旅行社的经营行为；

（三）导游和领队等旅游从业人员的服务行为；

（四）法律、法规规定的其他事项。

旅游主管部门依照前款规定实施监督检查，可以对涉嫌违法的合同、票据、账簿以及其他资料进行查阅、复制。

第八十六条　旅游主管部门和有关部门依法实施监督检查，其监督检查人员不得少于二人，并应当出示合法证件。监督检查人员少于二人或者未出示合法证件的，被检查单位和个人有权拒绝。

监督检查人员对在监督检查中知悉的被检查单位的商业秘密和个人信息应当依法保密。

第八十七条　对依法实施的监督检查，有关单位和个人应当配合，如实说明情况并提供文件、资料，不得拒绝、阻碍和隐瞒。

第八十八条　县级以上人民政府旅游主管部门和有关部门，在履行监督检查职责中或者在处理举报、投诉时，发现违反本法规定行为的，应当依法及时作出处理；对不属于本部门职责范围的事项，应当及时书面通知并移交有关部门查处。

第八十九条　县级以上地方人民政府建立旅游违法行为查处信息的共享机制，对需要跨部门、跨地区联合查处的违法行为，应当进行督办。

旅游主管部门和有关部门应当按照各自职责，及时向社会公布监督检查的情况。

第九十条　依法成立的旅游行业组织依照法律、行政法规和章程的规定，制定行业经营规范和服务标准，对其会员的经营行为和服务质量进行自律管理，组织开展职业道德教育和业务培训，提高从业人员素质。

第八章　旅游纠纷处理

第九十一条　县级以上人民政府应当指定或者设立统一的旅游投诉受理机构。受理机构接到投诉，应当及时进行处理或者移交有关部门处理，并告知投诉者。

第九十二条　旅游者与旅游经营者发生纠纷，可以通过下列途径解决：

（一）双方协商；

（二）向消费者协会、旅游投诉受理机构或者有关调解组织申请调解；

（三）根据与旅游经营者达成的仲裁协议提请仲裁机构仲裁；

（四）向人民法院提起诉讼。

第九十三条　消费者协会、旅游投诉受理机构和有关调解组织在双方自愿的基础上，依法对旅游者与旅游经营者之间的纠纷进行调解。

第九十四条　旅游者与旅游经营者发生纠纷，旅游者一方人数众多并有共同请求的，可以推选代表人参加协商、调解、仲裁、诉讼活动。

第九章　法律责任

第九十五条　违反本法规定，未经许可经营旅行社业务的，由旅游主管部门或者市场监督管理部门责令改正，没收违法所得，并处一万元以上十万元以下罚款；违法所得十万元以上的，并处违法所得一倍以上五倍以下罚款；对有关责任人员，处二千元以上二万元以下罚款。

旅行社违反本法规定，未经许可经营本法第二十九条第一款第二项、第三项业务，或者出租、出借旅行社业务经营许可证，或者以其他方式非法转让旅行社业务经营许可的，除依照前款规定处罚外，并责令停业整顿；情节严重的，吊销旅行社业务经营许可证；对直接负责的主管人员，处二千元以上二万元以下罚款。

第九十六条　旅行社违反本法规定，有下列行为之一的，由旅游主管部门责令改正，没收违法所得，并处五千元以上五万元以下罚款；情节严重的，责令停业整顿或者吊销旅行社业务经营许可证；对直接负责的主管人员和其他直接责任人员，处二千元以上二万元以下罚款：

（一）未按照规定为出境或者入境团队旅游安排领队或者导游全程陪同的；

（二）安排未取得导游证的人员提供导游服务或者安排不具备领队条件的人员提供领队服务的；

（三）未向临时聘用的导游支付导游服务费用的；

（四）要求导游垫付或者向导游收取费用的。

第九十七条　旅行社违反本法规定，有下列行为之一的，由旅游主管部门或者有关部门责令改正，没收违法所得，并处五千元以上五万元以下罚款；违法所得五万元以上的，并处违法所得一倍以上五倍以下罚款；情节严重的，责令停业整顿或者吊销旅行社业务经营许可证；对直接负责的主管人员和其他直接责任人员，处二千元以上二万元以下罚款：

（一）进行虚假宣传，误导旅游者的；

（二）向不合格的供应商订购产品和服务的；

（三）未按照规定投保旅行社责任保险的。

第九十八条　旅行社违反本法第三十五条规定的，由旅游主管部门责令改正，没收违法所得，责令停业整顿，并处三万元以上三十万元以下罚款；违法所得三十万元以上的，并处违法所得一倍以上五倍以下罚款；情节严重的，吊销旅行社业务经营许可证；对直接负责的主管人员和其他直接责任人员，没收违法所得，处二千元以上二万元以下罚款，并暂扣或者吊销导游证。

第九十九条 旅行社未履行本法第五十五条规定的报告义务的，由旅游主管部门处五千元以上五万元以下罚款；情节严重的，责令停业整顿或者吊销旅行社业务经营许可证；对直接负责的主管人员和其他直接责任人员，处二千元以上二万元以下罚款，并暂扣或者吊销导游证。

第一百条 旅行社违反本法规定，有下列行为之一的，由旅游主管部门责令改正，处三万元以上三十万元以下罚款，并责令停业整顿；造成旅游者滞留等严重后果的，吊销旅行社业务经营许可证；对直接负责的主管人员和其他直接责任人员，处二千元以上二万元以下罚款，并暂扣或者吊销导游证：

（一）在旅游行程中擅自变更旅游行程安排，严重损害旅游者权益的；

（二）拒绝履行合同的；

（三）未征得旅游者书面同意，委托其他旅行社履行包价旅游合同的。

第一百零一条 旅行社违反本法规定，安排旅游者参观或者参与违反我国法律、法规和社会公德的项目或者活动的，由旅游主管部门责令改正，没收违法所得，责令停业整顿，并处二万元以上二十万元以下罚款；情节严重的，吊销旅行社业务经营许可证；对直接负责的主管人员和其他直接责任人员，处二千元以上二万元以下罚款，并暂扣或者吊销导游证。

第一百零二条 违反本法规定，未取得导游证或者不具备领队条件而从事导游、领队活动的，由旅游主管部门责令改正，没收违法所得，并处一千元以上一万元以下罚款，予以公告。

导游、领队违反本法规定，私自承揽业务的，由旅游主管部门责令改正，没收违法所得，处一千元以上一万元以下罚款，并暂扣或者吊销导游证。

导游、领队违反本法规定，向旅游者索取小费的，由旅游主管部门责令退还，处一千元以上一万元以下罚款；情节严重的，并暂扣或者吊销导游证。

第一百零三条 违反本法规定被吊销导游证的导游、领队和受到吊销旅行社业务经营许可证处罚的旅行社的有关管理人员，自处罚之日起未逾三年的，不得重新申请导游证或者从事旅行社业务。

第一百零四条 旅游经营者违反本法规定，给予或者收受贿赂的，由市场监督管理部门依照有关法律、法规的规定处罚；情节严重的，并由旅游主管部门吊销旅行社业务经营许可证。

第一百零五条 景区不符合本法规定的开放条件而接待旅游者的，由景区主管部门责令停业整顿直至符合开放条件，并处二万元以上二十万元以下罚款。

景区在旅游者数量可能达到最大承载量时，未依照本法规定公告或者未向当地人民政府报告，未及时采取疏导、分流等措施，或者超过最大承载量接待旅游者的，由景区主管部门责令改正，情节严重的，责令停业整顿一个月至六个月。

第一百零六条　景区违反本法规定，擅自提高门票或者另行收费项目的价格，或者有其他价格违法行为的，由有关主管部门依照有关法律、法规的规定处罚。

第一百零七条　旅游经营者违反有关安全生产管理和消防安全管理的法律、法规或者国家标准、行业标准的，由有关主管部门依照有关法律、法规的规定处罚。

第一百零八条　对违反本法规定的旅游经营者及其从业人员，旅游主管部门和有关部门应当记入信用档案，向社会公布。

第一百零九条　旅游主管部门和有关部门的工作人员在履行监督管理职责中，滥用职权、玩忽职守、徇私舞弊，尚不构成犯罪的，依法给予处分。

第一百一十条　违反本法规定，构成犯罪的，依法追究刑事责任。

第十章　附则

第一百一十一条　本法下列用语的含义：

（一）旅游经营者，是指旅行社、景区以及为旅游者提供交通、住宿、餐饮、购物、娱乐等服务的经营者。

（二）景区，是指为旅游者提供游览服务、有明确的管理界限的场所或者区域。

（三）包价旅游合同，是指旅行社预先安排行程，提供或者通过履行辅助人提供交通、住宿、餐饮、游览、导游或者领队等两项以上旅游服务，旅游者以总价支付旅游费用的合同。

（四）组团社，是指与旅游者订立包价旅游合同的旅行社。

（五）地接社，是指接受组团社委托，在目的地接待旅游者的旅行社。

（六）履行辅助人，是指与旅行社存在合同关系，协助其履行包价旅游合同义务，实际提供相关服务的法人或者自然人。

第一百一十二条　本法自2013年10月1日起施行。

旅行社条例

(2009年2月20日中华人民共和国国务院令第550号公布　根据2016年2月6日《国务院关于修改部分行政法规的决定》第一次修订　根据2017年3月1日《国务院关于修改和废止部分行政法规的决定》第二次修订　根据2020年11月29日《国务院关于修改和废止部分行政法规的决定》第三次修订)

第一章　总则

第一条　为了加强对旅行社的管理，保障旅游者和旅行社的合法权益，维护旅游市场秩序，促进旅游业的健康发展，制定本条例。

第二条　本条例适用于中华人民共和国境内旅行社的设立及经营活动。

本条例所称旅行社，是指从事招徕、组织、接待旅游者等活动，为旅游者提供相关旅游服务，开展国内旅游业务、入境旅游业务或者出境旅游业务的企业法人。

第三条　国务院旅游行政主管部门负责全国旅行社的监督管理工作。

县级以上地方人民政府管理旅游工作的部门按照职责负责本行政区域内旅行社的监督管理工作。

县级以上各级人民政府工商、价格、商务、外汇等有关部门，应当按照职责分工，依法对旅行社进行监督管理。

第四条　旅行社在经营活动中应当遵循自愿、平等、公平、诚信的原则，提高服务质量，维护旅游者的合法权益。

第五条　旅行社行业组织应当按照章程为旅行社提供服务，发挥协调和自律作用，引导旅行社合法、公平竞争和诚信经营。

第二章　旅行社的设立

第六条　申请经营国内旅游业务和入境旅游业务的，应当取得企业法人资格，并且注册资本不少于 30 万元。

第七条　申请经营国内旅游业务和入境旅游业务的，应当向所在地省、自治区、直辖市旅游行政管理部门或者其委托的设区的市级旅游行政管理部门提出申请，并提交符合本条例第六条规定的相关证明文件。受理申请的旅游行政管理部门应当自受理申请之日起 20 个工作日内作出许可或者不予许可的决定。予以许可的，向申请人颁发旅行社业务经营许可证；不予许可的，书面通知申请人并说明理由。

第八条　旅行社取得经营许可满两年，且未因侵害旅游者合法权益受到行政机关罚款以上处罚的，可以申请经营出境旅游业务。

第九条　申请经营出境旅游业务的，应当向国务院旅游行政主管部门或者其委托的省、自治区、直辖市旅游行政管理部门提出申请，受理申请的旅游行政管理部门应当自受理申请之日起 20 个工作日内作出许可或者不予许可的决定。予以许可的，向申请人换发旅行社业务经营许可证；不予许可的，书面通知申请人并说明理由。

第十条　旅行社设立分社的，应当向分社所在地的工商行政管理部门办理设立登记，并自设立登记之日起 3 个工作日内向分社所在地的旅游行政管理部门备案。

旅行社分社的设立不受地域限制。分社的经营范围不得超出设立分社的旅行社的经营范围。

第十一条　旅行社设立专门招徕旅游者、提供旅游咨询的服务网点（以下简称旅行社服务网点）应当依法向工商行政管理部门办理设立登记手续，并向所在地的旅游行政管理部门备案。

旅行社服务网点应当接受旅行社的统一管理，不得从事招徕、咨询以外的活动。

第十二条　旅行社变更名称、经营场所、法定代表人等登记事项或者终止经营的，应当到工商行政管理部门办理相应的变更登记或者注销登记，并在登记办理完毕之日起 10 个工作日内，向原许可的旅游行政管理部门备案，换领或者交回旅行社业务经营许可证。

第十三条　旅行社应当自取得旅行社业务经营许可证之日起 3 个工作日内，在国务院旅游行政主管部门指定的银行开设专门的质量保证金账户，存入质量保证金，或者向作出许可的旅游行政管理部门提交依法取得的担保额度不低于相应质量保证金数额的银行担保。

经营国内旅游业务和入境旅游业务的旅行社，应当存入质量保证金 20 万元；经营出境旅游业务的旅行社，应当增存质量保证金 120 万元。

质量保证金的利息属于旅行社所有。

第十四条　旅行社每设立一个经营国内旅游业务和入境旅游业务的分社，应当向其质量保证金账户增存 5 万元；每设立一个经营出境旅游业务的分社，应当向其质量保证金账户增存 30 万元。

第十五条　有下列情形之一的，旅游行政管理部门可以使用旅行社的质量保证金：

（一）旅行社违反旅游合同约定，侵害旅游者合法权益，经旅游行政管理部门查证属实的；

（二）旅行社因解散、破产或者其他原因造成旅游者预交旅游费用损失的。

第十六条　人民法院判决、裁定及其他生效法律文书认定旅行社损害旅游者合法权益，旅行社拒绝或者无力赔偿的，人民法院可以从旅行社的质量保证金账户上划拨赔偿款。

第十七条　旅行社自交纳或者补足质量保证金之日起三年内未因侵害旅游者合法权益受到行政机关罚款以上处罚的，旅游行政管理部门应当将旅行社质量保证金的交存数额降低 50%，并向社会公告。旅行社可凭省、自治区、直辖市旅游行政管理部门出具的凭证减少其质量保证金。

第十八条　旅行社在旅游行政管理部门使用质量保证金赔偿旅游者的损失，或者依法减少质量保证金后，因侵害旅游者合法权益受到行政机关罚款以上处罚的，应当在收到旅游行政管理部门补交质量保证金的通知之日起 5 个工作日内补足质量保证金。

第十九条　旅行社不再从事旅游业务的，凭旅游行政管理部门出具的凭证，向银行取回质量保证金。

第二十条　质量保证金存缴、使用的具体管理办法由国务院旅游行政主管部门和国务院财政部门会同有关部门另行制定。

第三章　外商投资旅行社

第二十一条　外商投资旅行社适用本章规定；本章没有规定的，适用本条例其他有关规定。

第二十二条　外商投资企业申请经营旅行社业务，应当向所在地省、自治区、直辖市旅游行政管理部门提出申请，并提交符合本条例第六条规定条件的相关证明文件。省、自治区、直辖市旅游行政管理部门应当自受理申请之日起 30 个工作日内审查完毕。予以许可的，颁发旅行社业务经营许可证；不予许可的，书面通知申请人并说明理由。

设立外商投资旅行社，还应当遵守有关外商投资的法律、法规。

第二十三条　外商投资旅行社不得经营中国内地居民出国旅游业务以及赴香港特别

行政区、澳门特别行政区和台湾地区旅游的业务，但是国务院决定或者我国签署的自由贸易协定和内地与香港、澳门关于建立更紧密经贸关系的安排另有规定的除外。

第四章 旅行社经营

第二十四条 旅行社向旅游者提供的旅游服务信息必须真实可靠，不得作虚假宣传。

第二十五条 经营出境旅游业务的旅行社不得组织旅游者到国务院旅游行政主管部门公布的中国公民出境旅游目的地之外的国家和地区旅游。

第二十六条 旅行社为旅游者安排或者介绍的旅游活动不得含有违反有关法律、法规规定的内容。

第二十七条 旅行社不得以低于旅游成本的报价招徕旅游者。未经旅游者同意，旅行社不得在旅游合同约定之外提供其他有偿服务。

第二十八条 旅行社为旅游者提供服务，应当与旅游者签订旅游合同并载明下列事项：

（一）旅行社的名称及其经营范围、地址、联系电话和旅行社业务经营许可证编号；

（二）旅行社经办人的姓名、联系电话；

（三）签约地点和日期；

（四）旅游行程的出发地、途经地和目的地；

（五）旅游行程中交通、住宿、餐饮服务安排及其标准；

（六）旅行社统一安排的游览项目的具体内容及时间；

（七）旅游者自由活动的时间和次数；

（八）旅游者应当交纳的旅游费用及交纳方式；

（九）旅行社安排的购物次数、停留时间及购物场所的名称；

（十）需要旅游者另行付费的游览项目及价格；

（十一）解除或者变更合同的条件和提前通知的期限；

（十二）违反合同的纠纷解决机制及应当承担的责任；

（十三）旅游服务监督、投诉电话；

（十四）双方协商一致的其他内容。

第二十九条 旅行社在与旅游者签订旅游合同时，应当对旅游合同的具体内容作出真实、准确、完整的说明。

旅行社和旅游者签订的旅游合同约定不明确或者对格式条款的理解发生争议的，应当按照通常理解予以解释；对格式条款有两种以上解释的，应当作出有利于旅游者的解释；格式条款和非格式条款不一致的，应当采用非格式条款。

第三十条　旅行社组织中国内地居民出境旅游的，应当为旅游团队安排领队全程陪同。

第三十一条　旅行社为接待旅游者委派的导游人员，应当持有国家规定的导游证。

取得出境旅游业务经营许可的旅行社为组织旅游者出境旅游委派的领队，应当取得导游证，具有相应的学历、语言能力和旅游从业经历，并与委派其从事领队业务的旅行社订立劳动合同。旅行社应当将本单位领队名单报所在地设区的市级旅游行政管理部门备案。

第三十二条　旅行社聘用导游人员、领队人员应当依法签订劳动合同，并向其支付不低于当地最低工资标准的报酬。

第三十三条　旅行社及其委派的导游人员和领队人员不得有下列行为：

（一）拒绝履行旅游合同约定的义务；

（二）非因不可抗力改变旅游合同安排的行程；

（三）欺骗、胁迫旅游者购物或者参加需要另行付费的游览项目。

第三十四条　旅行社不得要求导游人员和领队人员接待不支付接待和服务费用或者支付的费用低于接待和服务成本的旅游团队，不得要求导游人员和领队人员承担接待旅游团队的相关费用。

第三十五条　旅行社违反旅游合同约定，造成旅游者合法权益受到损害的，应当采取必要的补救措施，并及时报告旅游行政管理部门。

第三十六条　旅行社需要对旅游业务作出委托的，应当委托给具有相应资质的旅行社，征得旅游者的同意，并与接受委托的旅行社就接待旅游者的事宜签订委托合同，确定接待旅游者的各项服务安排及其标准，约定双方的权利、义务。

第三十七条　旅行社将旅游业务委托给其他旅行社的，应当向接受委托的旅行社支付不低于接待和服务成本的费用；接受委托的旅行社不得接待不支付或者不足额支付接待和服务费用的旅游团队。

接受委托的旅行社违约，造成旅游者合法权益受到损害的，作出委托的旅行社应当承担相应的赔偿责任。作出委托的旅行社赔偿后，可以向接受委托的旅行社追偿。

接受委托的旅行社故意或者重大过失造成旅游者合法权益损害的，应当承担连带责任。

第三十八条　旅行社应当投保旅行社责任险。旅行社责任险的具体方案由国务院旅游行政主管部门会同国务院保险监督管理机构另行制定。

第三十九条　旅行社对可能危及旅游者人身、财产安全的事项，应当向旅游者作出真实的说明和明确的警示，并采取防止危害发生的必要措施。

发生危及旅游者人身安全的情形的，旅行社及其委派的导游人员、领队人员应当采取必要的处置措施并及时报告旅游行政管理部门；在境外发生的，还应当及时报告中华人民共和国驻该国使领馆、相关驻外机构、当地警方。

第四十条　旅游者在境外滞留不归的，旅行社委派的领队人员应当及时向旅行社和中华人民共和国驻该国使领馆、相关驻外机构报告。旅行社接到报告后应当及时向旅游行政管理部门和公安机关报告，并协助提供非法滞留者的信息。

旅行社接待入境旅游发生旅游者非法滞留我国境内的，应当及时向旅游行政管理部门、公安机关和外事部门报告，并协助提供非法滞留者的信息。

第五章　监督检查

第四十一条　旅游、工商、价格、商务、外汇等有关部门应当依法加强对旅行社的监督管理，发现违法行为，应当及时予以处理。

第四十二条　旅游、工商、价格等行政管理部门应当及时向社会公告监督检查的情况。公告的内容包括旅行社业务经营许可证的颁发、变更、吊销、注销情况，旅行社的违法经营行为以及旅行社的诚信记录、旅游者投诉信息等。

第四十三条　旅行社损害旅游者合法权益的，旅游者可以向旅游行政管理部门、工商行政管理部门、价格主管部门、商务主管部门或者外汇管理部门投诉，接到投诉的部门应当按照其职责权限及时调查处理，并将调查处理的有关情况告知旅游者。

第四十四条　旅行社及其分社应当接受旅游行政管理部门对其旅游合同、服务质量、旅游安全、财务账簿等情况的监督检查，并按照国家有关规定向旅游行政管理部门报送经营和财务信息等统计资料。

第四十五条　旅游、工商、价格、商务、外汇等有关部门工作人员不得接受旅行社的任何馈赠，不得参加由旅行社支付费用的购物活动或者游览项目，不得通过旅行社为自己、亲友或者其他个人、组织牟取私利。

第六章　法律责任

第四十六条　违反本条例的规定，有下列情形之一的，由旅游行政管理部门或者工商行政管理部门责令改正，没收违法所得，违法所得10万元以上的，并处违法所得1倍以上 5 倍以下的罚款；违法所得不足 10 万元或者没有违法所得的，并处 10 万元以上 50 万元以下的罚款：

（一）未取得相应的旅行社业务经营许可，经营国内旅游业务、入境旅游业务、出境旅游业务的；

（二）分社超出设立分社的旅行社的经营范围经营旅游业务的；

（三）旅行社服务网点从事招徕、咨询以外的旅行社业务经营活动的。

第四十七条　旅行社转让、出租、出借旅行社业务经营许可证的，由旅游行政管理部门责令停业整顿 1 个月至 3 个月，并没收违法所得；情节严重的，吊销旅行社业务经营许可证。受让或者租借旅行社业务经营许可证的，由旅游行政管理部门责令停止非法经营，没收违法所得，并处 10 万元以上 50 万元以下的罚款。

第四十八条　违反本条例的规定，旅行社未在规定期限内向其质量保证金账户存入、增存、补足质量保证金或者提交相应的银行担保的，由旅游行政管理部门责令改正；拒不改正的，吊销旅行社业务经营许可证。

第四十九条　违反本条例的规定，旅行社不投保旅行社责任险的，由旅游行政管理部门责令改正；拒不改正的，吊销旅行社业务经营许可证。

第五十条　违反本条例的规定，旅行社有下列情形之一的，由旅游行政管理部门责令改正；拒不改正的，处 1 万元以下的罚款：

（一）变更名称、经营场所、法定代表人等登记事项或者终止经营，未在规定期限内向原许可的旅游行政管理部门备案，换领或者交回旅行社业务经营许可证的；

（二）设立分社未在规定期限内向分社所在地旅游行政管理部门备案的；

（三）不按照国家有关规定向旅游行政管理部门报送经营和财务信息等统计资料的。

第五十一条　违反本条例的规定，外商投资旅行社经营中国内地居民出国旅游业务以及赴香港特别行政区、澳门特别行政区和台湾地区旅游业务，或者经营出境旅游业务的旅行社组织旅游者到国务院旅游行政主管部门公布的中国公民出境旅游目的地之外的国家和地区旅游的，由旅游行政管理部门责令改正，没收违法所得，违法所得 10 万元以上的，并处违法所得 1 倍以上 5 倍以下的罚款；违法所得不足 10 万元或者没有违法所得的，并处 10 万元以上 50 万元以下的罚款；情节严重的，吊销旅行社业务经营许可证。

第五十二条　违反本条例的规定，旅行社为旅游者安排或者介绍的旅游活动含有违反有关法律、法规规定的内容的，由旅游行政管理部门责令改正，没收违法所得，并处 2 万元以上 10 万元以下的罚款；情节严重的，吊销旅行社业务经营许可证。

第五十三条　违反本条例的规定，旅行社向旅游者提供的旅游服务信息含有虚假内容或者作虚假宣传的，由工商行政管理部门依法给予处罚。

违反本条例的规定，旅行社以低于旅游成本的报价招徕旅游者的，由价格主管部门依法给予处罚。

第五十四条　违反本条例的规定，旅行社未经旅游者同意在旅游合同约定之外提供其他有偿服务的，由旅游行政管理部门责令改正，处 1 万元以上 5 万元以下的罚款。

第五十五条　违反本条例的规定，旅行社有下列情形之一的，由旅游行政管理部门责令改正，处 2 万元以上 10 万元以下的罚款；情节严重的，责令停业整顿 1 个月至 3 个月：

（一）未与旅游者签订旅游合同；

（二）与旅游者签订的旅游合同未载明本条例第二十八条规定的事项；

（三）未取得旅游者同意，将旅游业务委托给其他旅行社；

（四）将旅游业务委托给不具有相应资质的旅行社；

（五）未与接受委托的旅行社就接待旅游者的事宜签订委托合同。

第五十六条　违反本条例的规定，旅行社组织中国内地居民出境旅游，不为旅游团队安排领队全程陪同的，由旅游行政管理部门责令改正，处 1 万元以上 5 万元以下的罚款；拒不改正的，责令停业整顿 1 个月至 3 个月。

第五十七条　违反本条例的规定，旅行社委派的导游人员未持有国家规定的导游证或者委派的领队人员不具备规定的领队条件的，由旅游行政管理部门责令改正，对旅行社处 2 万元以上 10 万元以下的罚款。

第五十八条　违反本条例的规定，旅行社不向其聘用的导游人员、领队人员支付报酬，或者所支付的报酬低于当地最低工资标准的，按照《中华人民共和国劳动合同法》的有关规定处理。

第五十九条　违反本条例的规定，有下列情形之一的，对旅行社，由旅游行政管理部门或者工商行政管理部门责令改正，处 10 万元以上 50 万元以下的罚款；对导游人员、领队人员，由旅游行政管理部门责令改正，处 1 万元以上 5 万元以下的罚款；情节严重的，吊销旅行社业务经营许可证、导游证：

（一）拒不履行旅游合同约定的义务的；

（二）非因不可抗力改变旅游合同安排的行程的；

（三）欺骗、胁迫旅游者购物或者参加需要另行付费的游览项目的。

第六十条　违反本条例的规定，旅行社要求导游人员和领队人员接待不支付接待和服务费用、支付的费用低于接待和服务成本的旅游团队，或者要求导游人员和领队人员承担接待旅游团队的相关费用的，由旅游行政管理部门责令改正，处 2 万元以上 10 万元以下的罚款。

第六十一条 旅行社违反旅游合同约定，造成旅游者合法权益受到损害，不采取必要的补救措施的，由旅游行政管理部门或者工商行政管理部门责令改正，处 1 万元以上 5 万元以下的罚款；情节严重的，由旅游行政管理部门吊销旅行社业务经营许可证。

第六十二条 违反本条例的规定，有下列情形之一的，由旅游行政管理部门责令改正，停业整顿 1 个月至 3 个月；情节严重的，吊销旅行社业务经营许可证：

（一）旅行社不向接受委托的旅行社支付接待和服务费用的；

（二）旅行社向接受委托的旅行社支付的费用低于接待和服务成本的；

（三）接受委托的旅行社接待不支付或者不足额支付接待和服务费用的旅游团队的。

第六十三条 违反本条例的规定，旅行社及其委派的导游人员、领队人员有下列情形之一的，由旅游行政管理部门责令改正，对旅行社处 2 万元以上 10 万元以下的罚款；对导游人员、领队人员处 4000 元以上 2 万元以下的罚款；情节严重的，责令旅行社停业整顿 1 个月至 3 个月，或者吊销旅行社业务经营许可证、导游证：

（一）发生危及旅游者人身安全的情形，未采取必要的处置措施并及时报告的；

（二）旅行社组织出境旅游的旅游者非法滞留境外，旅行社未及时报告并协助提供非法滞留者信息的；

（三）旅行社接待入境旅游的旅游者非法滞留境内，旅行社未及时报告并协助提供非法滞留者信息的。

第六十四条 因妨害国（边）境管理受到刑事处罚的，在刑罚执行完毕之日起五年内不得从事旅行社业务经营活动；旅行社被吊销旅行社业务经营许可的，其主要负责人在旅行社业务经营许可被吊销之日起五年内不得担任任何旅行社的主要负责人。

第六十五条 旅行社违反本条例的规定，损害旅游者合法权益的，应当承担相应的民事责任；构成犯罪的，依法追究刑事责任。

第六十六条 违反本条例的规定，旅游行政管理部门或者其他有关部门及其工作人员有下列情形之一的，对直接负责的主管人员和其他直接责任人员依法给予处分：

（一）发现违法行为不及时予以处理的；

（二）未及时公告对旅行社的监督检查情况的；

（三）未及时处理旅游者投诉并将调查处理的有关情况告知旅游者的；

（四）接受旅行社的馈赠的；

（五）参加由旅行社支付费用的购物活动或者游览项目的；

（六）通过旅行社为自己、亲友或者其他个人、组织牟取私利的。

第七章　附则

第六十七条　香港特别行政区、澳门特别行政区和台湾地区的投资者在内地投资设立的旅行社，参照适用本条例。

第六十八条　本条例自 2009 年 5 月 1 日起施行。1996 年 10 月 15 日国务院发布的《旅行社管理条例》同时废止。

导游管理办法

第一章　总则

第一条　为规范导游执业行为，提升导游服务质量，保障导游合法权益，促进导游行业健康发展，依据《中华人民共和国旅游法》《导游人员管理条例》和《旅行社条例》等法律法规，制定本办法。

第二条　导游执业的许可、管理、保障与激励，适用本办法。

第三条　国家对导游执业实行许可制度。从事导游执业活动的人员，应当取得导游人员资格证和导游证。

国家旅游局建立导游等级考核制度、导游服务星级评价制度和全国旅游监管服务信息系统，各级旅游主管部门运用标准化、信息化手段对导游实施动态监管和服务。

第四条　旅游行业组织应当依法维护导游合法权益，促进导游职业发展，加强导游行业自律。

旅行社等用人单位应当加强对导游的管理和培训，保障导游合法权益，提升导游服务质量。

导游应当恪守职业道德，提升服务水平，自觉维护导游行业形象。

第五条　支持和鼓励各类社会机构积极弘扬导游行业先进典型，优化导游执业环境，促进导游行业健康稳定发展。

第二章　导游执业许可

第六条　经导游人员资格考试合格的人员，方可取得导游人员资格证。

国家旅游局负责制定全国导游资格考试政策、标准，组织导游资格统一考试，以及对地方各级旅游主管部门导游资格考试实施工作进行监督管理。

省、自治区、直辖市旅游主管部门负责组织、实施本行政区域内导游资格考试具体工作。

全国导游资格考试管理的具体办法，由国家旅游局另行制定。

第七条　取得导游人员资格证，并与旅行社订立劳动合同或者在旅游行业组织注册的人员，可以通过全国旅游监管服务信息系统向所在地旅游主管部门申请取得导游证。

导游证采用电子证件形式，由国家旅游局制定格式标准，由各级旅游主管部门通过全国旅游监管服务信息系统实施管理。电子导游证以电子数据形式保存于导游个人移动电话等移动终端设备中。

第八条　在旅游行业组织注册并申请取得导游证的人员，应当向所在地旅游行业组织提交下列材料：

（一）身份证；

（二）导游人员资格证；

（三）本人近期照片；

（四）注册申请。

旅游行业组织在接受申请人取得导游证的注册时，不得收取注册费；旅游行业组织收取会员会费的，应当符合《社会团体登记条例》等法律法规的规定，不得以导游证注册费的名义收取会费。

第九条　导游通过与旅行社订立劳动合同取得导游证的，劳动合同的期限应当在1个月以上。

第十条　申请取得导游证，申请人应当通过全国旅游监管服务信息系统填写申请信息，并提交下列申请材料：

（一）身份证的扫描件或者数码照片等电子版；

（二）未患有传染性疾病的承诺；

（三）无过失犯罪以外的犯罪记录的承诺；

（四）与经常执业地区的旅行社订立劳动合同或者在经常执业地区的旅游行业组织注册的确认信息。

前款第（四）项规定的信息，旅行社或者旅游行业组织应当自申请人提交申请之日起5个工作日内确认。

第十一条　所在地旅游主管部门对申请人提出的取得导游证的申请，应当依法出具受理或者不予受理的书面凭证。需补正相关材料的，应当自收到申请材料之日起5个工作日内一次性告知申请人需要补正的全部内容；逾期不告知的，收到材料之日起即为受理。

所在地旅游主管部门应当自受理申请之日起10个工作日内，作出准予核发或者不予核发导游证的决定。不予核发的，应当书面告知申请人理由。

第十二条 具有下列情形的，不予核发导游证：

（一）无民事行为能力或者限制民事行为能力的；

（二）患有甲类、乙类以及其他可能危害旅游者人身健康安全的传染性疾病的；

（三）受过刑事处罚的，过失犯罪的除外；

（四）被吊销导游证之日起未逾 3 年的。

第十三条 导游证的有效期为 3 年。导游需要在导游证有效期届满后继续执业的，应当在有效期限届满前 3 个月内，通过全国旅游监管服务信息系统向所在地旅游主管部门提出申请，并提交本办法第十条第（二）项至第（四）项规定的材料。

旅行社或者旅游行业组织应当自导游提交申请之日起 3 个工作日内确认信息。所在地旅游主管部门应当自旅行社或者旅游行业组织核实信息之日起 5 个工作日内予以审核，并对符合条件的导游变更导游证信息。

第十四条 导游与旅行社订立的劳动合同解除、终止或者在旅游行业组织取消注册的，导游及旅行社或者旅游行业组织应当自解除、终止合同或者取消注册之日起 5 个工作日内，通过全国旅游监管服务信息系统将信息变更情况报告旅游主管部门。

第十五条 导游应当自下列情形发生之日起 10 个工作日内，通过全国旅游监管服务信息系统提交相应材料，申请变更导游证信息：

（一）姓名、身份证号、导游等级和语种等信息发生变化的；

（二）与旅行社订立的劳动合同解除、终止或者在旅游行业组织取消注册后，在 3 个月内与其他旅行社订立劳动合同或者在其他旅游行业组织注册的；

（三）经常执业地区发生变化的；

（四）其他导游身份信息发生变化的。

旅行社或者旅游行业组织应当自收到申请之日起 3 个工作日内对信息变更情况进行核实。所在地旅游主管部门应当自旅行社或者旅游行业组织核实信息之日起 5 个工作日内予以审核确认。

第十六条 有下列情形之一的，所在地旅游主管部门应当撤销导游证：

（一）对不具备申请资格或者不符合法定条件的申请人核发导游证的；

（二）申请人以欺骗、贿赂等不正当手段取得导游证的；

（三）依法可以撤销导游证的其他情形。

第十七条 有下列情形之一的，所在地旅游主管部门应当注销导游证：

（一）导游死亡的；

（二）导游证有效期届满未申请换发导游证的；

（三）导游证依法被撤销、吊销的；

（四）导游与旅行社订立的劳动合同解除、终止或者在旅游行业组织取消注册后，超过 3 个月未与其他旅行社订立劳动合同或者未在其他旅游行业组织注册的；

（五）取得导游证后出现本办法第十二条第（一）项至第（三）项情形的；

（六）依法应当注销导游证的其他情形。

导游证被注销后，导游符合法定执业条件需要继续执业的，应当依法重新申请取得导游证。

第十八条　导游的经常执业地区应当与其订立劳动合同的旅行社（含旅行社分社）或者注册的旅游行业组织所在地的省级行政区域一致。

导游证申请人的经常执业地区在旅行社分社所在地的，可以由旅行社分社所在地旅游主管部门负责导游证办理相关工作。

第三章　导游执业管理

第十九条　导游为旅游者提供服务应当接受旅行社委派，但另有规定的除外。

第二十条　导游在执业过程中应当携带电子导游证、佩戴导游身份标识，并开启导游执业相关应用软件。

旅游者有权要求导游展示电子导游证和导游身份标识。

第二十一条　导游身份标识中的导游信息发生变化，导游应当自导游信息发生变化之日起 10 个工作日内，向所在地旅游主管部门申请更换导游身份标识。旅游主管部门应当自收到申请之日起 5 个工作日内予以确认更换。

导游身份标识丢失或者因磨损影响使用的，导游可以向所在地旅游主管部门申请重新领取，旅游主管部门应当自收到申请之日起 10 个工作日内予以发放或者更换。

第二十二条　导游在执业过程中应当履行下列职责：

（一）自觉维护国家利益和民族尊严；

（二）遵守职业道德，维护职业形象，文明诚信服务；

（三）按照旅游合同提供导游服务，讲解自然和人文资源知识、风俗习惯、宗教禁忌、法律法规和有关注意事项；

（四）尊重旅游者的人格尊严、宗教信仰、民族风俗和生活习惯；

（五）向旅游者告知和解释文明行为规范、不文明行为可能产生的后果，引导旅游者健康、文明旅游，劝阻旅游者违反法律法规、社会公德、文明礼仪规范的行为；

（六）对可能危及旅游者人身、财产安全的事项，向旅游者作出真实的说明和明确的警示，并采取防止危害发生的必要措施。

第二十三条 导游在执业过程中不得有下列行为：

（一）安排旅游者参观或者参与涉及色情、赌博、毒品等违反我国法律法规和社会公德的项目或者活动；

（二）擅自变更旅游行程或者拒绝履行旅游合同；

（三）擅自安排购物活动或者另行付费旅游项目；

（四）以隐瞒事实、提供虚假情况等方式，诱骗旅游者违背自己的真实意愿，参加购物活动或者另行付费旅游项目；

（五）以殴打、弃置、限制活动自由、恐吓、侮辱、咒骂等方式，强迫或者变相强迫旅游者参加购物活动、另行付费等消费项目；

（六）获取购物场所、另行付费旅游项目等相关经营者以回扣、佣金、人头费或者奖励费等名义给予的不正当利益；

（七）推荐或者安排不合格的经营场所；

（八）向旅游者兜售物品；

（九）向旅游者索取小费；

（十）未经旅行社同意委托他人代为提供导游服务；

（十一）法律法规规定的其他行为。

第二十四条 旅游突发事件发生后，导游应当立即采取下列必要的处置措施：

（一）向本单位负责人报告，情况紧急或者发生重大、特别重大旅游突发事件时，可以直接向发生地、旅行社所在地县级以上旅游主管部门、安全生产监督管理部门和负有安全生产监督管理职责的其他相关部门报告；

（二）救助或者协助救助受困旅游者；

（三）根据旅行社、旅游主管部门及有关机构的要求，采取调整或者中止行程、停止带团前往风险区域、撤离风险区域等避险措施。

第二十五条 具备领队条件的导游从事领队业务的，应当符合《旅行社条例实施细则》等法律、法规和规章的规定。

旅行社应当按要求将本单位具备领队条件的领队信息及变更情况，通过全国旅游监管服务信息系统报旅游主管部门备案。

第四章 导游执业保障与激励

第二十六条 导游在执业过程中，其人格尊严受到尊重，人身安全不受侵犯，合法权益受到保障。导游有权拒绝旅行社和旅游者的下列要求：

（一）侮辱其人格尊严的要求；

（二）违反其职业道德的要求；

（三）不符合我国民族风俗习惯的要求；

（四）可能危害其人身安全的要求；

（五）其他违反法律、法规和规章规定的要求。

旅行社等用人单位应当维护导游执业安全、提供必要的职业安全卫生条件，并为女性导游提供执业便利、实行特殊劳动保护。

第二十七条　旅行社有下列行为的，导游有权向劳动行政部门投诉举报、申请仲裁或者向人民法院提起诉讼：

（一）不依法与聘用的导游订立劳动合同的；

（二）不依法向聘用的导游支付劳动报酬、导游服务费用或者缴纳社会保险费用的；

（三）要求导游缴纳自身社会保险费用的；

（四）支付导游的报酬低于当地最低工资标准的。

旅行社要求导游接待以不合理低价组织的旅游团队或者承担接待旅游团队的相关费用的，导游有权向旅游主管部门投诉举报。

鼓励景区对持有导游证从事执业活动或者与执业相关活动的导游免除门票。

第二十八条　旅行社应当与通过其取得导游证的导游订立不少于 1 个月期限的劳动合同，并支付基本工资、带团补贴等劳动报酬，缴纳社会保险费用。

旅行社临时聘用在旅游行业组织注册的导游为旅游者提供服务的，应当依照旅游和劳动相关法律、法规的规定足额支付导游服务费用；旅行社临时聘用的导游与其他单位不具有劳动关系或者人事关系的，旅行社应当与其订立劳动合同。

第二十九条　旅行社应当提供设置"导游专座"的旅游客运车辆，安排的旅游者与导游总人数不得超过旅游客运车辆核定乘员数。

导游应当在旅游车辆"导游专座"就坐，避免在高速公路或者危险路段站立讲解。

第三十条　导游服务星级评价是对导游服务水平的综合评价，星级评价指标由技能水平、学习培训经历、从业年限、奖惩情况、执业经历和社会评价等构成。导游服务星级根据星级评价指标通过全国旅游监管服务信息系统自动生成，并根据导游执业情况每年度更新一次。

旅游主管部门、旅游行业组织和旅行社等单位应当通过全国旅游监管服务信息系统，及时、真实地备注各自获取的导游奖惩情况等信息。

第三十一条　各级旅游主管部门应当积极组织开展导游培训，培训内容应当包括政策法规、安全生产、突发事件应对和文明服务等，培训方式可以包括培训班、专题讲座和网络在线培训等，每年累计培训时间不得少于 24 小时。培训不得向参加人员收取费用。

旅游行业组织和旅行社等应当对导游进行包括安全生产、岗位技能、文明服务和文明引导等内容的岗前培训和执业培训。

导游应当参加旅游主管部门、旅游行业组织和旅行社开展的有关政策法规、安全生产、突发事件应对和文明服务内容的培训；鼓励导游积极参加其他培训，提高服务水平。

第五章　罚则

第三十二条　导游违反本办法有关规定的，依照下列规定处理：

（一）违反本办法第十九条规定的，依据《旅游法》第一百零二条第二款的规定处罚；

（二）违反本办法第二十条第一款规定的，依据《导游人员管理条例》第二十一条的规定处罚；

（三）违反本办法第二十二条第（一）项规定的，依据《导游人员管理条例》第二十条的规定处罚；

（四）违反本办法第二十三条第（一）项规定的，依据《旅游法》第一百零一条的规定处罚；

（五）违反本办法第二十三条第（二）项规定的，依据《旅游法》第一百条的规定处罚；

（六）违反本办法第二十三条第（三）项至第（六）项规定的，依据《旅游法》第九十八条的规定处罚；

（七）违反本办法第二十三条第（七）项规定的，依据《旅游法》第九十七条第（二）项的规定处罚；

（八）违反本办法第二十三条第（八）项规定的，依据《导游人员管理条例》第二十三条的规定处罚；

（九）违反本办法第二十三条第（九）项规定的，依据《旅游法》第一百零二条第三款的规定处罚。

违反本办法第三条第一款规定，未取得导游证从事导游活动的，依据《旅游法》第一百零二条第一款的规定处罚。

第三十三条　违反本办法规定，导游有下列行为的，由县级以上旅游主管部门责令改正，并可以处 1000 元以下罚款；情节严重的，可以处 1000 元以上 5000 元以下罚款：

（一）未按期报告信息变更情况的；

（二）未申请变更导游证信息的；

（三）未更换导游身份标识的；

（四）不依照本办法第二十四条规定采取相应措施的；

（五）未按规定参加旅游主管部门组织的培训的；

（六）向负责监督检查的旅游主管部门隐瞒有关情况、提供虚假材料或者拒绝提供反映其活动情况的真实材料的；

（七）在导游服务星级评价中提供虚假材料的。

旅行社或者旅游行业组织有前款第（一）项和第（七）项规定行为的，依照前款规定处罚。

第三十四条　导游执业许可申请人隐瞒有关情况或者提供虚假材料申请取得导游人员资格证、导游证的，县级以上旅游主管部门不予受理或者不予许可，并给予警告；申请人在一年内不得再次申请该导游执业许可。

导游以欺骗、贿赂等不正当手段取得导游人员资格证、导游证的，除依法撤销相关证件外，可以由所在地旅游主管部门处 1000 元以上 5000 元以下罚款；申请人在三年内不得再次申请导游执业许可。

第三十五条　导游涂改、倒卖、出租、出借导游人员资格证、导游证，以其他形式非法转让导游执业许可，或者擅自委托他人代为提供导游服务的，由县级以上旅游主管部门责令改正，并可以处 2000 元以上 1 万元以下罚款。

第三十六条　违反本办法第二十五条第二款规定，旅行社不按要求报备领队信息及变更情况，或者备案的领队不具备领队条件的，由县级以上旅游主管部门责令改正，并可以删除全国旅游监管服务信息系统中不具备领队条件的领队信息；拒不改正的，可以处 5000 元以下罚款。

旅游行业组织、旅行社为导游证申请人申请取得导游证隐瞒有关情况或者提供虚假材料的，由县级以上旅游主管部门责令改正，并可以处 5000 元以下罚款。

第三十七条　对导游违反本办法规定的行为，县级以上旅游主管部门应当依照旅游经营服务不良信息管理有关规定，纳入旅游经营服务不良信息管理；构成犯罪的，依法移送公安机关追究其刑事责任。

第三十八条　旅游主管部门及其工作人员在履行导游执业许可、管理职责中，滥用职权、玩忽职守、徇私舞弊的，由有关部门责令改正，对直接负责的主管人员和其他直接责任人员依法给予处分。

第六章　附则

第三十九条　本办法下列用语的含义：

（一）所在地旅游主管部门，是指旅行社（含旅行社分社）、旅游行业组织所在地的省、自治区、直辖市旅游主管部门或者其委托的设区的市级旅游主管部门、县级旅游主管部门；

（二）旅游行业组织，是指依照《社会团体登记管理条例》成立的导游协会，以及在旅游协会、旅行社协会等旅游行业社会团体内设立的导游分会或者导游工作部门，具体由所在地旅游主管部门确定；

（三）经常执业地区，是指导游连续执业或者3个月内累计执业达到30日的省级行政区域；

（四）导游身份标识，是指标识有导游姓名、证件号码等导游基本信息，以便于旅游者和执法人员识别身份的工作标牌，具体标准由国家旅游局制定。

第四十条　本办法自2018年1月1日起施行。

参考文献

［1］本书编委会．旅游法规案例精选与解析［M］．北京：中国旅游出版社，2004．

［2］陈越峰．青岛天价虾事件的法律分析［EB/OL］．https：//news.cctv.com/2015/10/07/VIDE1444221577987790.shtml.

［3］储昭斌．全域旅游发展导向下旅游出行安全隐患及防范［J］．现代经济信息，2018（23）：41－42．

［4］国家旅游局旅游质量监督管理所．旅游服务案例分析［M］．北京：中国旅游出版社，2007．

［5］黄恢月．常见旅游纠纷防范与应对指南［M］．北京：旅游教育出版社，2011．

［6］黄秀波．旅游地房东毁约现象的微观解读与治理思路［J］．北方民族大学学报（哲学社会科学版），2019（3）：109－115．

［7］贾然，刘丹丹，厉新建．2016－2017旅游交通业的安全形势与展望［J］．交通建设与管理，2017（Z1）：118－123．

［8］李娌．案例解读《旅游法》［M］．北京：旅游教育出版社，2014．

［9］李晓慧．老年旅游发展现状及开发对策［J］．旅游纵览（下半月），2018（1）．

［10］孟凡哲．论旅游市场主体的法律思维——以《中华人民共和国旅游法》的实施为背景［J］．法学杂志，2015，36（9）．

［11］任辉．老年旅游业发展中的政府职能问题研究［D］．济南：山东师范大学，2016．

［12］苏号朋，宋崧，赵双艳．旅游法案例评析［M］．北京：对外经济贸易大学出版社，2008．

［13］孙建超．旅游市场信息不对称与旅游者权益保护［J］．旅游学刊，2001（2）．

［14］文风，孙旭．旅游法规与案例［M］．北京：清华大学出版社，2010．

［15］吴巧红．老年旅游安全保障体系的构建［J］．旅游学刊，2015（8）．

［16］肖俊兰．旅游消费案例解析［M］．北京：中国社会出版社，2014．

［17］杨富斌．旅游法案例解析［M］．北京：旅游教育出版社，2012．

［18］杨富斌. 旅游法教程［M］. 北京：中国旅游出版社，2013.

［19］杨富斌，杨洪浦. 旅游法判例解析教程［M］. 北京：中国旅游出版社，2017.

［20］杨宏生. 遏制不文明旅游行为尚需完善立法［N］. 中国商报，2017 - 11 - 24.

［21］最高人民法院关于审理旅游纠纷案件适用法律若干问题的规定［EB/OL］. 中国人大网，2012 - 08 - 23.